혜강서당문고 총서 ②

한비자의 독설 督說

2200년이 지난 지금도
우리시대에 적용되는 대안이다

한비의 생애와 독설(督說)

『한비자』를 우리에게 남긴 한비(韓非)에 대해서는 사마천이 『사기열전』에서 소개한 내용이 유일하다. 사마천은 한비가 전국시대 말기 쇠퇴의 길을 걷고 있던 한나라(韓)의 왕족이었다고 소개하고 있다. 구체적으로 왕과 어떤 관계인지는 알 수 없지만, 왕실에서 일어나는 일과 왕과 신하의 관계, 국내외 정책들에 대해 소상히 알고 있었던 것으로 보아 가깝게 지낸 친인척이었던것 같다. 그는 형명학(刑名學)과 법술(法術)을 '즐겨(喜)' 학습했다고 전해지고 있다. 그리고 한비는 제나라의 직하학궁에 유학하면서 순자에게 인간의 본성에 관한 가르침을 받게 된다. 그가 인간 본질의 문제와 형명학이나 법술학에 관심을 가졌던 것은 자신이 처한 시대의 상황 때문이었다.

지속되는 전쟁의 위협, 끊임없이 사욕을 채우며 조정을 농단하는 간신들의 무리, 공의(公義)보다 개인의 영달을 추구하는 학자들이나 왕의 고문을 자처하는 유세객들, 흐트러진 국가의 공권력을 조롱하는 깡패들과 그들을 비호하는 기득권자들, 자신의 지위와 부를 위해서 외국의 군대까지도 불러들여 군주를 위협하는 고위관리와 군인들, 이런자들의 잘못을 알고 있음에도 눈과 귀가 막혀 판단력을 상실한 군주를 보면서 한비는 고뇌했을 것이다. 독설(毒舌)과 '독설(督說)'의 공통점은 공분(公憤)이 있다는 것이고, 차이점은 '대안(代案)'의 유무이다.

이러한 총체적 난국의 원인은 어디에 있을까. 대안은 없을까? 이를 바로잡고 부강한 나라를 만들어 백성들의 시름을 덜어주기 위해 어떤 대책이 필요할까? 『한비자』는 이러한 한비의 고민 위에서 만들어진 책이다.

사마천이 소개한 바와 같이 한비는 예리한 관찰력과 본질을 꿰뚫는 통찰력 그리고 이를 가장 분명하고 확실하게 정리한 문장들은 국가를 회복시키기 위한 대안으로 만들어져 왕에게 전달되었다. 그러나 이미 의욕도 열정도, 판단력도 상실해버린 왕이 이를 받아들이기에 한비의 대안은 너무 컸고, 부담스러운 내용이었다. 어쩌면 한비와 그의 대안을 판단하기 위한 과정 자체가 간신들에 의해 저지되었을 수 있다. 좌절한 그는 자신의 거처에 칩거하며 울분과 한숨으로 조국의 몰락을 지켜봐야 했다.

그는 당시 왕의 주변에서 현란한 말로 왕을 미혹하는 학자들이나 유세객들처럼 말주변이 있던 사람이 아니었다. 일설에 의하면 그는 말을 더듬었다고도 한다. 그래서 어쩌면 그의 글이 더 예리하고 명확했을 수 있다. 홀로 분통해 하며 자신의 생각을 정리하여 글로 남기기를 결심한 한비는 그런 작업만이 자신이 할 수 있는 유일하고도 최선이라고 생각했을 것이다.

아픔과 공분과 한숨 속에 있던 한비에게 기회가 찾아왔다. 비록 조국의 부름은 아니었지만, 천하통일을 눈앞에 둔 강대국 진나라의 군주가 자신의 글을 읽고 "이 글을 쓴 사람을 만나고 죽는다면 여한이 없겠다"는 말을 했다고 한다. 한비가 이웃 나라의 왕족이라는 이야기를 그와 함께 동문수학한 재상 이사로부터 듣고 알게 된 진나라의 군주는 한비를 얻기 위해 군대까지 동원했다. 변경에 군대를 배치하고, 한비를 진나라로 파견해주길 요구했다. 한비는 군대를 물리는 조건으로 제시했다는 소식을 들은 한나라 왕은 군대를 물리는 조건으로 한비를 진나라로 파견하라는 제안에 안도했다. 어쩌면 골치 아픈 한비의 입을 막는 문제와 군사적 위협이라는 두 가지 문제를 한꺼번에 해결할 수 있어 내심 기뻐했을 수도 있다. 한나라와 한나라 왕의 형편이 이러했다.

사신파견의 형식을 빌어 진시황을 만나게 된 한비는 자신의 사상과 정책과 대안이 진나라라는 강대국을 통해 시행될 수 있다는 기대감을 가졌던 것은 분명하다. 자세한 기록은 생략되어 있지만, 그는 진나라의 왕실에서 자신의 이론을 실천하기 위한 방안을 여러 차례 제시한 것으로 보인다. 비록 진나라의 관직을 제수 받거나 법률이 정한 신하의 지위를 얻지는 못했지만 수시로 진나라왕을 만나 여러 가지 대안과 조언을 했던 것으로 보인다.

그런데 한비에게 뜻하지 않은 위기가 찾아왔다. 함께 수학하며 친분을 쌓았던 이사가 한비가 자신보다 더 총명하다고 스스로 인정한 채 그의 영향력을 견제하기 시작한 것이다. 한비가 '군주의 강한 통치력'을 위해 가장 경계해야 할 사람이 측근의 간신이라는 주장을 통해 몇 차례 탄핵한 요고(姚賈)도 한비를 제거하기 위해 기회를 엿보고 있었다. 이사와 요고의 마음이 일치했다. 이들은 한비가 결국은 자신의 조국을 위해 진나라를 해롭게 할 것이라고 진왕을 설득했고, 진왕은 그들의 말을 듣고 한비를 수감했다. 근원은 아예 없애버려야 한다는 생각에 요고와 이사는 수감되어 있는 한비와 진왕의 소통을 막았고, 결국 사약을 내려 자결하도록 했다. 그렇게 해서 한비라는 한 인재는 역사의 무대에서 영영 사라지게 된다.

짧은 인생이지만 나라의 안위와 백성의 아픔을 자신의 것으로 여기며 그 대안을 찾기 위해 노심초사 했던 한 총명한 학자는 그렇게 허무하게 사라졌다. 이런 인생들의 이야기를 접할 때마다 참 당혹스럽다. 악당들과 간신들과 부정을 저지르는 무리들은 승승장구하며 일생 동안 호사를 누리는데, 정의를 추구하고 인의를 실천하려는 자들은 마치 실패한 듯한 인생으로 비추어진다. 하지만 역사는 언제나 공평하며 진실하다. 당장에는 그 진위와 의도를 이해할 수 없겠지만 역사는 이처럼 허무하게 사라져 버린 한 진실한 인생을 살아 숨 쉬게 한다.

한비가 세상을 떠난 지 2200여 년이 지난 오늘날 시간과 공간의 차이가 분명 있음에도 그가 지적한 내용들은 소름이 돋을 정도로 우리의 시대와 상황에 대한 지적으로 살아 숨 쉬고 있다. 정치체제도 다르고, 경제적 기반도 사회도 전혀 다르지만, 한비의 외침은 우리 주변에서 일어나는 어떤 일에도 적용할 수 있는 구체적인 대안을 가지고 있다. 외피는 변해도 본질은 변하지 않는 인간의 본질적인 문제를 한비는 말하고 있기 때문이다. 수많은 중국 역사학자들은 중국이 전통왕조시대로부터 오늘날에 이르기까지 겉으로는 유학의 덕치를 표방했지만 사실상 법치를 수행해 왔다고 주장한다. 이를 양유음법(陽儒陰法)이라는 말로 표현했다.

중국인들의 심성이나 종교적 문화도 외적으로는 도가의 지배를 받고 있는 듯 하지만 내면의 세계에는 법치에 대한 기대를 버린 적이 없다고도 한다. 이를 외도내법(外道內法)이라고 한다. 한비가 주장한 세계는 변하고, 시대도 변하기 때문에 이에 걸맞는 적절한 법이 세워져야 한다는 '변법사상(變法思想)'은 오늘날과 같이 급속도로 변하는 사회에 대처하기 위한 지혜를 제공한다.

중국공산당은 국가의 중요한 임무를 담당하게 될 관리들에게 한비의 사상을 필수적으로 학습시킨다. 비록 한비의 인생은 허무하게 보이나 그의 사상과 경계의 말(瞥說)은 이렇게 지금도 우리와 함께 살아 숨 쉬고 있는 것이다.

한비의 독설(瞥說), 『한비자』

한비의 문장은 『한비자』 한 권에 모두 수록되어 있다. 이 책은 〈고분(孤憤)〉, 〈오두(五蠹)〉, 〈내외저설(內外儲兒)〉, 〈세림(說林)〉, 〈세난(說難)〉 등의 편으로 구성되어 있으며 십여만 자에 달한다. 『한비자』는 한비의 '과거를 살펴 득실의 변화를 추적한' 성과물이며, 오늘날까지 전해 내려오는 중국 고대사회를 고찰할 수 있는 소중한 자료이기도 하다.

중국 고대인들은 한 사람을 영원히 표현하는 것은 그가 생전에 덕을 세운 것, 공을 세운 것, 남긴 말, 이 세 부분이라고 생각했다. 한비는 이 셋 중에 특히 그가 남긴 말로 기억된다고 할 수 있다. 한비를 폄하하고 시기하는 사람들은 그의 성격과 운명에 대해서 부정적인 말을 할 수 있다. 하지만 그의 학술적 주장과 저술의 업적에 대해서 결코 그를 폄하할 수 없을 것이다.

한비의 저작은 고대에는 『한자(韓子)』라 불렸으나 후대의 사람들이 이를 편집해서 재구성하였다. 사마천은 한비의 저작이 십여만 자에 달한다고 말하고 있고, 『한서(漢書), 예문지』에는 『한자』는 총 55편으로 구성되어 있다'고 기록하고 있다. 현재 전해지는 『한비자』라는 책은 편수가 정확히 55편으로, 한나라 초기에 반고(班固)가 조사했던 편수와 같다. 하지만 이들 중 몇몇 편은 다른 사람의 저작으로 보인다.

선진시대에 철학의 내용을 담은 고서적 중, 한비의 저작은 편찬과 개정이 비교적 적은 편이지만 그 저작물조차 몇 가지 문제가 있다. 옛 학자들의 고증을 근거로 유명한 역사철학자 임계유(任繼愈) 선생은 현존하는 『한비자』 55편은 크게 5개의 범주로 구별할 수 있다고 주장했다.

첫 번째 범주는 한비의 저작이 아니라고 확인된 네 편이다. 그것은 〈초견진(初見秦)〉, 〈존한(存韓)〉, 〈난언(難言)〉, 〈애신(愛臣)〉이다. 이 네 편은 모두 전국시대의 종횡가와 유세객들의 토론으로 보인다.

두 번째 범주는 후대의 법가 사상가들의 저작으로 한비의 저작에 첨가된 것들이다. 이는 〈충효(忠孝)〉, 〈인주(人主)〉, 〈칙령(飭令)〉, 〈심도(心道)〉, 〈제분(制分)〉 등 다섯 편이 여기에 해당한다.

세 번째 범주는 고대의 역사의 고사를 전한 것으로, 이는 한비가 법가의 논리를 설명하기 위해 인용한 자료들로써 일종의 자료집(資料匯編)의 성격을 갖는 것이다. 이러한 글은 〈세림상(說林上)〉, 〈세림하(說林下)〉, 〈내저설상(內儲說上)〉, 〈내저설하(內儲說下)〉, 〈외저설좌상(外儲說左上)〉, 〈외저설좌하(外儲說左下)〉, 〈외저설우상(外儲說右上)〉, 〈외저설우하(外儲說右下)〉 등 총 8편이다.

네 번째 범주는 고대 철학의 해설서로서, 〈해로(解老)〉, 〈유로(喻老)〉 모두 두 편이 여기에 해당한다. 이 글들에 우리들은 고대에 유행하던 〈노자〉의 원형을 볼 수 있다. 따라서 오늘날 〈노자〉 판본을 연구하는데 매우 가치 있는 자료라고 할 수 있다.

　다섯 번째 범주는 한비의 저작이다. 대표적인 것으로 〈오두(五蠹)〉, 〈육반(六反)〉, 〈궤사(詭使)〉, 〈세의(說疑)〉, 〈팔설(八說)〉, 〈팔경(八經)〉, 〈현학(顯學)〉, 〈주도(主道)〉, 〈유도(有度)〉, 〈이병(二炳)〉, 〈양권(揚權)〉, 〈팔간(八奸)〉, 〈십과(十過)〉, 〈고분(孤憤)〉, 〈세난(說難)〉, 〈화씨(和氏)〉, 〈간겁시신(奸劫弑臣)〉, 〈망징(亡徵)〉, 〈삼수(三守)〉, 〈비내(備內)〉, 〈남면(南面)〉, 〈식사(飾邪)〉, 〈관행(觀行)〉, 〈안위(安危)〉, 〈수도(守道)〉, 〈용인(用人)〉, 〈공명(功名)〉, 〈대체(大體)〉 등이 있다. 이 글들은 오늘날 우리가 한비의 사상을 연구할 때 근거로 삼는 자료들이다.

　한비의 저작에 대한 대표적인 연구로는 용조조(容肇祖)의 『한비저작고(韓非著作考)』와 『고사변(古史辨)』의 네 번째 책에 한비의 일부 문장에 관한 내용들이 수록되어 있다. 진천균(陳千鈞)의 『한비신전(韓非新傳)』, 『한비서고(韓非書考)』가 있고, 진기수(陳奇猷)의 『한비자집석(韓非子集釋)』, 그리고 양계웅(梁啓雄)의 『한자천해(韓子淺解)』 등이 있다.

　한비의 사상을 중점적으로 분석 연구한 저서로는 곽말약(郭沫若)의 『한비자의 비판(韓非子的 批判)』, 후외려(侯外廬)의 『중국사상통사(中國思想通史)』 제1권, 여진우(呂振羽)의 『중국정치사상사(中國政治思想史)』, 범문란(范文瀾)의 『중국통사간편(中國通史簡編)』의 상고(上古)부분, 손숙평(孫叔平)의 『중국철학사고(中國哲學史考)』 상권, 풍우란(馮友蘭)의 『중국철학사(中國哲學史)』 상권, 임계유(任繼愈)의 『한비(韓非)』, 유민황(劉敏璜)의 『선진제자초탐(先秦諸子初探)』 등이 있다.

　한비의 글을 읽다보면 부담스러운 것은 사실이다. 아무리 좋은 말도 울분에 차서 심경을 토로하는 듯한 그리고 잘못을 따지고, 훈계와 경계의 충고와 같은 말은 무겁고 숨이 차는듯하다. 그래서 한비의 말을 '독설(경계와 훈계의 말)'이라고 책 이름을 삼았다.

　한비나 그의 제자들도 이러한 부담을 갖고 있었던 것 같다. 『한비자』에 유달리 스토리가 많고, 역사의 이야기가 재미있게 각색되어 소개되는 것은 이를 의식한 것이리라. 하지만 한비의 글은 훈계이고, 질책이고, 공분의 표현이다. 한비의 글은 중국의 문학체제에 '박난문(駁難文)'이라는 형식을 남겼다. 역사적 사실이나 선인들의 글을 제시하고, 이에 대해 반박하고 논리적으로 따지는 문장형식이다. 중국의 전통왕조시대에 관리 선발을 위한 과거시험 과목 중 정책이나 특정 사안에 대한 의견을 묻는 '대책(對策)'이나 오늘날 중국 공산당의 시책문이 정확히 한비의 박난문체를 따르고 있다. 이 역시 따지는 글들이기에 다소 부담스럽다.

　시대가 바뀌어도 한비의 교훈과 그의 사상이 반복적으로 등장하는 것은 인류가 존재하는 한, 사회가 유지되는 한, 지적과 따짐과 경계의 글이 여전히 필요하기 때문이다. 예나 지금이나 사람은 본질적으로 변함이 없기 때문이기도 하다. 나는 '(사) 행복한 고전읽기'라는 단체를 통해 고전의 지혜를 나누고자 하는 운동에 참여하고 있다. 관공서나 학교, 기업 등 여러 단체를 다니면서 고전을 강의하면서 자주 주제로 삼는 것이 '변화의 시대를 위한 한비자의 지혜'이다. 그런데 강의 내용이 무겁고, 부담스러운 것도 사실이다. 하지만 한비의 공분에 찬 경계의 말은 반복되고 또 반복되어야 한다는 생각을 가지게 된다. 경계의 말을 좌우명으로 삼아 책상 앞에 붙여 놓는데 그 이유는 간단하다. 내용을 지키기가 어렵기 때문이다.

한비의 교훈을 강의하다 보니 그에 대해 그리고 그가 주창한 〈법가〉에 대해 관심을 갖는 분들이 늘어났다. 하지만 고전의 무거운 부담과 '독설'의 부담이 그러한 관심을 주저하게 만든다는 것도 알게 되었다. 그래서 한비의 경계의 말에 나름의 해설과 의견을 더해 이해를 돕는 것이 나의 역할이라는 생각을 했다. 해석과 해설은 주관적인 것이다. 환경과 조건에 따라 같은 내용이라 할지라도 다양한 해석을 담을 수 있다. 그리고 그러한 해석은 계속 시도되어야 한다고 생각한다. 『한비자』의 독설은 바로 이런 하나의 방법론을 제시한 책이라 하겠다. 한비가 정리한 법가의 내용을 법(法), 술(術), 세(勢)라는 세부분으로 나누었으며, 세부적인 설명으로 법의 이치와 원리, 이를 활용한 통치와 경영의 방법론, 그리고 이것이 완성될 수 있도록 배경을 이루는 위세라 할 수있다. 이러한 구분에 의해 한비의 경계의 말, 독설을 분류해 보았다.

현명하고 배려심이 많은 성인들이 후손을 위해 남긴 고귀한 교훈들이 많이 있다. 따라서 변화의 시대에 적절한 대안을 모색하기 위해 〈한비자〉를 소개하는 것은 한비가 공분을 갖고 토로한 내용들은 지금도 지키기 어려운 주제들이며, 쉽게 잊거나 무시하기 쉬운 내용들이기 때문이다.

출판시장의 환경도, 무거운 책이라는 부담에도 불구하고, 경계의 말에 대한 필요성을 공감하여 흔쾌히 새로운 '혜강(惠岡) 서당문고' 총서로 출판을 허락해 주신 글마당의 최수경 사장님께 감사드린다.

2014. 10.

황효순

C·O·N·T·E·N·T·S

2부 술(術)

3부 세(勢)

1부

법(法)

賢材者處厚祿任大官功大者有尊爵受重賞,

官賢者量其能賦祿者稱其功,

是以賢者不誣能以事其主

有功者樂進其業故事成功立

01
변고(變古)와 법고(法古)

● 　　구제도가 붕괴되고 해체되는 시기였다. 사상가들은 모두 다양한 변화를 느끼고 있었다. 어떤 이들은 이러한 변화를 찬양하였고 어떤 이들은 회의를 느꼈으며 또 어떤 이들은 인심이 이전과 같지 않아 변하면 변할수록 더욱 피폐해진다고 생각하였다. 이러한 변화에 대해서도 사람들은 옛것이 변하였다고 주장하였으나 일부 학자들은 옛 것이 변하는 것은 불가능하다고 주장하기도 한다.

　　당시 현학의 무리인 유가와 묵가는 모두 선왕의 시대를 존중하여 옛 것을 법으로 삼아야 한다고 주장했다. 하지만 가장 현실적인 법가만이 법의 변화를 공개적으로 주장하였다. 법가는 정치의 발전 방향을 유일하게 앞으로 바라보고 있는 자들이었다. 이들은 옛것으로 돌아가는 것을 배격하였고 옛것에만 의존하는 것을 부정하였다.

　　『상군서』, '경법(更法)' 편에 상앙과 두지, 감룡이 변법의 문제를 두고 치열한 논쟁을 벌이는 내용이 등장한다.

상앙은 변법의 필요성을 주장하며 다음과 같이 말했다.

"성인은 국가를 부강하게 만들 수 있다면 옛 법도를 본받지 않았고 백성들을 이롭게 할 수 있으면 옛 예법을 버리기도 했습니다. 하나라, 은나라, 주나라 3대에 걸쳐 각기 다른 예법을 가지고 있었지만 모두 나라를 건설하고 잘 다스렸고, 다섯 명의 패자(覇者)는 각기 다른 법률제도를 갖고 있었지만 모두 패업을 달성했습니다."

상앙은 결론적으로 다음과 같이 주장했다.

"세상을 다스리는데 한가지 도만 있는 것이 아니며 국가에 유리하다고 생각되면 굳이 옛것만을 고집할 필요가 없습니다. 은나라의 탕왕과 주나라의 무왕이 천하를 얻어 제왕의 법도를 이룬 것은 옛것을 본받아 된 것이 아닙니다. 은나라의 주왕과 하나라의 걸왕이 멸망한 것도 예법으로 인해 망한 것이 아닙니다."

이 토론은 결국 변법파의 승리로 끝났다. 진나라 효공은 마침내 상앙의 변법 건의를 받아들였고 변법을 통한 개혁을 단행했다. 그 결과 진나라는 가장 강력한 국가가 되었고, 훗날 통일의 주역이 되는 기초를 닦게 되었다.

정치는 현실적이며 현실적인 정치가는 지혜로와야 한다. 조나라의 무령왕이 오랑캐의 복장을 하고 말을 타고 활쏘기를 원하자 나라 안에서는 한차례 토론이 진행되었다. 찬성을 하는 사람들은 "나라를 다스린다는 것은 반드시 백성을 이롭게 해야 하며 백성들을 이롭게 하는 것이라면 당연히 채택해야 한다"고 주장하였다.

국가에 이익이 되도록 하는 데는 서로 다른 예법을 실행할 수도 있다. 세상을 다스림에 있어서 백성에게 이익이 있다면 마땅히 취하고 국가를 위해서도 옛것을 굳이 고집할 필요가 없다.

"옛날과 지금이 풍속이 서로 다른 데 어찌 옛것만을 고수하겠는가. 제왕의 습성이 다른 데 어찌 고대의 예법만을 고수하려 하는가?"

변혁이란 반드시 필요한 것이며 이는 백성들을 이롭게 하고 나라에 도움이 되는 표준이 되어야 하는 것이다. 춘추전국시대에 사람들은 역사란 한 변화의 과정을 겪고 있다고 생각했다.

옛법을 고수해야 한다는 주장은 물론 옛법을 고쳐야 한다는 주장 역시 현실에 대한 불만을 나타낸 것으로 개혁과 변화를 희망하고 있었다. 단지 변혁을 요구하는 방향이 서로 달랐던 것이다. 어떤 이들은 후세 제왕의 법의 입장에서 바라 본 것이고 어떤 이들은 선왕의 법을 바라보고 있었을 뿐이다.

02
팔간(八姦)

● 한비자는 국가의 안정과 번영을 위해 통치권이 안정되어야 함을 주장했다. 한비자의 법가 사상이 제왕학이나 군주의 통치술이라고 알려져 있는 이유이다. 현실주의적 사상체계를 주장해 온 한비의 제안들은 그런 면에서 군주의 권력기반을 확고히 하는 방법론에 집중될 수밖에 없었다. 하지만 한비의 군주권 강화는 그 이면에 강한 국가야말로 전쟁이나 정쟁으로부터 나라를 안정시키고 백성들의 안위를 보장할 수 있다는 생각에서 출발한다.

『한비자』에 '팔간(八姦)' 편이 있다. 여덟 가지의 '간(姦)'이라는 뜻인데, 여기서 '간'은 간사함, 옳지 않음, 악한 행위 등을 말한다. 다시 말하면 군주의 통치권을 방해하고, 군주로서의 기능을 망치게 하는 악한 행위이다. 한비자가 이러한 정리를 할 수 있었던 것은 왕족으로 제왕의 생활을 잘 알고 있었기에 가능했다. 우리는 한비가 제시한 여덟 가지 통치권의 안정을 방해하는 요소를 통해 오늘날도 지도자들을 흔들어 조직을 쇠약하게 만드는 것이 무엇인지에 대한 교훈을 얻을 수 있다.

여덟 가지의 옳지 않음

1) 같은 침대를 쓰는 사람들(同床)

한비가 지적한 군주를 넘어뜨리는 간악한 수단 중 가장 먼저 등장하는 것이 '동상(同床)'이다. '동상'이란 '같은 침대를 쓴다'는 의미이다. 즉 군주의 통치권을 위협하는 가장 첫 번째 요소는 바로 침대를 같이 쓰는 자들이 군주를 미혹하는 것을 말한다. 군주와 함께 잠자리를 하는 사람들은 누구인가? 당시의 군주들은 부인과 총애하는 첩(후궁), 그리고 배우나 흥을 돋우는 주변의 미녀들과 잠자리를 할 수 있었다. 이들은 성적인 유혹과 편안히 쉴 수 있는 침실을 무기로 삼아 군주들에게 다양한 요구를 할 수 있으며, 또한 이미 결정한 사안들을 재고하도록 하거나 특별히 지목된 사람들의 인사 청탁을 하기도 했다. 오늘날처럼 부인 외에 성적인 관계가 허용되지 않는 사회에서도 많은 지도자의 위치에 있는 사람들이 정부(情婦)들과의 관계 때문에 자신의 인생을 망치는 사람들이 적지 않다. 아내 이외의 여성들과의 관계가 비교적 관대했던 시대임에도 이처럼 함께 침대를 사용하는 사람들을 가장 중요한 경계의 대상으로 삼은 이유는 그런 의미에서 아내와의 신뢰라는 도덕적 이유라기보다 이들이 어떤 목적을 가지고 요구하는 내용 때문이다.

군주와 사적인 관계를 맺는 여인들은 사욕을 가진 신하들이 자신들의 목적을 이루기에 언제든지 활용할 수 있는 최고의 자원들이다. 한비의 표현에 의하면 이들은 군주에게 성적 만족을 제공하고 군주가 흡족해하는 틈을 타서 원하는 것을 보챈다고 말한다. 그러면 군주들은 반드시 들어준다고 한다. 그러니 신하들은 이들에게 황금 보옥을 바쳐 군주를 현혹하게 하고, 군주의 총애를 받는 자들은 이들이 제공하는 재물로 자신들을 더욱 더 치장하고 화려한 생활을 누리게 된다. 군주의 총애를 받는 후궁들이나 정부들만이 그런 것은 아니다. 정실부인들 역시 군주의 장애가 될 수 있다. 군주의 자손을 생산한 이들이 가장 안정된 노후를 보장받기 위한 방법은 자신이 낳은 아이가 군주의 제위를 계승하는 것이다.

당연히 정실부인이 낳은 적자가 그 후계자가 되도록 되어 있었지만, 도(道)가 무너지기 시작한 이 시대에 이러한 규례가 견고하게 지켜질 리 없었다. 새롭게 임금의 총애를 얻은 여인의 자녀도 언제든지 경쟁자가 될 수 있었다. 이 시대에 수많은 제왕들이 자신의 아내나 후궁들, 그리고 그들과 결탁한 군주의 측근들에 의해 독살되었다는 사실은 '함께 침대를 쓰는 사람'들이 얼마든지 군주를 망하게 할 수 있음을 보여준다.

그렇다면 이들을 적절히 통제하고 경계하는 방법은 무엇일까? 한비는 자신과 함께 침대를 쓰는 사람들에게 절대로 공적인 문제에 개입하지 못하도록 하고 그들의 생활을 통제하여 어떠한 사적인 관계, 특히 신하들이나 정책과 인사에 관여하는 자들과의 접촉을 금해야 한다고 말한다. 오늘날에도 남편이 차장이면 부인은 부장이라는 말이 있고, 남편이 소장이면 부인은 중장이라는 말이 있다. 권력을 가진 사람들의 부인들이 남편의 지위와 힘을 이용하여 부정에 개입하고, 재물을 탐하는 경우가 심심치 않게 언론에 등장한다. 평생 전문적인 일로 인정받아 비로소 더 큰 중직을 맡게 된 자들이 청문회를 통과하지 못하고 결국 낙마하는 일들의 이면에 바로 이런 '침대를 함께 쓰는 자' 들의 옳지 못한 행동이 원인이 되는 경우를 우리는 많이 보아왔다. 왜 한비가 군주의 통치권을 이야기하면서 '동상' 을 가장 첫 자리에 두었는지 그 이유를 알 것 같다.

2) 재방(在旁)

'재방' 이란 '곁에 있다' 라는 의미이다. 즉 군주의 곁에 가까이 있는 자들을 말한다. 여기서 군주의 곁에 가까이 있는 재방들은 군주의 옆에서 시중을 드는 관리들을 말하기보다 군주가 연회나 사적인 모임들을 가질 때, 군주의 기호에 따라 즐거움을 만족시켜주는 배우나 광대들을 말한다. 군주가 노래를 좋아하면 가수들이 될 수도 있고, 군주가 춤을 좋아하면 멋진 춤을 추는 무희들이 될 수도 있다. 기예나 서커스를 좋아하는 경우, 눈과 귀를 만족시키기 위한 사람들을 모두 재방이라 할 수 있다. 한비는 이들 부류에 주로 배우와 난쟁이를 특별히 지목하고 있다. 술이 있고, 즐거움이 있고, 그리고 자신들의 기호를 만족시키는 배우들이 있다. 이들은 감동적인 연극이나 노래를 통해 상대의 감정을 자극한다. 감정이란 이성적 판단을 흐리게 하는 힘이 있다. 지도자들이 너무 감성적이어서는 안되는 이유이다. 비록 성적인 대상은 아니지만 자신의 감정을 자극하는 이들에게 군주는 마음을 준다. 한비의 지적대로 공무에 지친 군주들이 자신의 은밀한 감정을 좌지우지하는 이들을 총애하는 경우들이 많이 있다는 것을 알고 있었다. 이들은 군주의 총애를 계속 유지하기 위해 군주의 내밀한 부분까지 관찰한다. 그래서 그들은 그것을 만족시키기 위해 무슨 짓도 할 수 있는 자들이다.

군주가 자신의 취미와 기호에 따라 특별한 사람들을 가까이 둘 수도 있고, 그들의 공연과 기예를 즐길 수도 있다. 하지만 한비가 걱정하는 것은 이들이 임금의 총애를 무기로 신하들과 결탁한다는 것이다. 군주와 '침대를 같이 쓰는' 여인들이 그랬던 것과 같이 군주의 총애를 받는 사람들은 군주의 결정에 영향력을 행사할 수 있다는 것을 사욕에 찬 신하들은 잘 알고 있다. 부정을 일삼고 법을 가볍게 여기는 사람들은 자신들의 목적을 달성하기 위해 재물로 이들 측근들의 마음을 산다. 사회적으로 대우를 받지 못했던 이들이 고관대작이 자신들을 우대하며, 재물을 들고 찾아오면 스스로 대단한 줄 착각하는 법이다. 이들에게 도덕이나 인격을 요구하는 것은 무리이다. 재물을 받고, 부정한 일에 연루되어 그들이 시키는 대로 군주의 마음을 돌리거나 그릇된 정보를 흘리는 통로가 되기 마련이다.

한비는 이러한 측근에 있는 사람들을 경계하기 위해 규정이 허락하지 않는 말[이를 익사(益辭)라 한다]을 하지 못하게 해야 한다고 말한다. 만약 이들이 군주의 허락을 받아 어떤 말을 하게 될 경우에도 그 말을 기록하여 진위를 파악하고 책임지도록 해야 한다고 말한다. 물론 이들이 신하들과 사적으로 접촉하는 것을 통제해야 한다.

3) 부형(父兄)

군주의 통치권을 위해하는 세 번째 요소는 '부형'이다. 여기서 부형이란 방계의 숙부나 이복형제들인 공자(公子)들, 그리고 군주가 특별히 친애하는 조정의 중신과 고급관리를 말한다. 일반적으로 왕실은 고위관리들과의 연계를 강화하기 위해 왕족들과 혼인관계를 맺는 시대였기에 공신들이나 귀족들은 대부분 친인척 관계를 형성하고 있었다. 이들을 통칭하여 '부형'이라고 했다. 혈연을 중요하게 생각하는 것은 일반가정이나 왕실이 모두 매한가지이다. 친인척들이 담합하여 어떤 요구를 하게 되면 군주는 이를 외면하기 힘든 법이다. 군주가 왕실의 법도를 바로 세우고 친인척들을 철저히 통제하지 않는 한 피할 수 없는 장애물이다. 오늘날에도 지도자들이 자신들의 친인척 관리를 제대로 하지 못해 큰 어려움을 겪는 일을 쉽게 볼 수 있다. 자녀들의 문제나 그동안 자신과 친밀한 관계를 유지하며 도와주었던 친인척들의 요구를 단호하게 거절하는 것은 쉽지 않은 일이다. 외부적으로 엄중한 잣대를 사용하는 깨끗하고 청렴한 관리들조차 자식의 문제나 집안의 문제에 대해서 그 엄중함을 동일하게 사용하는 사람은 찾아보기 힘들다.

이런 어려움을 한비가 모를 리 없었다. 하지만 그가 부형에 대해 경계를 가져야 한다고 말하는 것은 바로 이들이 '군주의 권한을 헤치는 자'들인 경우가 많았기 때문이다. 권력자의 친인척 주위에는 사사로운 목적을 가진 사람들이 모이기 마련이다. 이들이 공정하고 정당한 예는 거의 없다. 부정한 방법이 동원되고, 이를 반복적으로 활용하기 위해 파당을 지어 세력을 만든다. 그리고 군주의 친인척을 내세워 보호 장벽을 치는 것이다. 부당한 인사와 경제적 이권이 그들이 바라는 유일한 목적이라고 한비는 지적한다. 지도자의 자리에 있는 사람들은 그동안 함께 고생해 온 가족이나 친지들에 대한 보상심리가 있다. 그래서 자신이 권한을 갖고 있는 동안 그들의 고생을 위로하려는 마음이 있다. 그런데 바로 그런 마음 때문에 자신은 물론 자신이 책임지고 있는 조직이 위기를 맞이할 수 있다. 결국은 모두가 피해를 입게 되는 것이고, 모두가 망하는 것이다. 한비는 여덟 가지 사악한 행위 중에서 부형에 관한 대비책에 유일하게 '형벌'이라는 용어를 사용하고 있다. 다시 말하면 부형과 관련된 일에 가장 엄격해야 한다는 말이다. 한비의 표현을 빌어보면

> "부형이나 친인척, 중신에 대해서는 그들의 말을 경청하고 받아들이지만, 반드시 형벌을 가지고 그 말에 책임을 지도록 해야 한다. 그래야 이들이 경솔한 행동을 하지 못하는 법이다."

집안을 다스리지 못하는 사람이 지도자의 자리에 올라 아무리 유능함을 발휘한다 하더라도 결국은 자신이 통제하지 못하는 그 '부형(父兄)'들로 인해 본인은 물론 모든 사람이 고통을 받을 수 있는 일은 예나 지금이나 끊이지 않는 일이다.

4) 양앙(養殃)

군주의 통치권을 망치는 네 번째 요소는 '재앙을 키우는 것'이다. 여기서 한비가 재앙을 어떻게 파악하고 있는지 엿볼 수 있다. 한 개인이나 조직을 망하게 하는 '재앙'은 바로 고정된 것이 아니라 자라난다는 것이다. 처음엔 조그맣게 시작되지만 나중에 감당하기 어려울 만큼 커져서 결국 피할 수 없는 지경에 이른다는 것이다. 그래서 부정적인 일에는 '사소함'이나 '대수롭지 않은' 일이 없는 법이다. 한비가 '양앙'이라는 표현을 사용한 것은 나라를 망치게 하는 큰 재앙도 사실상 처음에는 사소함에서 시작되었음을 강조한 것이다.

한비는 자라나는 재앙을 통치권 즉, 군주와 신하의 관계로 설명하고 있다. 군주가 자신이 거처하는 궁궐이나 누각, 정원들을 아름답게 꾸미기 좋아하고, 자기 주변에 미녀와 애완동물을 두고 이들을 지나치게 치

장하는 것이 군주의 재앙이라고 말한다. 군주가 거하는 곳을 아름답게 꾸미는 것과 자신의 여인과 애완동물을 좋아하는 것을 재앙이라고까지 할 수 있을까 의아해 할 수도 있다. 그래도 한 나라의 주인인 군주인데 말이다. 그렇지만 여기에도 사심을 가진 신하들의 야심이 동원된다. 군주가 화려한 치장을 원한다는 것을 신하들이 지나칠 리 없다. 많은 돈들이 들어가는 토목공사와 진귀한 보물로 군주의 여인이나 애완동물을 치장하기 위해 이들은 백성들을 수탈할 수밖에 없다. 무거운 세금이 백성들의 주름을 늘려나갈 때 이들은 이렇게 마련한 돈을 이용하여 군주를 즐겁게 한다. 판단력이 흐려진 군주의 허점이 발견되면 이들은 여지없이 자신들의 사욕을 키우기 마련이다.

한비는 이에 대한 대비책으로 군주가 보고 듣고 즐기고, 사용하는 모든 것에 대해 반드시 출처를 밝혀야 한다고 말한다. 재원이 어디에서 마련되었는지, 바쳐진 재물은 누구에게서 어떤 경로를 거쳤는지 투명하게 관리해야 한다는 것이다. 궁궐에서 소모되는 모든 재물은 반드시 근거를 갖추어야 하고, 이것이 특정한 신하가 마음대로 올리거나 물리치지 못하게 하여 그들로 하여금 군주의 의중을 추측하지 못하게 해야 한다는 것이다. 그러므로 자신을 잘 다스리는 군주는 자신이 좋아하는 것을 신하들이 알지 못하게 하는 특성이 있다고 한비는 말한다. 어떤 음식을 좋아하는 지, 취미활동은 무엇인지, 언제 즐거워하며, 언제 괴로워하는 지, 군주 개인의 신상이나 속내가 너무 소소하게 알려진다면 이를 통해 자신의 영달을 꾀하려는 자가 생기기 마련이다. 또한 이렇게 지도자의 마음을 사기 위해 동원되는 재물이 자신의 주머니에서 나오는 법이 없다는 것이다. 자신의 지위와 권력을 이용하여 약자들의 주머니를 털어

낸 돈이 대부분 이런 용도로 사용된다.

현대 사회는 기술의 발달에 의해 어느 한 개인에 대한 정보는 물론 그들의 취향이나 기호까지 쉽게 알 수 있다. 지도자들도 '소통'이라는 명목으로 자신의 일상은 물론 생각을 온라인을 통해 자연스럽게 드러낸다. 무엇을 좋아하는지 무엇을 싫어하는지, 소비성향이나 즐기는 취미활동, 심지어 심리적 상태까지 낱낱이 공개되는 세상이다. 다양한 의견이 있을 수 있지만 한비의 표현을 빌리자면 지도자가 개인의 신상이나 일상을 너무 공개하는 것은 사심을 가진 사람들에게 이용당할 수 있다. 사람은 자신의 기호와 기분을 만족시켜 주는 사람에게 단호함을 유지하고 공평함을 지키기에는 너무 약한 존재이기 때문이다.

5) 민맹(民萌)

'민맹'이란 백성들을 기만하여 이들의 환심을 사는 것을 말한다. '민(民)'과 '맹(萌)'은 모두 백성을 지칭하는 말이다. 특히 맹(萌)은 맹(氓)을 의미하는 말로 본지의 백성이 아니라 타 지역에서 이주해 온 백성을 말한다. 지역적으로 외부에서 온 백성이라는 말을 본지에서 이미 거주하고 있는 백성과 함께 쓴 의미는 정서적으로 동조하는 백성과 외지에서 와서 그 마음을 아직 얻지 못한 모든 백성이라는 의미가 담겨있다.

백성들 위에 군림하는 자들이 모든 백성들의 지지를 얻는다는 것은 어렵다. 한쪽 편을 들어주면 다른 쪽은 손해를 보거나 마음이 상하는 경우도 있다. 이런 상황에서 많은 백성들의 지지를 얻기 위해서는 '선심'이 필요하다. 선거철만 되면 유권자들의 표를 얻기 위해 '선심'을 남발하는 이유가 여기에 있다. 그들의 선심성 공약을 자세히 분석해 보면 나라의 재산, 공공의 재화를 자의적으로 사용하겠다는 계획이 대부분이다. 결국 국민들은 자신이 부담하는 재원으로 그들의 사탕발림을 선택하는 것이다. 군주의 통치권에 위해를 가하는 간악한 신하들이 백성들의 환심을 사기 위해 자신의 재물을 사용하는 경우는 거의 없다. 복지를 외치는 사람들도 결국 자신이 손해 보는 일, 자신의 주머니를 털어서 하겠다는 사람은 거의 없다. 그래서 후한 약속을 너무도 쉽게 한다. 공공의 재산이 '주인이 없는 재산'이라는 생각을 가진 사람은 백성들을 기만하며 '넉넉한 모습'으로 그들의 마음을 훔친다.

한비는 이러한 행동이나 태도를 '하찮은 은혜(小惠)'라고 표현했다. 은혜에 '하찮음'이 있을 리 없건만 특별히 이런 표현을 사용한 것은 아무리 어렵고 도움이 필요한 자를 돕는 선한 행위일지라도 동기가 불순하면 그것은 하찮은 것이 된다는 의미이다. 이들이 하찮은 은혜를 앞세워 백성들의 마음을 훔치는 목적은 간단하다. 군주와 백성들의 사이에 끼어들어 소통을 방해하는 것이다. 하찮은 은혜에도 마음을 빼앗길 수밖에 없는 불쌍하고 순진한 백성은 이들의 기만적 행위에도 감격한다. 그리하여 칭송을 하고 마음과 지원을 다한다. 백성들의 지지를 등에 업은 신하가 군주의 권위를 존중할 리 없다. 그리고 법(法)을 소중히 여길 리 없다.

군주는 이러한 자들을 경계하기 위해 나라의 재물을 사용하여 백성에게 은혜를 베풀거나 나라의 돈을 사용함에 있어 철저한 관리를 해야 한다. 반드시 법이 정한 내용을 준수하도록 해야 하고, 군주가 직접 명령한 일만 수행하도록 해야 한다. 특히 신하들이 사적으로 은혜를 베푸는 일을 통제해야 한다. 해마다 예산을 위한 협의가 시작되면 지역을 기반으로 하는 정치인들이 온갖 수단을 동원하여 자신의 지역에 유리한 예산을 확보하기 위해 열을 올린다.

물론 대의정치란 지역대표를 통해 균형있는 지원을 얻어내는 것도 하나의 방법인 정치행위이다. 하지만 특별한 예산 항목을 만들어 특정 지원을 지원하는 경우 국가는 그 예산이 사사로운 목적을 위해 의도된 것인지의 여부를 정확히 따져야 한다. 나랏돈을 자신의 선심과 은혜로 착각하는 정치인들은 나라를 망하게 하는 간악한 무리이다.

6) 유행(流行)

유행이란 '유창한 변설이나 근거없는 유언비어를 따른다' 는 말이다. 지도자는 그 지위의 특성상 다양한 통로의 소통이 쉽지 않다. 최고 지도자의 자리에 오르게 되면 챙겨야 할 사안들이 폭발적으로 증가하기 때문에 각각의 전문가들을 통해 필요한 내용만 취할 수밖에 없다. 객관적이고 공평한 판단을 위한 논의와 과정을 일일이 챙길 수 없기 때문에 상황을 정확히 판단하는 것이 어렵다. 국가적으로 큰 사건이 발생한 경우, 지도자들이 언론에 나와 상황을 이해하지 못한 사람이라고 생각할 수밖에 없는 황당한 말을 하는 경우가 많다. 잘못된 보고와 의도적인 왜곡이 없다면 있을 수 없는 일이다. 결국 이런 일들이 반복되면 지도자는 자신이 신뢰할 수 있는 사람을 찾아야만 한다. 이때 지도자들이 찾는 사람들은 '말을 잘한다' 는 공통점이 있다. 춘추전국시대에 활동한 이런 사람들을 '유세객' 이라고 했다.

물론 유세객 중에는 자신의 소신과 지식을 지키려는 양심적인 선비들도 많이 있었다. 이들은 자신의 목숨이나 안일을 도모하기 보다 자신의 철학과 양심을 지키려 했다. 하지만 대부분의 유세객들은 자신의 지식을 이용하여 개인의 영달을 추구하려는 사람들이었다. 바로 이런 자들이 사심을 가진 간신들과 결탁하게 되면 군주의 귀와 눈은 더 막히게 되는 것이다.

유창한 말재주를 가지고, 상대의 심리를 정확히 읽어 내는 재주를 가진 유세객을 이용하여 간신들은 자신에게 유리한 논리와 설득을 강요한다. 군주를 안심시키기도 하고, 사실을 왜곡하여 군주를 협박하기도 한다. 허황된 말로 군주의 판단을 흐리게 하기도 한다. 훌륭한 업적을 남긴 지도자의 주변에는 늘 양심적인 선비들이 등장한다. 반면에 나라를 망치고, 백성들을 도탄에 빠뜨린 지도자의 주변에는 허황된 말로 군주를 기만하는 세력이 넘쳐나기 마련이다. 부정할 수 없는 역사의 교훈이다. 나라가 혼란스럽고 백성들의 삶이 고달파 살맛나지 않는 세상이 지속되고 우리가 그런 고통 속에 살고 있다면 분명 지도자 주변에 간신들이 넘쳐나기 때문이다. 비록 위장술이 발달하여 교묘하게 숨어 있을 테지만 말이다.

한비는 이러한 자들을 경계하기 위해 의견이나 논의를 하는 자리에서 신하들의 말과 근거를 철저히 관찰하고 논의에 참가하는 자들이 서로 담합을 하거나 사실을 왜곡하는지의 여부를 여러 루트를 통해서 확인해야 한다고 말한다. 사람을 평가함에 있어서도 칭찬받는 자와 비방 받는 자들이 사실에 근거하여 그러한 평가를 얻는지를 철저히 점검해야 한다. 사람들은 자신의 과오와 실수를 인정하기 싫어하는 속성이 있다. 군주 또한 마찬가지일 것이며 충성심을 가지고 직간을 일삼는 신하들이 부담스러운 이유이다. 또한 추진하고자 하는 계획과 정책에 일일이 따지고 드는 신하들도 가까이 하기 싫다.

　반면에 자신이 듣고 싶어 하는 말을 화려한 말재주와 논리를 내세우는 사람을 곁에 두고 싶어 한다. 지도자는 허황된 언사가 자신의 판단력을 흐리게 하는 무기가 될수 있음을 한시도 잊어서는 안 된다. 말이 유창하고 화려한 사람은 자신이 내뱉은 말대로 국가나 지도자에게 이익을 준 사례를 거의 찾아보기 힘들다. 반면에 망국의 군주들 주변에는 말 잘하는 사람들이 언제나 넘쳐났다.

7) 위강(威强)

　군주의 통치권을 방해하는 일곱 번째 사악한 행위는 사사로이 무력집단을 만들어 자신의 사욕을 채우는 행위를 말한다. 군주와 신하의 권력의 근원은 백성에게 있다. 사실상 군주나 신하들이 위세를 부릴 수 있는 근거는 백성들을 의지하고, 백성들의 지지가 있기 때문이다. 따라서 백성들이 좋다고 하는 것을 신하들은 좋게 여겨야 하고, 군주도 그것을 좋다고 해야하며, 백성들이 싫다고 하는 것은 신하도 군주도 좋다고 하지 않아야 한다. 그런데 백성들이 좋아하는 것을 신하들이 좋아하지 않는 경우도 있고, 백성들이 좋아하지 않는 것들을 신하들이 좋아하는 경우도 있다. 이럴 경우 신하된 자들은 자신의 사욕을 채우고 자신들의 목적을 관철시키기 위해 백성들이 좋아하고 싫어하는 것을 왜곡시켜야 한다. 이런 상황이 발생했을 때 간악한 무리들이 취하는 방식이 깡패들을 동원하는 것이다. 재물과 권력을 활용하여 은밀히 깡패들을 양성하고, 이들을 통해 백성들을 협박하고 위협하며 괴롭힌다. 이들은 자신을 위해 일하는 사람에게는 어떤 형태로든 이익을 주고, 그렇지 않은 자들은 반드시 죽이겠다고 위협한다.

깡패들은 왜곡된 '의리관'을 갖고 있다. 이들은 자신들이 주고받는 '의리'가 정당하다고 오해하며 살아가는 자들이다. 공정한 경쟁에서 도 태된 자들로 구성된 이들 무리들은 그나마 자신의 처지와 형편을 이해 해준 사람에게 충성을 다한다. 그리고 그를 위해 죽는 것도 '의리'라고 생각한다. 한비의 표현대로 필사의 각오를 한 이러한 깡패들은 결속력 이 강할 수밖에 없다. 따라서 이들을 방치하면 마침내 공권력도 이들을 제어할 수 없는 상황이 만들어진다. 언제부터인가 우리 사회에 깡패들 이 제도권에 그 얼굴을 드러내기 시작했다. 조직폭력배들이 이권사업에 개입하여 합법을 가장한 사업을 통해 막대한 수익을 올리기 시작했다.

정치인들의 행사나 모임에 당당하게 자리를 차지하고 귀빈행세를 하 기도 한다. 깡패들의 우두머리들이 주관하는 행사에 소위 사회지도층이 라는 인사들이 화환을 보내거나 직접 참여하는 진풍경이 벌어지기도 한 다. 깡패는 깡패이다.

왜냐하면 이들은 법을 존중하지 않고, 힘에 의존하기 때문이다. 법으 로 해결할 수 있든 없든지간에 주먹으로 해결하는 자들이다. 그래서 불 법적인 조직이나 비정상적인 조직에는 반드시 깡패들이 있기 마련이다. 정치·사회·문화 심지어 종교의 영역에도 깡패들이 민낯을 드러내는 사 회는 이미 통치권이 허물어지기 시작한 사회라 할 수 있다.

8) 사방(四方)

힘의 논리가 지배적이었던 춘추전국시대에는 작은 나라가 큰 나라를 약한 나라가 강한 나라를 섬기는 것이 일반적이었다. 그래서 강한 국가 를 소유하고자 하였으며, 천하의 패자가 되거나 제후들의 우두머리가 되기 위해 모든 힘을 집중했던 것이다. 강한 나라가 요구하는 것을 들어

줄 수밖에 없는 약한 나라는 나라를 빼앗기고 망하는 것이 두려워 그들의 눈치를 살피지 않을 수 없다.

통치권을 해치려는 간악한 신하들이 노리는 것이 바로 이것이다. 상대적으로 약한 나라의 간신들은 자신들의 능력과 재능을 모아 군주와 함께 강한 나라를 만들기 위해 애쓰는 것이 아니라 오히려 백성들을 수탈하고, 국가의 재화를 전용하여 강한 나라와 사적인 관계를 맺는다. 나라 안에서 군주를 위협하고, 자신의 이익을 채우기 위해 강한 나라의 힘을 이용하는 매국노들이다.

이들은 군주가 자신들의 말에 협조적이지 않을 경우 외국의 군대를 요청하기도 한다. 또는 사신을 보내도록 하여 자기들의 군주를 협박하도록 한다. 즉 자신들의 정치적 입지를 공고히 하고, 자신의 사욕을 위해 강대국의 힘을 이용하는 무리들이라 할 수 있다. 정치인들이 자신들을 소개하는 책이나 강연에서 강대국과의 폭넓은 인간관계를 과시하거나 그들이 자신의 든든한 배경임을 우회적으로 강조하기도 한다. 강대국 지도자의 취임식에 어떤 식으로든 초청장을 받아보려고 애쓰는 정치인들도 있다. 결국 초청장을 받지 못하면 취임식장엔 들어가지 못해도 주변을 어슬렁거리며 마치 그 나라와 연관이 있는 듯한 연출을 하는 정치인들도 생겨난다.

또한 이들은 약소국의 지도자들이나 든든한 뒷배경이 없는 종교지도자와 같은 손님들 앞에서는 온갖 위세를 떨지만, 자신의 현실적인 목적을 채워 줄 수 있는 나라와 그 지도자들에 대해서는 온갖 표현을 써가며 나라와 지도자와 심지어 역사적 사실을 왜곡해도 그 앞에 서서 비굴한

웃음을 지으며 아무 말도 못하는 바로 이러한 간악한 무리들이다.

지금으로부터 2300여 년 전, 조국이 쇠망의 길을 향해 달려가는 위기 속에서 분통해 하며 한자 한자 써내려간 '나라를 살리는 법'이 오늘날 시공간을 넘어서 우리에게 이처럼 세밀하고 자세하게 적용되는 사실이 놀랍다.

국가의 근간을 해치는 무리들은 역사 속에 언제나 존재했고, 앞으로도 존재할 것이다. 한비가 목숨을 걸고 외쳤던 백성들에게 강하고 평안하며, 풍요로운 나라를 물려주기 위해 제거해야 할 간악한 무리들을 절대로 잊어서는 안 될 것이다.

현재자처후록임대관 공대자유존작, 수중상, 관현자량기능, 부록자 칭기공, 시이현자불무능이사기주, 유공자락진기업, 고사성공립.
(賢材者處厚祿任大官 功大者有尊爵, 受重賞, 官賢者量其能, 賦祿者 稱其功, 是以賢者不誣能以事其主, 有功者樂進其業, 故事成功立)

현명한 인재는 후한 봉록을 받고 고위관직에 임명되며, 공로가 큰 자는 존경받는 작위에 오르고 큰 상을 받는다. 현자를 관직에 임명할 때는 그 능력을 잘 살펴야 하고, 봉록을 정할 때는 그 공로를 정확히 판단해야 한다.
이로써 현명한 자는 능력을 거짓으로 꾸며 군주를 섬기지 않고, 공을 세우는 자는 자신의 일을 즐거이 하는 것이다. 따라서 일이 완성이 되고 공적이 바로 서게 되는 것이다.

03
망국의 풍조

●   조국 한나라(韓)의 위기를 가슴 아파 했던 한비는 그의 글을 통해 망국(亡國)의 위험과 징조 그리고 그것에 대한 대비책을 반복해서 말했다. 한비는 나라를 망하게 하는 원인들을 이야기 할 때마다 반드시 현명한 군주의 이야기를 앞세운다. 현명한 군주와 나라가 망하는 원인은 불가분의 관계에 있음을 강조하는 것이다.

    너무나 당연한 이야기 같지만 우리가 잊고 사는 것은 조직과 개인이 어려움에 처하는 이유가 사실상 외부적인 환경이나 조건의 변화에 있는 것이 아니라 사실상 지도자의 태도나 자세의 변화에 있다는 말이다. 이것이 한비자의 교훈을 제왕이 자신의 통치권과 권위를 세우기 위한 하나의 방법론으로만 이해해서는 안 되는 이유이다. 사실상 『한비자』를 관통하는 내용은 제왕의 통치력을 강화하는 방안이라기보다 강한 국가를 만드는 통치자가 자신을 절제하고 통제해야 하는 수양의 방안을 제시했다고 보는 것이 적절하다.

어떠한 이유에서든 한 조직이 혼란에 빠지고 흔들리는 것은 그 조직을 이끌고 있는 지도자의 책임이다. 한비가 제시한 국가가 망하는 징조를 소개하겠다.

현명한 군주가 관직을 만들고, 그 관직에 걸맞은 지위와 대우(봉록)를 정하는 이유는 훌륭한 인재를 모으고, 공로를 세운 자를 우대하고 격려하기 위함이다. 따라서 예로부터 성현들은 다음과 같이 말했다.

"훌륭한 인재는 넉넉한 봉록을 받고, 고위관직에 임명되며, 나라를 위해 큰 공을 세운 자는 높은 직위에 올라 그에 걸맞은 상과 대접을 받는다."

따라서 현명한 군주는 우수한 인재를 발탁하여 관직을 임명할 때, 그 능력을 잘 판단해야 하고, 봉록을 결정할 경우 그 정도가 능력과 공적에 적절해야 한다. 이렇게 해야 인재들은 자신들의 능력을 속이지 않고, 공로가 있는 사람들은 자신이 맡은 일을 즐거운 마음으로 수행한다. 그리고 이러한 가운데 공적이 쌓이면 더 높은 대우와 보상을 받는 것이다. 그런데 군주가 판단력이 흐려지고, 그로 인해 나라가 혼란해지면 이러한 원칙이 망가진다. 재능이 있는지 직무수행에 적절한지 판단하지 않은 채, 힘 있는 사람이나 친밀한 관계에 있는 사람이 추천하면 그대로 등용한다. 제후들이나 친인척들이 추진하는 일이나 추천하는 인사를 아무런 검증없이 받아들인다. 청탁이 난무하는 것이다. 친인척이나 중신들은 군주에게 더 많은 권력과 봉록을 간청하고, 이를 이용하여 백성들을 수탈하고 착취하여 재물을 끌어 모은다. 이렇게 모인 재물은 자신의 권력과 부를 유지하기 위한 수단으로 사용된다.

이러한 무리들이 가장 흔히 취하는 방법은 패거리를 만드는 일이다. 패거리에는 어떤 자들이 모이는가. 사욕과 부정한 방법을 아무렇지 않게 생각하는 저급한 자들이다. 이들은 자신들의 행위를 점검할 인격도 도덕도 갖추지 못한 자들이며, 부정한 방법으로 모은 재물로 관직을 구하는 자들이다.

한비는 정직하고 성실한 인재들이 등용되어 더 나은 공을 세워 나라에 도움이 되는 일을 더해가는 선순환 구조와 사당(私黨)을 만들어 부정한 방법으로 관직을 사서, 그 권력과 재산을 보호하기 위해 더 악하고, 비열한 방법을 취하는 관리가 늘어나는 악순환은 모두 군주의 책임이라는 것이다. 선순환 구조의 신하들은 군주를 도와 국가의 부강함을 꾀하지만 부패한 신하와 이들과 공범이 된 무리들은 조정을 농단하고, 심지어 외국과 결탁하여 군주에게 위해를 가하는 일도 주저하지 않는다.

현명한 군주가 자신의 책임을 다하지 못하면 아무리 훌륭한 인재라도 자신의 일에 힘쓰지 않게 될 것이고, 공적을 많이 쌓은 신하들도 결국 자신의 일을 소홀히 하게 된다. 국가를 위해 자신들의 능력과 재능을 발휘하는 것이 측근들의 부정과 군주를 기만하는 것 앞에 아무런 힘을 쓰지 못한다는 것을 알기 때문이다.

현명한 군주는 인재가 즐거운 마음으로 자신의 책임을 다하도록 하고, 사심을 가진 간악한 신하들을 끝까지 찾아내어 제거하는 데 힘써야 한다.
한비는 이를 위해 현명한 군주가 취해야 할 행동들을 소개한다. 우선 군주는 신하들의 의견을 청취하는데 명확한 원칙을 가져야 한다고 말한다. 현명한 군주는 신하들의 이야기를 들을 때 입을 다물고 자신의 생각을 쉽게 드러내지 않아야 한다고 말한다. 자신의 생각과 의도를 숨겨 신하들이 눈치를 보며 군주의 마음을 기만하는 행위를 근절해야 한다는 것이다. 그래서 현명한 군주는 신하가 말하기에 앞서 먼저 말을 하는 것을 삼가야 한다. 그러나 신하들이 말을 하기 시작하면 군주는 그 신하들의 말과 향후 그 일의 결과가 어떤 차이가 있는지를 정확히 파악해야 한다. 그리고 그 말에 반드시 책임을 지도록 해야 한다.

두 번째 현명한 군주가 결코 잊어서 안 되는 것은 신하들이 말한 바를 진행하는 과정에 절대 개입해서는 안 된다는 것이다. 군주가 신하가 하는 일을 사사건건 간섭하지 않으면 백성들은 오히려 군주를 존중한다고 주장했다. 마치 군주는 마치 문을 굳게 닫아 안쪽에 빗장을 지르고 방안에서 밖을 내다보듯 신하들의 일처리 과정을 살펴야 한다. 하지만 그들과 의논하고 그들의 일처리에 영향을 주어서는 안 된다. 이 점은 책임을 규정하기 위함이다.

더불어 현명한 군주는 평가에 분명한 기준을 가지고 있어야 한다. 신하들의 공과를 논하는 것은 법으로 규정하여 기준을 세워야 한다고 강조했다. 즉 상을 줄 자에게는 반드시 상을 주고, 벌을 내려야 하는 자에게는 어떤 일이 있어도 벌을 내려 책임을 지도록 해야 한다. 상벌이 정확히 시행되면 군주를 신뢰하게 될 것이고, 결과적으로 군주의 권위를 인정하지 않을 수 없다.

최근 우리 사회에서 벌어지는 여러 가지 부정적인 사건들을 보면 책임을 져야 하는 자들이 잘못을 인정하며 책임을 지겠다고 말들을 한다. 잘못은 인정하고 책임을 지겠다고 하는데, 책임을 지는 사람은 단 한 명도 없다. 국민들 앞에 고개 숙이고 슬픈 표정을 지으며 책임을 지겠다는 말을 하는 것이 책임을 지는 것이 아니다. 그에 상응하는 벌을 받아야 하고, 필요하면 자리를 내놓아야 한다. 물질적 손해를 입혔다면 변상해야 한다. 입으로만 책임지는 책임은 아무런 의미도 없고, 공평한 상벌이 수행되는 것은 더더욱 아니다. 국민들을 기만하는 계산된 행동일 뿐이다.

또한 현명한 군주는 어떠한 일에도 권위를 잃어서는 안 된다. 군주는 신하들이 쉽게 넘볼 수 없는 위엄을 가져야 한다. 이러한 위엄은 어떤 이벤트나 강제적인 수단을 동원해서 얻는 위엄이 아니라 하늘과 땅이 변하지 않듯이 불변의 원리와 정당성을 유지하는 것이다. 하늘이 기분에 따라 변하는 법도 없으며, 상황이나 조건이 봄이 되면 싹을 틔우고, 가을이 되면 결실하는 땅의 정돈됨을 변화시키지 못한다. 군주는 그런 자리이다. 정당함과 성실함으로 권위를 세우면 신하들이 그 권위 앞에 사심을 드러내지 못한다.

최근 우리 사회에 '탈권위'를 주창하는 사람들이 늘어나며, 권위에 무조건 도전하며 부정적인 시각을 갖는 사람들이 많아졌다. 그동안 권위를 앞세워 약자들을 괴롭히고, 자신들의 주머니를 채운 사람들이 많았던 것도 사실이다. 권위라는 이름을 내세워 국민들을 억압하고 자유를 구속한 사례가 있었다. 우리가 권위에 부정적인 인식을 갖는 것은 모두 이러한 물리적 힘에 의해 강요된 권위들이 개인의 행복을 추구할 권리들을 제한해 왔기 때문이다. 하지만 모든 권위가 부정되는 것은 좀 조심스럽다. 사회에는 반드시 지켜져야 할 권위가 있다. 부모, 스승, 지도자들의 권위가 살아있어야 하고, 연장자나 공권력을 수호해야 하는 권위도 부정되어서는 안된다. 세상에는 변하지 않는 이치들이 있기 마련이다. 권위를 이용해서 사욕을 채우고 타인의 불행을 조장하는 권위는 자신만 모를 뿐 모두 드러나기 마련이다.

반대로 겉으로 드러내려고 애쓰지 않아도 자신의 길을 묵묵히 성실히 책임지는 권위는 아무리 숨기려 해도 드러나는 법이다. 현명한 지도자들이 취해야 할 권위이며, 모두가 인정해야 하는 권위이다. 세월이 지나도 잊을 수 없는 이순신 장군이나 전 세계인들의 애도 속에 우리의 곁을 떠난 넬슨 만델라와 같은 지도자, 그리고 프란치스코 교황과 같은 이들이 그 권위를 인정받고 있다. 이들은 소박하고 겸손한 일생을 살았지만, 그들의 권위는 모든 사람들을 감동시키는 권위이며, 인정받는 권위이다. 그리고 현명한 지도자들이 가져야 할 권위이다.

현명한 군주는 신하들이 자신들의 힘을 키우기 위해 패거리를 만드는 것을 결코 용납해서는 안된다. 힘 있는 신하들은 군주의 권위에 위해를 가하기 때문이다. 한비는 신하들을 나무에 비유하여 그 나무 가지를 자주 잘라주어 가지가 뻗어나가지 못하게 해야 한다고 말했다. 나뭇가지가 너무 무성하게 뻗어 나가면 결국은 군주가 출입하는 공가(公家. 私家의 반대개념으로 치국을 위한 공적 영역)의 문을 막게 될 것이기 때문이다. 신하들이 패거리를 만들어 사가(私家)가 분주해지면 군주가 머무는 궁궐은 텅 비게 되어 군주의 이목은 가리어질 수밖에 없다.

한비는 힘 있는 신하를 경계하여 비유하기를 장딴지가 허벅지보다 굵으면 빨리 달리기 어렵다고 했다. 중국 역대 왕조에서 국가를 위기에 빠뜨리고, 군주의 권위를 추락시킨 수많은 사건들의 이면에는 허벅지를 능가하는 장딴지들이 존재했기 때문이다. 힘과 권위를 가지고 군주에 대항하는 신하들이 국정을 농단하고 군주의 통치권을 약화시키는 것을 한 집안에 두 명의 주인이 있는 것으로도 표현했다. 힘과 권위를 놓고 주도권 싸움을 하는 부부관계로 설명하기도 했다. 한비의 말에 의하면 부부가 힘을 모으고 가장의 권위를 인정하지 않고 싸움이 끊이지 않는 집안에서 자란 자식들은 마땅히 설 자리를 잃게 될 것이라 하였다.

현명한 지도자가 가정과 사회와 국가에 넘쳐나길 희망한다.

명군지어내야, 오기색이불행기알, 불사사청
(明君之於內也, 娛其色而不行其謁, 不使私請)
명주지위관직작록야, 소이진현재근유공야
(明主之爲官職爵祿也, 所以進賢材勤有功也)

현명한 군주는 안으로 그 여색을 즐겨도 (공적인) 일에 언급하지 못하게 하고, 사적인 청탁을 하지 못하도록 한다.
현명한 군주는 관직과 봉록을 바로 세운다. 이는 현명한 인재를 나아오게 하고, 공로가 있는 자를 격려하기 위함이다.

04
직분을 넘어섬

● 법가를 완성한 한비가 태어나기 약 100여 년 전, 한나라(韓)는 소후(昭侯)가 군주로 나라를 다스리고 있었다. 당시 그의 신하 중에 '신불해'라는 사람이 있었는데, 신불해는 법치에 관한 체계적인 생각을 갖고 있지는 않았지만 법과 원칙의 중요성을 잘 알고 있었던 사람이었다. 신불해의 생각과 경험은 훗날 한비에게도 큰 영향을 미쳐 한비가 법가를 집대성하는데 이론적 토대를 제공하기도 했다. 신불해는 군주가 법을 세우고 그 법에 근거하여 신하들의 행동과 보고를 확인하는 일을 게을리 해서는 안 된다고 말하곤 했다.

비록 성문화된 것은 아니지만 당시에도 법령과 조직들이 존재했다. 군주들은 법의 존재를 알고 있었지만 그것이 바로 지켜지는가 하는 문제에 대해서는 가볍게 여기는 경향이 있었다. 신불해는 안정적인 통치를 위해 군주들은 사적인 감정들이 법에 우선해서는 안된다고 강조했다. 하지만 당시의 군주들의 판단 근거는 늘 '신하들이 나에게 얼마나 충성심을 보이는가?' 였다. 법령이 힘을 얻지 못하는 이유이다. 때로는 너무 심한 것이 아닌가 하는 생각이 들 정도로 우직하게 법을 고수하도록 군주를 괴롭히기도 한다. 그래서 법치를 주장하고, 법의 준수를 강조하던 사람들의 말로가 그리 순탄하지 못한 것도 법을 고수하는 것이 자신의 이익과 불편함을 해소할 수 없다는 나약한 지도자들의 배신, 그리고 이를 틈탄 간신들의 계략 때문이었다.

하지만 한나라의 소후는 신불해의 조언을 받아들이고 이를 잘 실천한 군주였다. 그래서 인간미는 좀 덜했지만 나라는 안정을 이루고 발전했다. 백성들이 평안을 누렸던 것은 두말할 필요도 없다. 소후가 얼마나 우직하게 법과 원칙을 지키려 노력했는지 보여주는 일화가 있다. 신하들의 월권행위에 관한 이야기이다.

한나라 소후가 신하들과 함께 나라의 형편을 살피기 위해 거리로 나섰다. 상인들이 저울을 속이지 않고, 관리들이 백성들에게 무례하게 대하지 않았다. 하천의 치수가 제대로 이루어져 강이 범람하는 피해가 줄어들었고, 다행스럽게도 큰 재해가 없어 풍년이 계속되었다. 백성들의 얼굴에 웃음이 피어나기 시작했고, 아이들은 거리에서 노래를 불렀다.

소후는 지난 몇 년 동안 선왕이 흐트려 놓은 정치질서를 바로잡기 위해 애쓴 결과임을 알고 마음이 흡족했다. 그래서 궁으로 돌아와 신하들의 노고를 치하하며 즐거운 연회를 베풀었다. 나라가 잘 다스려진다는 것은 지도자에게 큰 기쁨이다. 그래서 흥겨운 마음으로 모처럼 술에 취해본다. 술에 취해 잠시 선잠이 들었는데 군주의 관(冠)을 담당하는 관리가 임금이 추울 것이라 생각하여 옷을 벗어 덮어 주었다. 군주를 아끼는 마음이 느껴지는 장면이다. 잠시 후 군주가 잠에서 깨어 보니 자신의 몸에 신하의 옷이 덮여있었다. 자신을 생각해주고 보필하는 신하들이 기특하고 고맙기 그지없었다. 군주는 좌우 측근들에게 물었다.

"나에게 옷을 덮어준 자가 누구인가?"

군주 측근의 한 신하가 대답했다.

"관을 담당하는 전관(典冠)이 그렇게 하였습니다."

소후는 갑자기 얼굴이 굳어졌다. 얼굴빛도 변했다. 그는 당장 관을 담당하는 신하와 옷을 담당하는 신하를 불러 세웠고, 이 두 사람을 모두 처벌하도록 했다. 옷을 담당한 관리는 분위기에 휩싸여 자신의 소임을 게을리 한 것이 처벌의 이유였고, 관을 담당한 자를 처벌한 것은 자신의 직분을 넘어서는 일을 했기 때문이다. 아주 사소해 보이고 융통성이 없어 보이지만 자신이 맡은 임무 외에 다른 사람의 영역을 침범하는 것은 옳지 않다고 판단한 것이다. 직무와 그것에 대한 책임의 경계가 허물어지면 조직과 체제에 혼란이 발생하기 마련이다. 그래서 관리들의 직위와 직무는 대부분 법에 의해 정해져 있다. 큰 사건이 발생하면 대책본부가 여러 곳 생겨 혼란이 오는 것을 우리는 대형 사건들이 발생할 때마다 경험한다. 또한 직무의 경계가 분명하지 못하면 책임의 소재 역시 흐릿하게 된다. 분명 누군가 잘못이 있는데 책임을 지는 사람을 가려내기 어려워진다. 그래서 월권이란 무서운 것이다.

한비는 직무를 넘어서 월권을 하는 자들은 사형에 처해야 한다고 말하며, 법령이 정하는 직무의 범위 즉 자신이 감당해야 할 일의 규정과 실제에 대한 판단을 수시로 하여 그것이 일관된 것인가를 점검해야 한다고 말한다. 한비는 이를 '순명책실(循名責實)'이라는 이론으로 발전시킨다. 명분과 목적을 신하가 정하게 하고 그 일의 결과가 신하들이 세운 것에 부합하는가를 살핀다는 의미이다. 이런 원칙을 세워놓고 지독할 정도로 이를 지켜낸다. 관리들이 함부로 허세를 부리지도 못하며, 자신이 책임질 일은 철저히 지키려고 노력하게 된다.

한비는 한 걸음 더 나아가 직무를 명확히 정하고 서로 침범하지 못하도록 하면 신하들이 패거리를 만들 수 없다고 말한다. 서로의 영역을 침범하여 월권을 하게 되면 이익과 목적이 맞는 신하들이 작당을 할 수 있기 때문이다. 2천 년이 지난 오늘날 직무와 그 경계가 분명하지 못한 우리의 현실에 징그러울 정도로 정확히 맞아 떨어지는 교훈이다. 경계가 분명하지 못하여 월권이 넘쳐나고, 효율성은 없으며, 책임지는 자도 없고, 거의 모든 기관마다 마피아들과 같은 패거리들이 넘쳐난다.

'국가를 개조'한다는 명분을 세워 직무를 정비하고자 하니 다시 한번 희망과 기대를 가져본다. 그런데 법령과 제도가 없거나 부실해서 문제가 발생하는 경우가 아닐 때도 목숨을 걸고, 가혹하다는 비난을 감수하고 이를 우직하게 지키는 지도자의 부재가 언제나 문제인 것이다. 누군가를 지적하기보다 우선 나 자신이 그런 지도자가 되기 위해 하루하루를 철저하게 점검하고 훈련하는 자세를 가져야겠다고 결심하고 또 결심해야 한다.

05
상아 젓가락

● 　은나라의 폭군 주(紂)가 상아로 젓가락을 만들었다. 주왕의 숙부인 기자(箕子)가 주왕과 식사를 하게 되었는데 상에 올려진 상아 젓가락을 보고 '이제 곧 은나라가 망하게 될 것이다'는 생각에 두려움을 갖게 되었다. 기자는 여러 차례 주왕에게 간언을 했지만 그가 듣지 않아 마침내 망명했다고 알려져 있다.

한비는 기자가 주왕이 마련한 상아 젓가락을 보고 은나라의 멸망을 예견하고, 두려움을 가졌던 이유를 다음과 같이 설명하고 있다.

상아 젓가락을 사용한다면 질그릇을 사용할 수 없다는 것이다. 상아와 같거나 최소한 상아보다 재질이 좋은 그릇을 사용하여야 한다고 생각했다. 기자는 상아 젓가락이 어울리려면 옥으로 만든 서각(그릇)을 써야 할 것이라고 말한다. 또한 상아 젓가락과 옥그릇을 사용한다면 콩잎으로 만든 국을 담지 않을 것이고, 반드시 모우(旄牛)나 코끼리 고기, 혹은 어린 표범 고기로 만든 요리는 되어야 어울릴 것이라고 말한다. 여기서 모우란 털이 길고 윤이 나는 소를 가리킨다. 모우고기는 코끼리 고기나 표범의 어린새끼 고기와 함께 당시 매우 진귀한 맛을 내는 고급요리를 대표한다. 기자는 계속해서 다음과 같이 생각했다.

값비싼 그릇에 담긴 진귀한 요리를 소매가 해진 낡은 옷을 입고, 풀을 엮어 만든 집에서는 먹을 수 없다는 것이다. 비단옷을 겹겹이 입고 고대광실에서 먹어야만 할 것이다. 그는 상아 젓가락이나 옥으로 만든 그릇, 진귀한 요리와 그것에 걸맞은 복장보다 마지막인 '고대광실'이 두렵다고 했다. 그래서 그는 상아 젓가락을 보자 두려움을 가졌던 것이다.

기자가 이런 생각을 한 지 채 5년도 되지 않아 주왕은 정원에 온갖 고기를 안주삼아 늘어 놓고 포락의 장치를 설치하였으며, 술지게미로 만든 언덕을 오르고 연못에 술을 채워놓고 시간을 보낸다. 여기서 포락(炮烙)이란 구리로 만든 기둥을 불에 달군 후 죄인에게 맨발로 걷게 하는 일종의 형벌도구이다. 주지육림(酒池肉林)의 극도의 사치스러운 행각을 벌이는 자리에서 죄인들이나 정적들의 살이 타들어가는 냄새를 즐겼다는 해석이 있고, 일부 학자들은 안주 삼을 고기를 굽기 위한 장치라고 설명하기도 한다. 어느 경우이든 기자가 우려했던 것이 현실로 다가 온 것은 분명해 보인다. 한비는 이러한 주왕의 절제 없는 행위로 인해 은나라가 멸망했다고 말한다.

오늘날에도 유사한 일들이 계속된다. 일시적인 감정이나 사소해보이지만 특별한 물건에 욕심을 부리는 경우가 있다. 자신의 경제적 상황이나 분수를 망각한 채 무심코 무리해서 구입한 핸드백이 자신을 망칠 수 있다. 핸드백 하나쯤 좋은 것으로 장만할 수 있다. 하지만 값비싼 핸드백을 들고 운동화를 신는 것은 좀 그렇다. 핸드백의 색과 분위기에 걸맞는 구두도 필요하고, 이 둘을 장만하면 갑자기 평소에 입었던 옷들이 구질구질해 보인다. 선글라스와 같은 악세사리도 맞춰야 하고 그런 모습으로 설렁탕집이나 분식집에 가는 것은 어색하다. 버스나 지하철을 타는 것도 왠지 부자연스럽다.

한비는 상아 젓가락을 보고 나라의 멸망을 예견했던 기자를 노자의 가르침을 인용하여 총명하다고 평가한다. 노자의 가르침 중에 그는 작은 것을 꿰뚫어 보는 것을 명(明)이라고 말한 바 있다. 우리 주변에서 일어나는 또는 조금만 방심하면 내 마음속에서 솟아나는 사소한 일들을 통해 우리는 자신을 돌아보고 경계하는 지혜가 필요하다. 언제나 근신하며 총명함을 회복하고 훈련해야 한다.

06
화(禍)와 복(福)

●   한비는 『한비자』의 '해로(解老) 편'에서 노자의 사상을 해설했다. 그래서 한비가 법가를 집대성하고 '법가'라는 사상을 체계화했지만 그의 사상 속에 '노장철학'이 스며들어 있음을 알 수 있다. 노자 58~59장에 나오는 '화(禍)와 복(福)'의 관계에 대한 한비의 설명을 소개한다.

    사람은 재앙을 당하면 마음에 두려움이 생기고 두려운 마음이 생기면 신중하게 행동한다. 행동을 바르게 하면 재해를 입지 않게 되며, 재해를 입지 않게 되면 천수(天壽)를 다하게 된다. 또한 행동을 바르게 하면 사려가 깊어지고 깊은 사려는 사물의 이치를 알게 한다. 사물의 이치를 터득하면 마침내 일에 성공하는 법이다. 천수를 다한다는 말은 몸이 온전하게 되어 오래 살게 된다는 말이다. 여기에 또 일에 성공이 더해지면 부해지고 귀하게 된다. 몸이 온전해지고 오래 살게 되면서 부해지고 귀하게 되는 것을 가리켜 복(福)이라 한다. 그렇다면 사람이 복을 누리게 되는 근본은 재앙을 당하는데서 시작된다는 논리가 된다. 그러므로 노자에 말하기를 '화란 복이 의존할 바이다' 라고 하는 것이다.

사람은 복이 있으면 부귀하게 되고, 부귀함에 이르면 먹고 입는 것이 호화롭게 되는 법이다. 먹고 입는 것이 호화스럽게 되면 대체로 교만한 마음이 생기고, 교만한 마음이 생기게 되면 옳지 않은 행동을 하며 도리에 벗어나는 일이 자연스러워지기 마련이다. 옳지 않은 행동을 하면 몸과 마음이 편할 리 없어 건강을 해치기 쉽다. 천수를 장담할 수 없다. 또한 도리에 벗어난 행위로는 진정한 성공을 이루기 힘들다. 결국 모래위에 집을 짓는 것과 같다. 대체로 안으로 일찍 죽을 재난이 들고, 밖으로 성공하지 못해 명성을 얻지 못하는 것을 재앙이라고 한다. 역시 같은 논리로 본다면 재앙의 근본은 복이 있는데서 비롯된다. 그러므로 노자에 이르기를 '복이란 화가 잠겨 있는 곳이다' 라고 한다.

노자(老子)는 '화(禍)란 복이 의존 하는 바' 이고, '복(福)이란 화가 잠겨 있는 곳' 이라고 말하면서 화와 복은 별개의 것이 아니고 서로 관계를 가지고 순환한다고 말한다. 따라서 화를 당했다고 해서 절망할 필요가 없으며 복을 소유했다고 해서 교만하고 자랑할 이유도 없다고 말한다. 문제는 계속 화를 당하는 상황과 재난의 형편에 머물지 않기 위해서는 재앙을 만났을 때, 신중하게 행동하고, 사려 깊게 생각을 해야 한다. 또한 계속 부귀와 천수를 누리고 복을 향유하기 위해서는 무절제함과 교만을 버려야 한다는 교훈이다.

한비의 노자 해설을 읽으면서 나와 우리 사회의 모습을 생각해본다.

화와 재앙을 만나고 있으면서도 오히려 교만하고, 절제 없는 행동으로 모든 원인을 남의 탓으로만 돌리며, 방자하게 도리에 벗어난 일을 계속하고 있는 것은 아닌가? 성현들의 가르침을 깊이 새기고 그 지혜를 훈련하여 복을 향유하면서도 신중하고 사려깊은 행동으로 사물의 이치를 터득하는 경지는 우리에게 요원한 것인가?

지긋지긋한 재앙에서 벗어나는 것도, 오랫동안 복을 누리는 것도 쉽지 않음은 분명하다.

인유복, 즉부귀지; 부귀지, 즉의식미; 의식미 즉교심생, 즉행사벽이 동기리, 복혜화지소복
(人有福, 則富貴至; 富貴至, 則衣食美; 衣食美 則驕心生, 則行邪僻而 動棄理, 福兮禍之所伏)

사람은 복이 있으면, 부귀에 이르고, 부귀에 이르면 입고 먹는 것이 우아해지며, 먹고 입는 것이 호화로우면 교만한 마음이 생기게 되고, 교만한 마음이 생기면 악한 행동을 하며, 도리에 어긋나게 된다. 따라서 (노자가 말하기를) '복이란 화가 잠복해 있는 곳이다.'

07
가벼운 죄, 무거운 벌

● 은나라(殷)의 법에는 집 안에서 사용한 재를 길거리에 버리면 처벌하도록 되어 있었다. 그런데 그 죄에 비해 처벌이 너무 무거웠다. 재를 길에 버리면 손을 자르는 처벌을 하도록 법이 정하고 있기 때문이다.

공자의 제자인 자공(子貢)이 어느 날 스승인 공자에게 죄에 비해 중벌이 내려짐에 대한 까닭을 물었다. 자공의 질문을 받은 공자는 '나라를 다스리는 법을 터득하였기 때문'이라고 답한다. 다음은 공자의 설명이 계속 이어진다.

"대저 길거리에 재를 버린다면 그 재가 날려 사람의 몸에 묻게 될 것이다. 느닷없이 재를 뒤집어쓰게 되면 봉변을 당한 사람은 반드시 화를 낼 것이다. 화를 내면 다툼이 일게 될 것이고, 다툼이 점점 커져 응어리를 만들면 종국에는 온 집안이 서로 살상을 하게 될 것이다. 이는 바로 온 집안이 피해를 입게 되는 행위이다. 따라서 적은 죄이지만 그 결과가 엄중하므로 강하게 처벌하는 것이 옳다."

사람들이 미워하고 원한을 가지고, 심지어 상대방에게 해를 가하게 되는 근본은 사소한 잘못에서 시작되는 법이다. 따라서 큰 화를 불러일으키기 전에 사소한 죄를 엄히 다루는 것은 나라를 다스리는 문제라는 것이다. 개인의 다툼이 개인의 갈등으로 끝나는 것이 아니라 집안의 싸움으로 번지는 것은 가족중심의 사회에서 흔히 있는 일이다. 가족들 간의 싸움은 집안끼리의 싸움으로 확대되고, 집안 간의 싸움은 마을 사이에 긴장을 유발한다. 단순히 재를 버리고 사소한 피해라고 생각되는데도 말이다. 사소한 몇 마디 말에 자존심이 상해 원수가 되고, 몇 푼 안되는 밥값 때문에 평생 안보고 사는 사람들이 의외로 많다. 규모가 작은 고대 사회에서나 있을 법한 일이라고 말할 수도 있겠지만 사실상 원리는 동일하다. 개인이 사회를 이루고 사회가 국가를 구성하기 때문이다.

사소한 죄를 엄한 형벌로 다스리는 것은 그런 의미에서 예방책이다. 나라를 다스리는 자는 일의 결과를 훌륭하게 마무리하는 것도 중요하지만 부정적이고 파괴적인 재앙을 미연에 방지하는 쪽이 훨씬 훌륭한 통치이다. 예방에 뛰어난 다스림을 공자는 '다스림을 터득했다'고 말한다. 혼란과 화를 불러일으키는 일에 대해 사전에 준비하고 대비하는 일에 대해 공자는 더 분명하게 설명한다.

"엄한 처벌을 받는 것을 좋아하는 사람들은 없다. 그러나 길거리에 재를 내다 버리는 일을 하지 못하게 하는 것은 그리 어렵지 않은 일이다. 조금만 신경을 써서 단속을 하고 관심을 가지면 길거리에 잿가루가 날리는 것을 쉽게 방지할 수 있다. 따라서 사람들에게 쉬운 것을 행하게 하여 싫어하는 것에 걸리는 일이 없도록 하는 것이 바로 나라를 잘 다스리는 일이다."

역모를 꾀한다거나 커다란 잘못을 꾸미는 자들을 막는 것은 쉽지 않다. 이에 비해 길거리에 재를 버리는 것과 같은 사소한 잘못을 못하게 하는 것은 상대적으로 쉬운 일이다. 만약 사소한 죄를 엄하게 처벌한다면 공자의 표현대로 쉬운 일을 하여 사람들이 피하고자 하고 싫어하는 중벌을 예방할 수 있다. 법의 예방적 기능을 활용한다는 말이다.

이를 잘 활용하는 군주나 지도자가 바로 나라를 다스리는 이치를 터득한 자라는 이야기이다.

진나라(秦) 효공 때에 재상으로 법치를 시행하여 진나라를 강국으로 만든 공손앙 역시 가벼운 죄를 무겁게 다스린 것으로 유명하다. 진나라가 천하통일을 할 수 있는 강한 국가로 성장하는 토대를 닦은 인물이다. 후에 상(商) 지역의 제후로 봉해져 '상앙'이라고 부르기도 한다. 공손앙의 생각도 공자의 생각과 동일했다.

"중죄란 사람이 범하기 어려운 것이며, 작은 잘못이란 사람이 쉽게
피해 갈 수 있는 것이다. 사람이 쉽게 피해 갈 수 있는 것을 피하도
록 하고 범하기 어려운 것에 걸리지 않도록 한다면 이것이 바로 잘
다스리는 길이다. 대저 작은 잘못이 일어나지 않아 큰 죄가 일어나
지 않는다면 사람이 죄를 짓지 않고 난도 일어나지 않는다."

사소한 잘못이라도 가볍게 넘길 수 없는 것은 바로 그 사소한 잘못들이 중단되는 것이 아니기 때문이다. 사소한 잘못들이 쌓이게 되면 결국 난(亂)도 일으킬 수 있다는 것이 상앙의 생각이었다. 물론 죄를 처벌하는 것이 범죄를 예방하는 전부가 될 수는 없다. 하지만 사소한 잘못을 사소하게 생각하는 것은 더 큰 혼란과 재난의 싹을 방치하는 것임엔 틀림없

다. 오늘날 우리 주변의 엄청난 사건들을 잘 살펴보면 사소한 것을 방치한 것에 원인이 있다는 것을 잘 알 수 있다. 지금 내가 무심코 길에 던져 버리는 휴지나 담배꽁초를 가볍게 여긴다면 나라가 망할 수도 있다는 말이다.

중죄자 인지소난범야, 이소과자 인지소이거야.
(重罪者 人之所難犯也, 而小過者 人之所易去也)
사인거기소이, 무이기소난, 차치지도.
(使人去其所易, 無離其所難, 此治之道)

중죄란 사람이 범하기 어려운 것이며, 작은 잘못이란 사람이 쉽게 피해 갈 수 있는 것이다.
사람이 쉽게 피할 수 있는 것을 피하도록 하고, 범하기 어려운 것에 말려들지 않게 한다면 이것이 잘 다스리는 길이다.

08
뒷담화의 위력

● 　뒷담화의 사전적인 의미는 '남을 헐뜯거나 보기 좋게 꾸며낸 이야기로 뒤에서 사사로이 하는 대화'이다. 주로 남을 비방하거나 폄하하기 위한 목적으로 하는 말들을 말한다. 이러한 대화의 내용이 진실성을 갖는 경우는 매우 적지만 사실상 뒷담화는 인간이 사회적 활동을 시작한 역사와 늘 함께 해왔고 지금도 끊임없이 계속되고 있다. 조직이나 나라를 책임지는 지도자들이 파당을 조성하고, 왜곡된 인간관계를 형성하는 데는 뒷담화가 큰 역할을 한다. 진실을 취하기보다 편을 얻고, 누군가를 곤경에 빠뜨림으로 인해 얻는 만족감 역시 크다고 할 수 있다. 한비자의 '내저설편'에 지도자가 경계해야 할 뒷담화에 관한 이야기가 나온다.

위나라(魏) 때의 이야기이다. 당시 제후국들은 무분별한 침략을 미연에 방지하기 위해 왕자를 서로 볼모로 교환하는 관례가 있었다. 위나라의 태자가 볼모로 조나라(趙)의 수도인 한단으로 떠나게 되었다. 군주들은 자신의 아들을 지키기 위해 유능한 신하들을 수행하도록 했다. 그래서 방공(龐恭)이라는 신하가 태자와 함께 조나라로 떠나게 되었다. 방공은 조나라로 떠나기 전 궁궐에서 간신들이 군주의 눈과 귀를 흐리게 하는 일을 막아야 한다고 생각했다. 그는 위나라 군주의 곁을 떠난 사이에 사심을 가진 사람들이 틀림없이 군주에게 자신을 모함할 것이라는 사실을 알았다.

그는 위왕을 만난 자리에서 말했다.
"만약 어떤 사람이 저자거리에 호랑이가 나타났다고 말한다면 왕께서는 그 사람의 말을 믿겠습니까?"

오늘날로 말하자면 한 사람이 달려와 명동 한복판에 호랑이가 나타났다고 하면 믿을 수 있겠냐는 말이다. 말도 안 되는 호랑이 이야기를 의아해하며 위왕이 답한다.
"믿지 않을 것이다."

그러자 방공이 다시 질문을 했다.
"잠시 후에 두 사람이 와서 저자거리에 호랑이가 나타났다고 말하면 이번에는 그들의 말을 사실로 믿겠습니까?"

위왕은 단호하게 말했다.
"믿을 수 없을 것이고 믿지 않을 것이다."

방공은 다시 또 물었다.

"이번엔 다른 세 사람이 달려와서 저자거리에 호랑이가 나타났다고 말한다면 왕께서는 여전히 그들의 말을 믿지 않을 것입니까?"

위왕은 방공이 이와 같이 황당한 질문을 계속하는 이유가 궁금했다. 그리고 사실 한 사람, 두 사람도 아니고 세 사람이 또 다시 몰려와서 호랑이를 보았다고 하면 이번엔 믿을 수 있을 것도 같았다. 그래서 이렇게 답했다.
"아마 나도 그것을 믿게 될 것이다."

그제서야 방공이 자신의 질문에 대한 의미를 설명한다.
"저자거리에 호랑이가 나타나는 일은 결코 일어나지 않을 것입니다. 그리고 도로와 성곽이 완비되어 있는 도심 한복판에 호랑이가 나타난다고 믿을 사람은 아마 없을 것입니다. 그럼에도 불구하고 임금께서는 세 사람이 호랑이를 보았다고 한다면 '어쩌면 믿게 될 것이다'라고 말하셨습니다. 세 사람이 입을 모아 같은 말을 하면 없던 호랑이도 생기는 법입니다."

그리고 자신이 호랑이 이야기를 한 목적을 분명히 설명한다.
"저는 이제 명령을 받들어 태자를 모시고 조나라의 수도를 향해 떠나게 되었습니다. 저자거리는 왕실에서 거리가 멀지 않아 호랑이 출현의 진위를 판단하기 쉽겠지만, 제가 가서 머무는 곳은 저자거리와는 비교도 되지 않을 만큼 먼 거리입니다. 게다가 저를 근거없이 비방하는 자가 궁궐에는 세 사람과 비교할 수 없을 정도로 많을 것입니다. 바라옵건대 왕께서는 어떤 사람들이 어떤 비방의 말을 한다고 해도 진위를 꼭 살펴주시기 바랍니다."

방공은 남을 비방하고 깎아 내리기 위해 비방과 거짓을 일삼는 무리들의 특성을 잘 알고 있었다. 이들과의 오랜 다툼에서 진실을 지켜내기 위해 그동안 자신이 기울인 공과 노력을 생각했을 것이다. 하지만 이제 궁궐을 비워야 하는 상황에 임금이 간신들의 기만에 넘어가지 않을까 걱정이 되었던 것이다.

위왕은 그의 의도와 평소 그의 진실함을 잘 알고 있었던 터라 미소를 지으며 말했다.
"아무런 걱정하지 말고 다녀오도록 하라."

시간이 흘러 태자는 볼모의 신세에서 풀려났다. 방공은 태자를 데리고 조나라로부터 돌아왔다. 하지만 이후 방공은 '위나라 왕을 만날 수 없었다.'

여러 사람이 작당을 하여 한 사람을 기만하는 것은 어렵지 않은 일이다. 현명하고 훌륭한 지도자의 자리를 지킨다는 것은 그래서 어렵다. 사적인 관계로 접근하는 달콤하고 때로 쾌감이 있는 말로 꾸민 남을 비방하는 거짓이야기들은 쉽게 한 사람을 고립시킬 수 있다. 누군가 사사로이 다가와 달콤한 이야기를 건넨다면 진실을 위해서라도 그 사람부터 멀리해야 한다. 이들이 뒷담화의 내용으로 삼는 이야기들이 자신의 이야기가 될 수도 있다는 생각을 해야 한다.

금일인언시유호, 왕신지호?
불신,
이인언시유호, 왕신지호?
불신,
삼인언시유호, 왕지지호?
과인신지

(今一人言市有虎, 王信之乎?
不信,
二人言市有虎, 王信之乎?
不信,
三人言市有虎, 王信之乎?
寡人信之)

한 사람이 시장에 호랑이가 있다고 한다면 왕께서는 믿겠습니까?
믿지 않을 것이다.
두 사람이 시장에 호랑이가 있다고 한다면 왕께서는 믿겠습니까?
안 믿을 것이다.
세 사람이 시장에 호랑이가 있다고 한다면 왕께서는 믿겠습니까?
아마 과인은 믿을 것이다.

09
사기 피해자

●   어떤 사안이 발생했을 때, 전후관계와 사실관계를 꼼꼼히 확인하는 사람을 '따지는 사람'이라고 표현하기도 한다. '분명한 사람'이라든가 치밀한 사람이라는 표현이 있음에도 불구하고 굳이 '따지길 좋아하는 사람'이라는 표현을 사용할때는 사기꾼들의 의도가 감추어져 있다.

"좋은 게 좋은 것이고, 사람을 믿는 것이 미덕이지 뭘 그리 팍팍하게 따지는가?"

이런 말을 즐겨하는 사람은 사기꾼일 가능성이 아주 높다. 사기꾼은 확인하는 것을 태생적으로 싫어한다. 자신은 누군가를 속이기 위해 치밀하게 준비하고, 확인을 반복하면서도 상대방이 무엇인가를 확인하고자 하면 '따지는 사람'이라고 비아냥거린다. 이러한 태도 역시 의도된 것이다.

노나라(魯)에 숙손(叔孫)이라는 재상이 있었다. 그의 권력과 위세는 왕을 능가하는 것이어서 국정을 제 마음대로 전단하고 있었다. 이처럼 자신의 지위를 망각하고 사욕을 채우는 사람의 곁에는 언제나 그가 수족처럼 부리는 간사한 사람들이 있기 마련이다. 그런 부류의 사람으로 재상이 총애하던 우(牛)라는 사람이 있었다. 그는 군주의 측근에서 시중을 드는 사람(이런 사람들을 수(豎)라고 했다) 중의 한 사람이었다. 당시 숙손에게는 병(丙), 임(壬)이라는 두 아들이 있었다. 총애를 받고 있던 수우는 두 아들이 언제나 눈의 가시였다. 왜냐하면 자신이 현재 재상에게 총애를 얻는 것으로 보아 이들이 없어진다면 그가 축적한 재산은 모두 자신의 차지가 될 것이라는 생각을 했기 때문이다.

결국 수우는 숙손의 두 아들을 제거할 계책을 세운다. 먼저 그는 둘째 아들 임(壬)을 데리고 노나라 군주의 행궁으로 놀러갔다. 행궁은 군주가 사냥이나 휴식을 위해 사용하던 별도의 거처이다. 숙손의 아들을 군주와 만나게 하려는 계산이 담겨있었다. 임금이 재상의 아들이라는 말을 듣고 그에게 허리에 찰 수 있는 보석을 하사했다. 임금의 총애를 받는 자가 아니면 이러한 보석을 허리에 감히 두를 수 없었다. 집으로 돌아 온 임은 고민이 생겼다. 아버지에게 허락을 받지 않고 임금을 만나러 간 것도 두려웠고, 또 임금께서 자신을 총애하여 내린 보석도 마음에 걸렸다.

그는 아버지의 신임을 받고 있는 수우에게 부탁을 했다. 이러한 사정을 설명한 후 임금이 내린 보석을 허리에 찰 수 있도록 허락을 받아달라고 했다. 수우는 그렇게 하겠다고 말하였지만 이 일을 숙손에게 알리지 않았다. 그리고 숙손의 아들 임에게는 허락을 받았다고 하면서 마음 편히 허리에 차고 다녀도 된다고 말했다.

어느 날 기회를 엿보던 수우가 숙손을 찾아와 말한다.

"왜 아들 임을 노나라 군주와 만나도록 하지 않습니까?"

이에 숙손은 아직 자신이 건재하고, 아이가 군주를 만나 신임을 받기에는 아직 어린 나이가 아닌가 라는 생각을 했다.

"아직 어린아이인데 어찌 군주를 만나게 하겠는가?"

이 기회를 수우가 놓칠리 없다.

"아드님은 이미 군주를 자주 뵙고 있습니다. 군주께서 총애한다는 징표로 보물을 주었고, 그것을 아드님이 차고 다닙니다."

숙손은 군주를 만나고도 자신에게 고하지 않은 아들이 괘씸하기도 했을 것이고, 임금의 신임을 받고 있다는 것이 순간 화가 나기도 했을 것이다. 아들이 임금의 관심을 받고 있다는 것이 화가 날 일은 아니지만, 글의 전후 맥락으로 볼 때 수우가 아들과 아버지 사이를 그동안 이간질했음을 잘 알 수 있다. 화가 난 숙손은 아들을 불러 확인해보니 수우의 말대로 허리에 임금이 내린 구슬을 차고 있었다. 순간 화를 참지 못하고 아들을 죽여 버렸다. 화가 나서 아들을 죽이긴 했지만 숙손은 자신이 너무 지나쳤다고 생각하여 괴로운 나날을 보냈다.

얼마 후 큰아들 병(丙)을 위해 종을 주조하였다. 당시 후계자를 삼는다는 의미로 종을 만들게 하고 낙성식을 열어 종을 치면서 그 소리로 후계자를 알리는 것이 관례였다. 숙손은 종을 만들어 놓고 낙성식을 언제열 것인가 생각하고 있었다. 시간이 지나도 낙성식 소식이 없자 아들 병은 초조해지기 시작했다. 그래서 수우에게 부탁하여 종을 치게 해달라는 부탁을 했다. 이번에도 수우는 그렇게 하겠다고 말만하고 거짓으로 병에게 말했다. 허락을 받았으니 마음껏 쳐서 아버지의 정식 후계자가 되었음을 알리라고 했다. 물론 숙손은 이러한 허락을 하지도, 아들의 요청을 듣지도 못했다.

어느 날 아들 병이 종을 쳤다. 이에 숙손이 종소리를 듣고 화가 나서 말했다.

"아비의 후계자가 되려는 자가 아비의 허락도 없이 제멋대로 종을 치는구나."

숙손은 또한 분을 이기지 못하고 아들을 나라 밖으로 내쫓았다. 동생과 같은 화를 입을 것을 두려워한 병은 제나라(齊)로 도망갔다.

일 년이 지난 어느 날 수우가 숙손을 찾아와 느닷없이 병의 사면을 요구했다. 이만하면 반성을 했을 것이니 사면을 해달라고 간절히 요청했다. 당연히 이 모든 것이 수우의 계략이었다. 영문도 모른 채 숙손은 수우의 청을 받아들이고 가서 병을 데려 오라고 했다. 그러나 수우는 제나라로 가지 않고 며칠 후 숙손에게 와서 말했다.

"제가 가서 사면 소식을 전하고 함께 가자고 하였으나, 분을 이기지 못하고 돌아오지 않겠다고 하였습니다."

숙손은 분을 참지 못하고 자객을 보내 아들 병을 결국 죽이고 말았다.

화를 참지 못하고 분을 이기지 못한 채 두 아들을 자신의 손으로 죽인 아비의 심정이 어떠했을까? 이 일이 일어난 후 오래지 않아 숙손은 병이 들고 말았다. 이 때 수우는 재상의 신임을 등에 업고, 주변 사람들을 모두 물러나게 한 후 자신이 혼자 병구완을 했다. 사람들에게는 이렇게 둘러댔다.

"재상은 두 아들을 잃고 난 후 상심하여 사람들의 말소리조차 듣기
싫어하오. 간병은 나 혼자 해도 충분하니 당신들은 모두 별도의 지
시가 있을 때까지 물러나 계시오."

사람들이 모두 물러가자 수우는 재상에게 식사도 약도 모두 먹이지
않고 굶겨 죽였다. 숙손이 죽자 수우는 그의 죽음을 잠시 숨긴 채, 사람
을 시켜 재상의 재산과 보물을 모두 옮겼다. 창고까지 샅샅이 뒤져 모든
재물을 훔친 후 그는 제나라로 도망쳤다.

한비는 한 가문이 몰락하는 이 비극적인 사실을 소개하며 신뢰하는
사람의 말만 믿고, 이를 따지지 않아 자식과 부모가 함께 남에게 욕을 당
했다고 말한다. 그리고 그 원인으로 언행을 살펴서 확인하지 않은 탓이
라고 했다. 인간관계를 하면서 가까운 사람, 평소 신뢰하는 사람과 어떤
일이 있을 때 확인하고, 일일이 따져보는 것은 자칫하면 오해를 불러일
으킬 수 있다. 심지어 이 사람이 나를 믿지 않는다는 인상을 줄 수도 있
어 불편한 관계를 만들 수 있다. 하지만 일관되게 누구에게나 확인하는
태도를 보인다면 그러한 오해나 불편함을 해소할 수 있을 것이다. 신뢰
를 한다는 것과 확인을 한다는 것은 별개의 문제라고 한비는 말한다.

수많은 신하들이 각각의 목적으로 임금을 만나 다양한 이야기를 할
때 이들을 단지 신뢰한다는 이유로 확인을 생략할 경우, 재상 숙손과 같
은 어처구니없는 일을 당할 수 있음을 경고한 것이다.

아들이 어떻게 군주가 내린 보물을 허리에 차고 있는 것인지, 군주를

몇 번 누구에 의해서 만나게 된 것인지, 왜 아비에게 허락을 받지도 않고, 군주를 만났으며, 보물을 허리에 차고 있는 것인지 단 한 번만 확인을 했어도 피할 수 있는 재앙이었다.

이는 큰 아들 병의 경우에도 마찬가지이다. 왜 종을 쳤는지, 누가 치라고 했는지, 왜 허락을 구하지 않았는지… 이러한 물음과 확인에 시간이 필요한 것도 아니고, 까다로운 절차가 필요한 것도 아니다. 단지 신뢰하는 사람에게 따지는 것을 생략했기 때문이다. 이는 비단 숙손만의 문제가 아니다. 숙손이 병들었을 때, 그의 가족과 다른 측근들이 실제로 재상이 사람소리를 듣기 싫어하여 모두 물러나라고 했는지, 그리고 식사와 약이 제대로 공급되고 있는지 단 한 번만 확인해도 알 수 있는 일이었다.

재앙을 피한다는 의미에서 '따지는 것은' 옹졸한 것도 아니고, 인색한 것도 아니다. 언행을 확인하고, 사실을 따져보는 것은 재앙을 피할 수 있는 명확하고 현명한 태도이다.

부청소신지언이자부위인륙, 차불참지환야
(夫廳所信之言而子父爲人僇, 此不參之患也)

도대체 자신이 신뢰하는 자의 말만 듣고 자식과 아버지가 욕을 당하였으니, 이는 언행을 살펴 확인하지 않은 우환이다.

10
지도자의 자리(位) – 가슴 아픈 연출

● 　진나라(秦) 양왕이 병이 들었다. 백성들은 임금이 병환이 있다는 소식을 듣자 저마다 제사를 지내고 시간을 정해놓고 정성을 다해 기도를 올렸다. 하루속히 왕이 병상에서 일어나기를 소원했다. 백성들의 정성이 통하였는지 왕은 병을 이기고 자리에서 일어났다. 왕이 회복되었다는 소식이 전해지자 백성들은 기뻐하며 소를 잡아 잔치를 벌이며 신에게 감사하는 제사를 지냈다.

당시 임금의 시종이었던 염알과 공손연이 거리에 나갔다가 우연히 이 광경을 보게 되었다. 이들은 잔치를 벌이며 흥겨워하고 제사를 지내는 백성들에게 연유를 물어보았다.
"지금은 하늘이나 토지의 신에게 제사를 지내는 시기도 아닌데 어찌하여 소를 잡아 제사를 지내는가?"

그러자 백성들은 밝은 얼굴로 대답한다.

"군주께서 병이 들었다는 소식을 듣고 근심이 되어 정성을 다해 빌었습니다. 지금 병환이 다 나으셨다는 말을 듣고 감격하여 소를 잡아 제사를 지내는 것입니다."

백성들의 한결같은 군주에 대한 사랑을 알게 된 염알과 공손연은 기뻐하며 왕을 알현하는 자리에서 축하 인사를 올린다.

"성군이셨던 요순시대보다 더 나은 왕입니다."

갑작스런 신하들의 말에 놀란 왕은 무슨 영문인지 몰라 의아해 했다.

"요순임금의 시대에도 백성들이 성군의 치적에 감사하기는 했지만 이처럼 스스로 희생을 하며 군주를 위해 비는 일은 없었습니다. 지금 왕께서 병환에 있게 되자 백성들은 소를 바쳐 제사를 지냈으며, 병이 다 낫게 되자 소를 잡아 잔치를 벌이고 있습니다. 그래서 저희들은 마음속으로 왕께서 요순임금보다 더 낫다고 생각하는 것입니다."

신하들의 이야기를 가만히 듣고 있던 임금은 사람을 시켜 어느 마을에서 이런 일을 하였는지 알아보도록 지시했다. 그리고 그 마을의 장로와 이장을 불러 벌금을 물게 하고 잔치에 가담했던 집집마다 갑옷 두 벌 값을 내도록 했다. 왕의 뜻밖의 조치에 염알과 공손연은 괜한 말을 해서 백성들을 난처하게 했다는 생각에 어쩔 줄을 몰라했다. 또 자신들이 무엇인가 군주의 의중을 살피지 못한 것에 대해 불안해졌다. 당장은 왕의 조치를 이해할 수 없었으나 왕의 의지가 너무 단호하여 아무 말도 할 수 없었다.

몇 달이 지나 왕이 연회를 베풀어 즐거워하는 자리에서 염알과 공손연이 조심스럽게 왕에게 물었다.

"지난번에 저희들이 임금께 외람되게 요순임금 시대보다 더 낫다고 말씀을 드린 것은 저희들이 아첨하기 위해 드린 말이 아니었습니다. 백성들이 임금을 아끼는 마음이 지극하여 정성을 다하였는데도 임금께서는 벌금을 물리고 그들의 마음을 몰라주시는 듯하여 이상하게 생각하고 있습니다."

신하들의 질문에 임금은 미소를 지으며 대답한다.

"자네들은 왜 이리도 나의 마음을 모르는가? 백성들이 나를 위해 정성을 드리고 잔치를 벌이는 이유는 그들이 나를 사랑한다고 여겨서 나를 위해 그런 일을 하는 것이 아니오. 백성들이 저런 모습을 보이는 것은 내가 권세를 가졌기 때문이오. 내가 권세를 버리고 백성들과 어울려 그들과 동등한 지위에 있었다면 과연 그들이 지금과 같이 나를 위하고 나에게 정성을 다하겠소? 소는 농사를 위해 중요한 도구가 되기에 특별한 제사 시기가 아니면 잡지 못하도록 법으로 규정한 것이요. 저들이 법을 어기면서까지 임금을 생각하는 것이 과연 사랑만이라 하겠소?

무엇인가 정성을 들여 사적인 감정을 표시하는 것은 사사로운 마음을 서로 통하게 하여 법(法)을 바로서지 못하게 하는 것이요. 나는 백성들에게 매정하게 굴면서 벌금을 부과하여 그들로부터 외면을 당할 수 있지만 그렇게 함으로 정치를 바로 세우는 것을 선택한 것이요."

나를 적대하고 비난하는 자에게 사납게 구는 것은 쉽지만 나를 따르고 존중하며 사랑의 표시를 하는 자에게 거리를 두며 매정하게 대하는 것은 여간 힘든 일이 아니다. 웃는 얼굴에 침을 뱉을 수 없는 것과 같은 이치이다. 진나라 양왕도 사람인데 어찌 자기를 위해 정성을 다하는 백성이 사랑스럽지 않았겠는가?

　사랑하는 백성들에게 법이 정당하게 시행되고, 안정된 나라에서 살 수 있도록 하는 것, 정의가 살아있는 땅에서 살도록 하기 위해 법과 원칙을 지켜내는 것이 최우선이라는 것, 그것이 바로 양왕의 생각이었다. 그래서 군주의 자리는 가슴이 아파도 자기의 감정대로 행동하지 못하는 법이다.

11
재해(災害) - 죽지 않는 비법

● 　 허망한 궤변을 늘어놓으며 증명할 수 없으며 이루어지기도 힘든 일을 가능하다고 상대를 속이는 사람이 있었다. 그의 말들은 당장에 그 결과를 확인하기 힘든 일이라는 공통점이 있다. 하지만 그의 주장은 너무 확신에 차있었고, 그가 말하는 내용을 원하는 상대방의 간절함이 너무 강해서 사람들은 언제나 그의 말에 속곤 한다.

한비자는 다음과 같은 일화를 소개하면서 사람들의 아둔함을 지적하고 있다.

주변국과의 전쟁에서 잇따른 승리를 거두고, 해마다 풍년이 들자 연나라(燕)는 모처럼 안정과 풍요를 만끽하게 된다. 연나라 왕은 이러한 태평성대를 오랫동안 누리고자 하는 강한 욕구가 생겼다. 연일 계속되는 연회에서 술과 여인들에 취한 그는 지금의 생활에 만족하며 연회에 참석한 사람들에게 자신의 생명이 영원하였으면 좋겠다고 말하곤 했다.

왕의 이러한 모습을 지켜보던 한 식객이 소문을 퍼뜨렸다. 그 내용은 '자신이 사람을 죽지 않게 하는 비법을 알고 있다는 것'이었다. 소문을 들은 왕은 급히 신하를 보내어 그 비법을 배워 오라고 명령했다. 신하 편에 수많은 보물을 딸려 보냈음은 물론이다. 그런데 신하가 그 식객에게 도착하기 전에 그 식객은 죽었다. 아무런 비법도 얻지 못하고 돌아온 신하에게 왕은 크게 화를 내며 벌을 내렸다.

이 어리석은 왕은 식객이 자신을 속였다는 것을 깨닫지 못하고 자기가 보낸 신하가 게으름을 피워 늦게 도착했기 때문에 비법을 구하지 못했다고 화가 난 것이다. 죽지 않는 비법을 알고 있는 자가 갑자기 죽었다는 허망한 사기극도 우습지만, 욕심에 눈이 멀어 도무지 일어날 수 없는 일을 믿고 죄 없는 신하를 처벌한 어리석은 군주는 더 우습다.

한비는 이처럼 판단력을 상실한 어리석은 군주의 행위를 '재해'라고 표현했다. 현재 연나라가 누리고 있는 '태평성대'의 상대적인 개념이다. 안정과 풍요를 마음껏 누리는 상황이라 할지라도 어리석은 지도자를 갖고 있다면 '재난' 속에 있다는 말이다.

욕심은 판단력을 마비시키고 허망한 말을 믿고 따르게 되는 불행의 시작이다. 보통의 사람들에게도 이러한 일은 불행이지만, 지도자가 이러한 행위를 하는 것은 수많은 사람들을 힘들게 하는 '재해'가 되는 법이다.

그래서 자신의 이익만을 쫓아 허망함을 따르는 지도자를 선택하는 것은 '재해'를 불러오는 일이다. 태풍이나 지진, 홍수만이 재해가 아니다.

12
오두(五蠹)

● 『한비자』의 '오두' 편에 대한 이야기이다.

먼저 '오두'를 설명하자면 다섯 종류의 좀벌레라는 뜻이다. 여기서 말하는 좀벌레는 주로 나무에서 살면서 나무의 속을 조금씩 갉아먹어 결국 아무리 튼실한 나무라도 결국 고사시키는 무섭고도 골치 아픈 좀 벌레를 의미한다.

한비는 국가라고 하는 큰 나무도 결국 이들 좀벌레에 의해서 언제든 지 말라죽을 수 있다고 경고했다. 그렇다면 한비가 말한 이 다섯 종류의 좀벌레는 무엇일까.

가장 먼저, '학자'들을 좀벌레라고 했다.

한비의 설명은 이렇다. 세상은 변하기 때문에 하나라, 은나라, 주나라를 비롯하여 삼황오제 시절의 법도와 춘추시대, 전국시대의 법도들은 같지 않아 늘 변화를 인정하고 그 변화된 시기에 걸맞은 법도를 적용하여야 한다고 한다. 그런데 한비가 좀벌레로 규정한 이들 학자들은 현란한 말솜씨로 자신들을 치장하고 당시 지배층의 이익을 대변하면서 인의를 빙자하여 기득권을 유지하려는 자들이다. 한비가 '성용복(盛容服)'이라는 표현을 쓴 것에 주목할 필요가 있다. '용모와 복장을 화려하게 한다'는 의미이다. 위선과 가식 그리고 겉모습의 화려한 치장이 이들을 알아내는 리트머스 용지와 같다.

두 번째 좀벌레는 거짓을 내세워 속임수를 쓰고, 잔꾀를 부리며, 다른 사람의 힘을 이용하여 개인의 욕망을 실현하려는 유세가들을 말한다. 당시 이 나라 저 나라를 돌아다니며 개인의 영달을 위해 지식을 파는 '총명하지만 도의에서 벗어난 유세객'들이 있다. 오늘 날 선거 때가 되거나 정치적 구조조정으로 이합집산이 있을 때, 자신의 지식을 팔아 권력과 관직을 구걸하는 자들과 비슷하다고 보면 될 것 같다. 한비는 이들을 '언담자(言談者)'라고 불렀다. 이들은 사욕에 눈이 멀어 공의(公義)를 소홀히 하는 특성이 있다. 공의를 사소하게 생각하는 자들에게 신의를 기대한다는 것은 어려운 일이다.

세 번째 좀벌레는 무력을 앞세운 협객들이다. 한비는 이들을 '대검자(帶劍者)'라고 불렀는데 이들은 패거리를 모아 공권력을 조롱하는 특징이 있다. 이들이 패거리를 모을 수 있는 근거는 '의리'이다. 물론 이런 의리는 공의(公義)와는 거리가 먼 패거리들의 의협심을 말한다. 요즘으로 말하면 공권력과 법의 권위를 무시하는 조직폭력집단들이다.

우리나라에 한 때 조직폭력배를 다룬 영화들이 유행한 적이 있다. 대부분 코믹물이고 현실성이 떨어지는 오락용 작품이지만 너무 인기가 있던 나머지 시리즈로 제작되기도 했다. 이런 영화들이 조심스러웠던 것은 자칫 폭력배들의 모습이 인간적으로 느껴질 수 있다는 위험 때문이었다. 조폭들이 왠지 친숙해보이고 연민을 불러일으키고, 또 그들이 내세우는 '의리'가 정당해보이고, 멋져 보이까지 했다.

이렇게 조폭들이 미화되는 것은 우리나라 사회의 어느 구석을 둘러보아도 '의리'가 존재하지 않기 때문에 그나마 저급한 패거리들의 의협에서 '의리'를 찾으려한다는 현상으로 보는 것이 옳다. 조폭은 예나 지금이나 나라를 병들게 하는 '좀벌레'이다.

네 번째 좀벌레는 권력에 기생하면서 살아가는 자들을 말한다. 한비는 이들을 '환어자(患御者)'라고 했다. 여기서 '환(患)'은 '관(串)'과 같은 의미로 친밀하다는 뜻이다. 권력자에게 친밀하게 붙어서 뇌물을 주고받고 청탁을 일삼는 무리들이다. 한비는 이들이 전쟁의 공(功)까지도 도적질했다고 말한다. 목숨을 걸고 국가를 위해 헌신한 사람들의 공을 인간관계를 동원하여 가로채는 기생충과 같은 무리들이다. 대체로 고집스럽고, 남의 말을 듣지 않는 독재자들의 옆에 이런 좀벌레들이 언제나 기승을 부리는 법이다.

마지막으로 상공업자가 좀벌레라고 했다. 이들에 대해서는 시대적 배경을 설명할 필요가 있다. 부국강병을 위해 장정들은 전시에는 군사로

평시에는 군량과 국가 재정을 위해 농업에 종사해야 했다. 그런 의미에서 법가는 농업을 중시했다. 농부들처럼 신성한 자신의 노동력을 통해 자연으로부터 생산물을 만들어 내는 자들과 이렇게 만들어진 생산물을 단지 말과 조작으로 이익을 챙기는 상인들, 그리고 권력자들을 위해 호사스러운 물건을 만들어내는 공인들과 대비시킨 것이다.

오늘날의 비즈니스 세계나 여기에 종사하는 사람들을 의미하는 것이 아니라 신성한 노동에 의한 생산물을 쉽게 탈취하는 무리들이라는 의미가 담겨있다. 따라서 상공업자라기보다 타인의 노동의 가치와 수고를 자본이나 지위로 농단하는 무리들이다.

좀벌레들의 특징은 그 자체만으로 존재가 눈에 잘 띄지 않는다는데 있다. 조직이나 제도 속에 있는 듯 없는 듯 숨어서 조금씩 조금씩 '갉아먹는' 세력들이다. 겉보기엔 정당해 보이고, 때론 멋있어 보이기도 해서 선망의 대상이 되지만 사실 국가의 패망의 원인이 되는 무리들이다.

다섯 가지의 좀벌레를 생각하면서 어떤 특정인이나 특정 집단을 지칭하거나 다른 사람을 좀벌레로 규정하여 비난하는 것은 고전을 읽는 긍정적 자세에서 좋지 않다. 어쩌면 내가 좀벌레가 되어 이 사회를 해치고 있는 것이 아닌가 돌아보는 것이 옳다고 생각한다.

좀벌레를 제거하는 것은 '좀약' 이 아니고 우리 모두가 '스스로를 돌아보는 것' 이다.

부명왕치국지정, 사기상공유식지민소이명비, 이과취본무이추말작
(夫明王治國之政, 使其商工遊食之民少而名卑, 以寡趣本務而趨末作)

대저 현명한 왕이 나라를 다스리는 정치는 상공업에 종사하며 타인의 부를 갈취하고, 놀고먹는 사람들을 적게 하고 그 하는 일을 비천하게 하여, 농사일에 열심을 다하게 하고, 상공업을 억제하는 것이다.

13
안위(安危)1-안술(安術)

●   나라를 안전하고 편안하게 유지하고, 위기에 빠지는 것을 예방하는 방법은 없을까? 『한비자』의 '안위(安危)' 편은 군주에게 나라의 안전을 도모하고, 위태로움에 빠지지 않는 방법을 가르치고 있다. '안위' 란 편안함과 위태로움을 한데 이르는 말이다. '위기' 라는 말이 '위험과 기회' 를 의미하듯, 안위 역시 '안전과 위태로움' 의 합성어이다. 이처럼 상반된 의미가 하나의 단어로 이루어져 있는 것은 그 두 개의 상반된 상황이 서로 연관이 있기 때문이다. 즉 안전함과 위태로움은 동시에 존재하기보다 안전함을 상실하면 위태로워지고, 위태로움이 제거되면 자연스럽게 편안함이 찾아온다는 것이다.

한비는 안전함을 유지하는 것도 훈련과 연습을 통해 익혀야 할 '기술(術)'이며 위태로움을 제거하는 것 역시 도리(道理, 법가에서 사용되는 도리는 대부분 '법과 원칙'을 의미한다)에 따라야 한다고 강조한다. 따라서 안전함을 추구하기 위한 7가지 방법을 '안술(安術)'이라 하였고, 위태로움을 극복하기 위한 6가지 원칙을 '위도(危道)'라고 했다. '하늘의 뜻'이라느니, '자연의 조화', '타고난 천성' 등의 추상적이고 관념적인 말들을 쏟아내는 당시의 현학적 조류에 강하게 반발하면서 국가의 안위는 철저히 매뉴얼을 통한 훈련을 거쳐야 한다고 강조했다.

안술(安術)

국가의 편안함을 유지하기 위한 방법, 즉 '안술' 7가지는 무엇일까? 한비는 이 방법론을 설명하면서 '수(隨)'라는 단어를 반복해서 사용했다. 이 단어는 '따르다', '쫓다', '근거하다'라는 의미를 갖고 있다. 즉 '~에 근거하여(따라서), 어떤 행동을 취하면 된다'라는 형식을 갖고 있다. 또한 '유(有)~ 무(無)~'의 형태로 '무엇이 있어야 하며, 무엇은 없어야 한다'는 표현을 사용했다. 이 역시 '~을 있도록 하고, ~은 없애야 한다'는 구체적이고 능동적인 행위를 전제로 하는 표현이다. 고상하고, 허세나 허영에 찬 '덕담'이 아님을 분명히 하는 표현들이다. 그렇다면 그 내용을 살펴보자.

1. 옳고 그름에 근거하여 상과 벌을 행한다.(賞罰隨是非)

2. 선과 악에 따라 화와 복이 미치도록 한다.(禍福隨善惡)

3. 법도에 따라 사람을 살리거나 죽인다.(死生隨法度)

4. (사사로운) 애증에 차별을 두지 않고 현명함과 어리석음을 판단한다.(有賢不肖而無愛惡)

   즉 자신이 누군가를 좋아하고 싫어하는 것이 그 사람의 현명함과 어리석음을 판단하는 기준이 되어서는 안 된다는 말이다.

5. 누군가를 비방하거나 칭찬하는 개인적 판단으로 사람을 어리석거

다거나 지혜롭다고 해서는 안 된다.(有愚智而無非譽)

6. 어떤 일을 함에 있어 임의로 해서는 안 되며 반드시 일정한 잣대가 있어야 한다.(有尺寸而無意度)

7. 신의가 있고, 속이는 일이 있어서는 안 된다.(有信而無詐)

국가를 편안하게 하는 방법들은 '기본을 중시하는 것', '법과 규칙에 따르는 것', '사사로움을 멀리하는 것'이라는 기준을 가지고 있음을 알게 된다. 잘한 사람에게 상주고, 잘못한 사람에게 벌을 주는 것, 선한 사람이 복을 받도록 하고, 악행을 일삼는 자가 화를 입게 하는 것, 사람을 살리고 죽이는 일은 법에 따라야 한다고 말한다. 자기가 좋아하는 사람을 현명한 사람이라 하며, 칭송하고, 호감을 보이며, 자신이 꺼리는 사람은 어리석은 사람이라고 규정하는 것은 패당을 짓고, 패거리를 통해 세력을 만드는 일의 시작이 된다고 한비는 여러 곳에서 강조하고 있다. 개인이 사사로움과 주관적 판단에 근거하여 어떤 일을 하면 자신도 모르게 왜곡될 수 있기에 반드시 법이나 원칙에 근거해야 한다는 것이 '법가'의 기본원리이다.

2014년 봄에 우리는 차마 입에도 올리기 부끄러운 일을 저지르고 말았다. 책임감도, 윤리도, 도덕도, 법이나 원칙도 없는 더더욱 어느 누구에 대한 신뢰감도 없는 우리 사회의 모습을 적나라하게 보여주었다. 학교 행사인 수학여행에 나선 수백 명의 학생들을 차디찬 바닷속에 몰아넣고 우왕좌왕하고 있었다. 이 엄청난 사건 앞에서 무엇을 어떻게 해야 할지 모르는 우리 자신을 발견했다. 기본이 지켜지지 않고, 법과 원칙이 준수되도록 훈련받은 사람이 없는 사회는 결코 편안함을 기대할 수 없다는 한비의 경고가 떠오른다. 문제는 이러한 편안함을 추구하는 방법이 수행되지 않으면 그만큼 위태로운 일이 발생한다는 것이다. 책임을 전가하고, 우왕좌왕하고, 아무도 믿지 못하고, 이러한 혼란 가운데에서도 자신들의 이익만을 챙기려하고 감추기에 조급하다. 그러는 사이에 우리의 미래를 이어받을 고귀한 생명들이 죽어가고 있었다.

국가란 돈이 없거나, 기술이나 전문성이 없어서 망하는 것이 아니라고 한비는 말한다. 높은 학력이나 학위, 눈에 드러나는 지표들, 우수한 두뇌, 세계 속의 위상이 나라의 안전을 담보하지 않는다. 국가를 안전하고 편안하게 유지시키는 것은 '사사로움에 얽매이지 않고 기본을 지키는 것'이다. 오늘도 우리 눈앞에 전개되고 있는 '망국의 징조'들 앞에서 이러한 삼류 저질국가 형태를 보면서 반성하고 또 반성한다. 입이 열 개라도 할 말이 없다.

사천하개극지능어의표, 진력어권형, 이동즉승, 이정즉안, 치세사인
락생어위시, 애신어위비, 소이소이군자다
(使天下皆極智能於儀表, 盡力於權衡, 以動則勝, 以靜則安, 治世使人
樂生於爲是, 愛身於爲非, 小人少而君子多)

천하의 모든 사람들로 하여금 일정한 규칙이나 규범(儀表)에 맞추어 지식과 재능을 모두 발휘하게 한다면 그것으로 움직이면 승리할 것이고, 그것으로 조용히 있으면 안정을 얻게 될 것이다. 세상을 다스리는 데 있어서 사람들이 옳은 일을 하는 데 그 즐거움을 찾고, 그릇된 일을 하는 몸을 사리도록 한다면 소인배들은 줄어들고, 군자들은 점점 많아질 것이다.

14
안위(安危)2 – 위도(危道)

● 『한비자』의 '안위편'은 국가를 잘 보존하고 위태로움을 제거하는
방법을 설명하고 있다. 나라를 편안하게 하는 방법은 '안술(安術)'이라
표현하여 훈련하고, 의지를 가지고 실천하려는 노력을 해야 한다고 말
하며 그 방법은 7가지로 요약해서 설명했다. 또한 위태로움을 제거하는
방법은 '위도(危道)'라 하여 위기를 극복하기 위해 도리, 즉 법과 원칙을
준수해야 함을 강조한다. 한비는 위기를 제거하여 평안을 취하는 방법
을 6가지로 정리하였다.

1. 법규를 따르고 사적으로 일을 처리하지 않는다.
2. 법규에서 벗어나지 말고, 자의적으로 일을 판단하지 않는다.
3. 남이 입은 손해를 자신의 이익으로 삼지 않는다.
4. 남이 당한 화를 즐기지 않는다.
5. 남의 안전을 위태롭게 하지 않는다.

6. 사랑해야할 것을 가까이 하고, 미워해야할 것을 멀리해야 한다.

법규를 따르지 않고, 법규에서 벗어난 행동을 할 때, 이미 위기는 우리를 향하고 있다고 말한다. 다만 그 위기를 만나는 시간적 차이가 있을 뿐이다. 위기를 만났다고 하는 것은 이미 그 이전에 우리가 법규에서 벗어난 행동을 하였다는 것을 증명하는 절차일 뿐이다.

그렇다면 무엇이 법규를 어기고 벗어난 행동이라고 정의할 수 있을까? 한비는 어떤 일을 수행함에 있어서 사적으로 일을 처리하고, 자의적으로 판단하는 것을 법에서 멀어진 것이라고 설명한다. 사람은 이기적이고, 스스로 정의를 지킬 능력이 없다는 것이다(간혹 성인과 같은 사람들이 역사에 등장하지만, 말 그대로 극히 '간혹' 일 뿐이다). 스스로를 지켜낼 실력이 없는 사람이 사적으로, 자의적으로 판단하는 결과는 불을 보듯 뻔한 것이다. 오늘날 사회에서 일어나는 엄청난 사건들의 이면에는 대부분 인간의 이기심을 적나라하게 드러내고 있으며 자의적 판단들이 자리 잡고 있다.

사회를 위태롭게 하고, 조직을 위기에 빠뜨리며, 한 개인을 좌절하게 하는 위기는 타인과의 관계 속에서 파악할 수 있다. 한비는 '위도'를 설명하면서 위기의 원인으로 무려 절반을 타인과의 관계로 표현했다. '자신의 이익을 위해서 남에게 손해를 입혀서는 안된다'고 말한다. 우리는 경쟁사회를 살면서 나의 이익을 위해 타인을 밟고 기만하고, 심지어 제거해야 한다고 배운다. 이익을 다툼에 있어 수단과 방법을 가리지 않는 자를 '능력있는 자'라고 표현하며 영웅시한다. 결과만 좋으면 그 과정이 모두 합리화되는 사회에서 남에게 손해를 입히는 것은 '능력'이 되었다.

그 결과 우리 사회는 위기에 놓여있다고 해도 과언이 아니다. '남이 겪고 있는 어려움을 즐기고', '남을 위태롭게 하는 것' 모두 나라를 망하게 하는 대표적인 비법들이다. 타인의 재난을 즐긴다는 말에는 두 가지의 의미가 있다. 다른 사람이 어렵게 되는 것을 기뻐하는 경우가 하나이고, 다른 하나는 다른 사람이 어려움에 처한 것을 자신의 기회로 이용하는 것이다. 두 가지 경우 모두 우리는 신뢰를 기대하기 어렵고, 그렇기에 자신 또한 타인의 불신 속에서 살아가야 하는 안타까운 상황에 놓이게 된다.

2014년 4월 16일, 모처럼 학업의 부담에서 해방되어 친구들과 추억을 만들고 몸과 마음의 휴식을 취하기 위해 '수학여행'을 떠난 어린 생명들이 차갑고 어두운 바닷속에 갇혀버렸다. 법규를 조롱하듯 하나에서 열까지 모든 법을 따르지 않았으며, 법규에 벗어난 행동을 스스럼없이 자행한 '어른'들의 잘못이 원인이다. 이 파렴치한 어른들은 자신의 이익을 위해 아무런 양심의 가책이나 부끄럼 없이 행동했고, 자신의 배만을 채우기 위해, 자신들이 부리는 사람들에게 타인에게 손해를 입히라고 강요했다. 또한 한편으로는 상상하기 힘든 실의와 절망에 빠져있는 상황을 어떤 이들의 이익을 위해 활용하고, 온갖 유언비어와 억측 등을 동원하여 이익을 얻고자 한다. 여태껏 세상을 기만하고 타인을 속여 가며 이익을 취해, 잘 지내왔는데 왜 하필 이런 '일들이 생겼는가? 상황 탓만 하고 있을지도 모른다.

유언비어를 통해 관심을 얻어보고자 하는 파렴치한들도 넘쳐나고, 낮은 자세로 현장에서 끼니를 해결함에도 불구하고 곱지않게 보냐고 항변하는 사람도 있을테고 장관님이 오셨는데 기념사진 한 장 정도가 뭐가 문제냐고 아직도 의아해하는 무리들도 있을 것이다. 실종자들의 가족이나 유족의 마음을 정치적으로 이용하려는 금수같은 인간들도 넘쳐나고, 이 와중에 경제적 이익을 취하려고 충혈된 눈으로 이리저리 분주한 무리들도 눈에 보인다.

고귀한 어린 생명들과 함께 신뢰도, 정의도, 법과 원칙도, 양심도 모두 수장되었다. 그리고 남아있는 것은 절망과 원망과 무능함과 짐승들 뿐이다. 한비는 말한다.

"광분하는 수레 위에는 공자(孔子)도 몸을 두지 않을 것이며, 전복된 배 밑에는 백이(伯夷)도 있지 않을 것이다. (중략)국가는 배나 수레와 같아서 안정이 되면 지혜와 청렴이 생겨나고, 위태롭고 흔들리면 다툼과 추악함이 일어나게 될 것이다."

지금 우리는 세월호와 같은 총체적인 불법으로 가라앉은 배와 같이, 위태롭고 심하게 흔들리는 배 위에 있는지도 모른다. 심하게 흔들리기에 온갖 추악함과 다툼이 일어나는 법이다. 국민 대부분이 주머니에 넣고 다니는 광대역, 최첨단 컴퓨터가 쏟아내는 엄청난 글에 자중과 반성과 용서를 비는 모습은 거의 보이지 않는다.

한비는 안위(安危)란 강하고 약함에 달려있는 것이 아니고 옳고 그름을 가리는 기준에 있다고 강조하고 있다. 존재냐 아니면 망하는 것이냐 하는 것도 병력이 많고 적으냐에 달린 것이 아니고 권력의 허와 실에 달려있다고 말한다. 그동안 우리는 너무 허세와 허영에 빠져 스스로를 망각하고 살아왔다. '잘 생겼다' 라고 스스로 속이며, 망하는 길로 너무 빠르게 달려왔다. 냉정함을 찾아 지금 이 순간에 그 잘난 혀를 놀리는 대신, 이 위기에서 벗어나기 위해 '나' 스스로가 무엇을 해야 하는지 침묵하면서 생각하고 또 생각해야 한다. 신뢰를 상실한 어둡고 차가운 저 깊은 바닷속에 스스로를, 또 나와 관계하는 타인들을 더 이상 질식시키지 않기 위해서라도 말이다.

안위재시비, 부재어강약. 존망재허실, 부재어중과
(安危在是非, 不在於强弱. 存亡在虛實, 不在於衆寡)

안위란 옳고 그름에 달려 있지 강하고 약함에 달려 있는 것이 아니다.
생존이냐 망하냐 하는 것은 실속과 허망함에 있는 것이지 많고 적음에 있는 것이 아니다.

15
망하는 짓

● 『한비자』 55편 중 가장 첫 편은 '초진견(初秦見)'이다. 이 글은 한비가 진나라 소양왕을 만나 전한 말을 정리한 것이라고 소개되고 있는데, 실제로 한비의 글이 아니고 제자들이 당시 종횡가들의 이야기를 삽입한 것이라고 하는 의견도 있다. 초진견에 이런 이야기가 나온다.

"세상에 나라를 망칠 길이 세 가지가 있다는데 제가 듣기로는 '어지러운 나라가 잘 다스려진 나라를 공격할 때 멸망하고, 사악(邪惡)을 가지고 정도(正道)를 칠 때 멸망하며, (자연의 질서를) 거스리는 자가 순리에 따르는 자를 칠 때도 멸망한다'

언젠가 연구실에서 이 이야기를 하니, 함께 차를 마시는 동료들이 곧바로 "이 이야기를 저 윗동네 젊은 친구가 들었으면 좋을 텐데…『한비자』한 권 보내지."

"중국공산당 지도자들도 그렇고, 사회주의 국가의 지도자들이 고전을 읽는다는 말을 들었는데… 만약 『한비자』를 읽었으면 절대 공격을 안할 것이고, 혹시 읽지 않아서 도발을 한다면 망하겠군…"

그런데 『한비자』를 자세히 음미해보면 한비(혹은 당시의 이 말을 한 사람)가 이 말을 하는 것은 다른 누군가를 겨냥해서 한 것이 아님을 알 수 있다. 대부분 그렇지만 고전의 내용은 그것이 누구를 비방하거나 그 잣대를 타인에게 적용하기보다 그 내용을 자신에게 적용하는 것이 더 바람직하다.

비단 국가와 국가 간의 관계뿐만 아니라 개인들 사이에도 수많은 분쟁과 다툼이 있기 마련이다. 한비는 누군가를 공격할 때, 내가 결심한 공격의 마음이 잘 정돈된 것인가, 올바른 길에 서 있는 것인가, 그리고 무엇보다 순리에 따르는 것인가를 점검하라는 말을 하고 있다.

공격은 대부분 분노나 그 분노로 인한 흥분 상태에서 합리적 사고를 하지 못하는 가운데 이루어지기 마련이다. 그래서 공격의 명분과 이치를 놓치기 쉽고, 자신의 욕심에 사로잡히기도 하며, 대부분의 경우 순리를 따르지 못한다. 결국 이런 상태에서 누군가를 공격한다는 것은 '망함'이라는 결과를 초래할 수 있다는 교훈이다.

조금만 더 깊이 생각을 해보면 정리된 생각을 갖고, 정도를 취하며, 순리를 따르면 사실상 누군가를 공격하는 것이 거의 불가능하다. 상대의 입장을 이해하고 바른 생각을 가지면 '공격받아 마땅한 사람도 없으

며 또 누군가를 공격할 만큼 떳떳하지 못하다는 것을 발견하게 된다.'

세유삼망, 이천하득지, 기차지위호! 신문지왈, '이란공치자망, 이사
공정자망, 이역공순자망'
(世有三亡, 而天下得之, 其此之謂乎! 臣聞之曰, '以亂攻治者亡, 以邪
攻正者亡, 以逆攻順者亡')

세상에 나라를 망치는 일이 세 가지가 있다고 하는데 이는 천하가
다음과 같은 처지에 이름을 말합니다. 신이 듣기를, '어지러운 나
라가 잘 다스려지는 나라를 공격할 때 망하고, 사악함을 가지고 정
도를 공격할 때 망합니다. 그리고 거스리는 자가 순리를 따르는 자
를 공격할 때 망합니다.'

16
법의 권위

● 　중국 최초의 통일과업을 이루었던 진나라가 불과 20년을 버티지 못하고 역사의 무대에서 사라진 것은 매우 충격적인 일이었다. 영원할 것만 같았고, 가장 완벽한 시스템을 갖추었다고 생각했던 나라가 너무 어이없게 망해버렸기 때문이다. 진나라의 뒤를 이어 한나라가 세워졌다.

　한나라의 황제는 진나라의 멸망 원인을 분명히 알고 싶어했다. 다양한 원인들이 밝혀졌지만 학자들은 '법이 있었고, 법치의 이념이 있었지만, 법치가 제대로 시행되지 않았다는 것' 이 근본적인 원인이라고 말하였다. 이미 오래전 고대국가로부터 모든 나라에는 법령과 원칙들이 존재했지만, 그 법령과 규칙들이 제대로 힘을 발휘했는가, 법의 규정대로 집행할 자격과 권한을 가진자가 실천했는가는 별개의 문제였다. 한비는 '내저설, 칠술편' 에서 법의 권위, 즉 지도자가 법의 권위를 세우는 방법을 설명하고 있다.

오늘날 하북성 일대에 위치했던 중산국의 재상이었던 악지(樂池)가 수레 백 대를 거느리고 이웃한 조나라(趙)에 사절로 가게 되었다. 백 대의 수레가 사절단을 이룬 것은 대단히 크고 거대한 행렬이었다. 혼자 힘으로 이들을 통제하는 것이 어렵다는 것을 잘 알고 있었던 악지는 자신의 빈객들 중 지혜가 뛰어난 자들을 몇 명 선발하여 이들을 인솔하도록 했다. 그런데 시간이 지날수록 점점 행렬이 흐트러지고 혼란스러워졌다. 악지는 마침내 이동을 중지시키고 인솔자로 선발한 빈객들을 불러 질책하였다.

"나는 그대들을 지혜로운 자라 판단하여 인솔자로 삼았소. 그런데 시간이 지날수록 행렬이 흐트러지고 혼란스러워지는 까닭이 무엇이란 말이오."

악지의 질책을 들은 한 빈객이 사퇴하고 그를 떠나려하며 말했다.
"공께서는 다스리는 법을 잘 알지 못하십니다. 법이 제대로 시행되도록 하려면 사람을 충분히 복종시킬 만한 위엄을 세우고, 법을 시행함에 힘쓰도록 권할 만한 이득을 주어야 능히 잘 다스릴 수 있는 것입니다. 지금 저희들은 공의 빈객들에 불과합니다. 빈객이 자신들보다 위에 있는 사람을 바로잡고, 낮은 신분으로 귀한 신분을 다스리려고 하며, 더욱이 상벌의 권한을 갖고 통제를 할 수 없으니 바로 이것이 어지러워지는 까닭입니다. 혼란을 다스리기 위해 시험 삼아 저에게 사람들 가운데 우수한 자를 고위직에 임명할 수 있고, 악행을 범하는 자의 목을 벨 수 있는 권한을 주신다면 저들의 행렬을 바로잡을 수 있습니다."

또한 다른 한 예로 다음과 같은 일화가 있다.

초나라의 남쪽 지역에 여수라는 강이 있었다. 오늘날 운남성에 있는 금사강(金沙江)의 옛 이름으로 고대로부터 사금으로 유명한 곳이었다. 소문이 퍼지면서 많은 사람들이 몰려들어 몰래 금을 캐곤 하였다. 초나라에서는 법령을 세워, 사사로이 금을 캐는 자는 몸을 찢어 저자거리에 매다는 형벌을 받도록 했다. 그러나 끔찍하고 엄한 처벌임에도 불구하고 금을 캐는 사람들이 줄어들지 않았다. 오히려 점점 늘어나 처벌을 받은 시신이 강물을 막아 물길이 갈라지게 하는 형편이었다. 자기 몸이 형벌을 받아 찢겨 구경거리가 되는 것보다 더 무거운 형벌이 없을 텐데도 계속 법을 어기는 자가 늘어나는 것은 무엇 때문일까?

한비는 그들이 '반드시 붙들린다고 생각하지 않기 때문' 이라고 말한다. 만약 어떤 사람이 '자네에게 천하를 내주는 대신 자네를 죽일 것이다' 라고 한다면 어떤 사람도 천하를 갖겠다고 하지 않을 것이다. 천하를 갖는다는 것은 모든 것을 소유한다는 말이지만 사람들이 이를 원하지 않는 것은 반드시 죽는다는 것을 알기 때문이다. 자신이 죽고난 후에 천하의 이익은 의미가 없기 때문이다. 따라서 반드시 붙들리지는 않는다고 생각하면 비록 찢겨 죽임을 당한다해도 몰래 금을 훔치는 일을 그치지 않을 것이다. 이들이 훔치는 것이 금이고, 자신들이 비록 붙들린다 하더라도 붙들어 처벌하는 자를 매수하면 죽음을 면할 것이고, 금을 훔치는 일을 계속할 수 있다는 생각 때문이다. 법이 제대로 시행되고, 법을 시행하는 자가 법대로 처벌함에 예외를 두지 않는다면 천하를 갖는 일이라도 하지 않을 것이다.

위의 두 경우에서 보듯이 법이 힘을 갖는다는 것, 법이 권위를 갖는다는 것은 어떤 조건에서도 그 상대의 신분과 권력에 관계없이 법을 집행할 수 있는 집행 주체의 힘이 존재해야 한다. 면책특권을 누리는 자들이 법을 어렵게 생각하지 않고 동일한 범죄를 반복하는 것도 같은 이치이다. 법이 힘을 가지려면 법을 집행하는 자가 그 어떤 대상에게도 굴하지 않고 법을 적용할 수 있는 권한을 가져야 한다. 또한 법이 힘을 갖는다는 것은 어떠한 경우에도 법이 반드시 지켜진다는 집행자의 의지가 있어야 한다. 예외나 특혜나 면책, 사면이 남발되면 법은 힘을 잃게 된다. 법도 그 법을 집행하는 주체도 조롱거리가 될 뿐이며, 법 앞에 평등함을 공감할 수 없는 사람들에게는 좌절감을 주게 될 뿐이다.

여여천하이살여신, 용인불위야
(予汝天下而殺女身, 庸人不爲也)
부유천하, 대리야, 유불위자, 지필사
(夫有天下, 大利也, 猶不爲者, 知必死)

천하를 당신에게 주는 대신 자네를 죽일 것이다. 보통사람들이라도
이를 받아들이지 않을 것이다.
대저 천하를 갖는 것은 큰 이익이다. 그럼에도 이를 받아들이지 않
는 것은 반드시 죽는다는 것을 알기 때문이다.

17
거꾸로 바뀐 세상

● 　한비는 자신의 조국인 한나라(韓)가 멸망의 길을 걷고 있는 모습을
보며 울분에 찬 나날을 보내고 있었다. 임금께 제의도 해보았고, 잘못된
것을 지적하기 위해 책을 지어 보기도 했지만 이미 혼탁해진 세상은 그
의 바른말을 들으려하지 않았다. 사욕과 쾌락에 빠진 임금과 그 주변의
간신들은 자신들이 원하는 말만 들으려할 뿐 '골치 아픈 고민'의 필요성
을 애써 외면하고 있었다.

　한비는 수많은 나라들의 흥망과 성쇠의 사례들을 연구하면서 한 가지
분명한 사실을 밝혀낸다. 망국의 군주들이나 중신들이 망국의 징조를
몰라서 패국(敗國)의 길을 걷는 것이 아니라는 것이다. 또한 건강한 사회
를 위해 필수적인 법과 원칙의 내용과 효용을 몰라서 그것들을 포기한
것이 아니라는 사실이다. 언제나 자신의 개인적 욕망(私慾)이 우선되었기
때문이었다.

한비는 이처럼 국가가 반드시 지키고 붙잡아야 하는 법과 원칙들이 실제 정치에서 오히려 반대로 시행되고 있음을 지적하며 울분을 토한다.

『한비자』에 '궤사(詭使)' 편이 있다. 여기서 궤(詭)는 일반적으로 거짓이나 속임수를 뜻하는 말이지만 여기서는 '위배되다, 거스르다(逆), 반대되다(反)'는 의미로 사용되었고, 사(使)는 '어떤 일을 그렇게 되도록 하다'라는 의미이다. 따라서 '궤사'란 (의도적으로)어떤 일이 반대로 시행되도록 방치하다'라는 뜻인 셈이다.

'궤사' 편에 소개된 한 구절을 인용해본다.

"무릇 국가가 잘 통치되고 권위를 갖고자 하면 법과 형벌의 집행이 그 역할을 해내야 한다. 하지만 (실상은) 사사로이 의(義)를 행하는 자가 존경을 받는다. 국가(사직)가 존립하는 근거는 안정되고 평온한 것이다. 그런데 (실상은) 시끄럽고, 음험하며, 남을 헐뜯거나 아첨하는 무리들이 임용된다. 국가가 잘 통치되고 국민들이 국가에 호응하는 기초는 신의와 은덕이다. 그러나 (실상은) 못된 지혜를 가지고 나라를 뒤집어 엎을 자가 쓰인다. 국가의 명령이 행해지는 이유와 위엄이 바로서는 근거는 공손히 삼가고 상하의 질서가 바로서는 것이다.

그러나 (실상은) 바위틈에 살며 세상을 비방하는 자가 이름이 난다. (중략)… 국가가 명성을 이루고 그 영토를 확장하는 것은 국가를 위해 목숨을 바쳐 싸우는 병사들의 공적이다. 그러나 (실상은) 죽은 병사들의 아내와 고아들이 굶주려 길에서 구걸하고 있으나 광대나

술 시중을 드는 부류들은 화려한 수레를 타고 비단옷을 입는다. 조세를 공평히 거두고 민의의 힘을 모으는 것은 어려움에 대비하여 창고를 채우기 위함이다. 그러나 (실상은) 관리들이 일을 피하여 몸을 숨기고 위세 있는 집안에 의탁하여 부역을 면제받고 있으나 국가의 권위와 법으로 이를 잡아내지 못하는 자가 수만을 헤아린다."

2천여 년 전의 패망의 길로 지적된 내용들이 마치 오늘의 현실과 유사하여 소름이 돋는다. 정해진 법률 위에 '정의'를 가장하여 초법적 행위로 인기와 유행을 노리는 세력들, 세상을 떠들썩하게 하고 시끄럽게 뒤흔들어 무엇인가 '화젯거리'를 노리는 군상들, 부정하고 비뚤어진 지혜나 편향된 지식 등 '못된 지혜'를 마치 진리인 것처럼 떠들면서 국론을 분열시키고, 자신의 정치적 이익을 만족시키려는 무리들이 판을 친다. 공손히 삼가는 즉 조심성이 많고, 늘 신중하여 남을 존중하고 자신을 돌보지 않는 사람들보다 바위틈에 숨어(온라인의 깊은 곳이나, 특정한 영역속에 자신을 숨기고) 세상을 비방하는 자들이 넘쳐난다.

무엇보다도 국가를 위해 자신의 모든 것 심지어 목숨까지도 아끼지 않은 사람들은 그 남겨진 가족과 후손들이 온갖 불이익과 빈곤함 속에서 회한의 나날을 보내는데, 그 공을 광대들이나 술 시중 드는 기생충과 같은 이들이 가로채는 것이 자연스러운 형편이 되었다. 힘없는 백성들은 국가의 의무에 허리가 꺾어지도록 고통과 수고 속에서 살고 있는데, 소위 권세 있는 자들은 자신의 특권을 이용해서 온갖 특혜를 누리며 살아가고 있다. 국가의 법이 이를 통제하지 못하는 것인지 안하는 것인지 알 수 없다.

시간적으로나 공간적으로 멀리 동떨어져 있는 혼란한 전국시대에 망해가는 한 나라의 형편을 이야기하는데, 왜 이리 익숙하게 느껴지는지 모르겠다. 최소한 우리는 무엇인지 몰라서 못했다는 핑계는 더 이상 댈 수 없을 것 같다. 적어도 우리의 후손들에게는 한비 시대의 망국 상황이나 오늘 우리가 걷고 있는 암담한 현실이 생소하게 느껴지기를 희망해 본다.

나라를 위해 고귀한 생명과 재산을 희생한 선열들의 삶을 잠시 생각해본다. 그들이 자신을 희생하면서 남긴 아내와 자녀들을 누가 위로하고 책임져주어야 하는지, 그것부터 살펴야 할 것 같다.

18
다섯 가지의 막힘 – 오옹(五壅)

● 　한비는 『한비자』의 여러 글에서 옹(壅)이란 단어를 많이 사용했다. 옹(壅)이란 '막혔다' 라는 의미인데, 사전에 보니 끈적끈적한 진흙이 수로를 막고 있는 것을 표현한 농업사회의 대표적인 표현 중에 하나이다. 이 단어는 '색(塞)' 이라는 역시 '막혀있다' 라는 표현과 함께 무엇인가 소통되지 못하고 앞뒤가 답답하게 꽉 막혀있음을 뜻하는 단어이다. 옹색하다는 의미는 그래서 무엇인가 앞뒤로 꽉 막혀 이러지도 못하고 저러지도 못하는 상황을 설명한다.

한비는 군주가 걸어야 할 길(主道)을 말하면서 군주가 소통하지 못하고 꽉 막혀있는 것을 다섯 가지로 설명하고 있다. 이것을 '오옹' 이라고 한다. 그렇다면 그 다섯 가지 막힘은 무엇일까?

첫 번째 군주가 소통하지 못하는 것은 신하가 군주의 눈과 귀를 막고 있기 때문이라고 설명한다. 군주의 눈과 귀가 막히면 군주는 자신의 자리(位)를 잃게 된다고 말한다. 통치의 대상이자 통치의 목적인 백성들의 삶, 세상의 형편과 처지를 정확하게 판단하고, 그 대책을 만들어 내는 것이 통치자의 가장 큰 역할이다. 그런데 군주와 백성 가운데 있는 신하들이 어떤 목적을 가지고 사실을 사실로 보고하지 않고, 혹은 은폐하는 것은 군주가 군주로서의 책임을 다하지 못하게 하는 결과를 초래하게 된다. 그래서 군주의 자리는 존재의 정당성을 잃게 되는 것이다. 외척이나 환관들이 득세를 하고, 권신들이 파당의 목적을 위해 언로를 막는 것이 국가에 얼마나 큰 해악이 되는가를 우리는 역사의 무수한 사례를 통해 배워오지 않았는가.

두 번째는 국가의 재산을 신하가 마음대로 사용하는 경우이다. 이 경우에 군주는 은덕을 베풀 기회를 상실하게 된다. 국가의 재정이 반드시 사용되어져야 할 곳에 사용되지 못하고, 재정권을 장악한 신하들의 사욕을 채우는 데 사용된다면 군주와 백성의 관계는 틀어지고 마는 법이다. 이를 다른 표현으로 '실덕(失德)'이라고 한다.

세 번째는 신하가 마음대로(임의로) 명령을 내리는 것이다. 최고 지도자의 결재가 없이 신하가 자의적으로 명령을 내리는 것은 당연히 신하가 군주를 무시하거나 권력을 남용하는 것이다. 이럴 경우 군주는 통제력을 잃게 된다. 이를 한비는 '실제(失制)'라고 표현한다.

네 번째, 신하가 제멋대로 상벌권을 행사하는 경우 군주는 '막힘'을 경험하게 된다. 최고지도자가 공과를 판단하여 합리적으로 상벌권을 행사해야 하는데, 신하가 그 역할을 가로채는 형국이다. 이를 실위(失威) 혹은 실명(失名)이라고도 한다. 군주의 위엄과 명분을 상실했다는 말이다.

마지막으로 신하가 사사로이 당을 만드는 경우인데, 이는 사람을 심는다는 의미의 '수인(樹人)'이라고 한다. 주로 군주의 측근에서 근무하는 사람들을 자기사람으로 심어 그 정황을 파악하고, 군주의 행동을 감시하려는 시도를 말한다. 이 경우 군주는 자신이 신뢰할 만한 자신의 사람을 잃게 된다. 이를 한비는 '실당(失黨)'이라고 표현했다.

한비는 군주가 절대권을 가져 나라를 안정화 시키는 것을 목적으로 군주에 대한 막힘을 이야기했지만 오늘날 우리는 이를 지도자의 역할과 처세에 적용해볼 수 있다. 지도자가 그 자리와 덕, 통제력, 명분, 자신의 편 등을 상실하면 그 지도자는 마치 농토에 생명의 물을 흐르게 하는 수로가 끈적끈적한 진흙으로 막혀있는 것과 같이 꽉 막혀있는 것과 같다는 것이다.

한비가 '오옹'에서 강조한 것은 지도자의 소통의 어려움, 즉 소통이 단절되고 무엇인가에 막힌 것은 측근에 있는 사람들과의 관계에서 비롯된다는 것이다. 그래서 최고 지도자는 자신을 보좌하고 도와서 함께 일을 해야 하는 사람들과의 관계를 무엇보다 우선해야 한다. 한비의 표현대로 막힘은 곧 사라짐이다. 막혀있는 지도자, 소통되지 못한 지도자는 지도자 자신은 물론이고 그의 통치대상인 백성들에게도 불행이다. 막혀있으면 위엄도, 명분도 더 나아가 그 자리(존재)도 사라지게 될 것이다.

19
광부(曠夫)와 원녀(怨女)

● 　결혼 적령기가 되었는데도 짝을 찾아 가정을 이루지 못하는 것은 안타깝고도 불행한 일이다. 현대 사회에서 결혼을 기피하고, 결혼을 하더라도 출산을 원하지 않는 젊은이들이 늘어나는데, 이는 편리함과 자유로움을 위한 개인의 선택이라고 할 수도 있지만 원하는 데도 여건이 허락지 않아 못하는 경우는 이야기가 다르다.

주거환경이나 육체적 노동을 해야 하는 농촌의 젊은이들이 장가를 들지 못해 경제적으로 낙후한 나라의 여성들과 가정을 꾸릴 수 있는 것은 그나마 다행이다. 외국인에 대한 인식과 현실의 다급함이 만들어낸 결과라 할 수 있다.

최근에는 결혼을 하는 것 자체가 경제적으로나 사회적으로 이미 많은 것을 소유하고 있음을 상징하기도 한다. 단칸 셋방에서 한 가지 반찬뿐

이어도 사랑하는 사람과 살면 행복할 것이라는 이야기는 영화나 드라마의 소재에서나 볼 수 있는 형편이 되었다. 가난하면 결혼하는 것조차 힘든 세상이 왔다. 그런데 옛날에도 그런 일들이 있었다.

지금으로부터 약 2천6백여 년 전 제나라에 환공이 통치하던 때의 일이다. 어느 날 환공이 민간인의 복장을 하고 백성들의 형편을 살피기 위해 민가를 이리저리 다니고 있었다. 제나라의 성문 중 하나인 녹문 근처에 '녹문직'이라는 사람이 살고 있었다. 옛 사람들은 이름을 지을 때 살고 있는 장소를 이름에 넣는 경우가 있어 '녹문근처에 사는 직(稷)'이라는 의미로 이름을 지은 것 같다. 그런데 이 녹문직은 나이가 칠십이 되었는데 아내가 없었다. 사별을 한 것이 아니고 아예 총각이었다. 환공은 칠십이 넘도록 혼자 사는 녹문직을 이해할 수 없었다. 그래서 곁에 있던 재상 관중에게 묻는다.

"백성들 가운데 늙도록 아내가 없는 자들이 많은가?"

성경에도 '아담이 혼자 사는 것이 좋게 보이지 않아 하와(이브)를 만들었다'고 하지 않는가? 아마도 군주인 환공의 눈에 자신의 백성이 늙도록 외롭게 사는 것이 안쓰러웠던 것 같다. 그래서 재차 묻는다.
"어떻게 하면 늙도록 처가 없는 자에게 아내를 갖게 할 수 있겠는가?"

관중은 환공의 물음에 거리낌 없이 대답한다.
"제가 듣기에 위에 쌓아둔 재물이 있으면 아래로 백성들과 신하들이 반드시 궁핍해지며, 궁 안에 남자를 가까이 할 수 없어 원망하는 여인들(怨女)이 있으면 백성들이 늙어도 아내가 없는 자들이 많아진다고 합니다.”

역대 중국의 군주들 사이에서 유독 여색을 밝혔다고 알려져 있는 환공은 뜨끔했을 것이다. 백성들이 아내를 갖지 못하는 원인이 어떤 제도나 풍습과 같은 제도적인 문제일 것이라고 생각하였기에 방법을 찾아보라는 주문을 했는지도 모르겠다. 하지만 권력이든 재물이든 심지어 여인이든, 기득권을 가진 사람들이 욕심을 부리면 백성들은 궁핍해질 수밖에 없다고 일침을 가한다.

머쓱해진 환공은 크게 선심을 쓴다.
“궁 안에 명령하여 아직 한 번도 나를 모셔보지 못한 여인들을 내보내어 시집을 보내도록 하라”

관중의 뼈 있는 한마디가 환공에게 큰 깨우침을 주었던 것 같다. 그는 한걸음 더 나아가 ‘남자는 스무 살에 장가들고 여자는 열다섯에 시집을 가도록 하였다.’

한비는 그래서 제나라에 더 이상 광부(曠夫)와 원녀(怨女)가 사라지게 되었다고 적고 있다. 광부는 허탈에 빠진 남성을 말하고, 원녀는 원망하는 여인을 의미한다. 나라의 재물과 기회가 한 곳으로 몰리게 되면 허망해하고, 원망하는 젊은이들이 생겨나는 법이다.

상유적재 즉민신필궤핍어하(上有積財 則民臣必匱乏於下)
궁중유원녀 즉유노이무처자(宮中有怨女 則有老而無妻者)

위에 있는 자들에게 재물이 쌓여 있으면 백성과 신하들은 반드시
궁핍해지며
궁중에 원망하는 여인들이 있으면 늙어도 아내가 없는 자가 생기
게 된다.

20
다리 꼬지마

●   최근 몽골에서 활동을 하는 한 선교사 가정의 남매가 화제다. '악동(樂童)뮤지션'이라는 남매듀오가 자작곡들을 가지고 국내 음원차트를 석권하며 한 오디션 프로그램에서 우승을 했기 때문이다. 나는 처음 이 남매를 TV를 통해 보게 되었는데, 몰개성의 시대에 너무나 개성이 뚜렷한 젊은이를 출연시킨 광고를 보면서 신선함을 느꼈다.

그런데 이 젊은 친구들이 뛰어난 재능을 보이며 가요계의 관심을 받고 있는 '악동뮤지션'이었다. 호기심을 가지고 이 남매의 노래를 듣기 위해 유투브를 뒤져보니 정말 초대형 기업이 광고에 내세우기에 충분한 재능을 가지고 있음을 알게 되었다. 경쾌한 리듬, 자연스러운 힙합의 적용, 노래가 끝날 때까지 흐트러지지 않는 너무도 자연스러운 화음을 갖고 있다. 무엇보다 17세의 오빠가 쓴 노랫말들이 정말 대단하다. 이 남매가 처음 들고 나온 노래가 '다리 꼬지마'이다. 가사를 살펴보면

네가 시크를 논해서 내 본능을 건드려 앞뒤 안 가리고 다리 치켜들고 반대 다리에 얹어 다릴 꼬았지 아니꼬왔지
내 다리 점점 저려오고 피가 안 통하는 이 기분

네가 도도를 논해서 내 본능을 건드려
주먹 불끈 쥐고 책상 내리치고 모두를 주목시켜 다릴 꼬았지 배배 꼬였지
발가락부터 시작된 성장판 닫히는 이 기분

거들먹거들먹 거리는 너의 그 모습에
내가 진리다 라는 그 눈빛 가득한 모습에
괜한 승부욕이 불타올라 짧은 다릴 쭉 뻗고 다리 꼬았지

(Rap)
시내에 나가 보다 보면 여기저기 알록달록 thick or thin한
여러 색깔 종류 치마바지들 중에서도 튀고 튀는 요염한 다리들
다리 꼬고 시내 외각 벤치에 앉아 누굴 기다리는지 초조한 표정을
짓는 줄 알았더니만 그게 아니었더라 다리 저려 그러는 거라나

다리 꼬지마 다 다리 꼬지마 X 3
다리 꼬지마 다

시크와 도도를 내세우며 기를 죽이는 대상에게 기죽지 않으려고(아니 꼽고, 배배꼬인 마음으로) 나 역시 (거만하게) 다리를 꼬아봤지만 결국 나에게 돌아오는건 다리저림과 성장판이 닫히는 듯한 불쾌한 감정… 멋진 다리를 뽐내며 벤치에 앉아 다리를 꼬고 있는 여성의 표정도 결국 다리저림 이상도 이하도 아니라는.

앞으로 살아가야 할 날이 많은 이 어린 친구들이 모든 사람들의 고개를 끄덕이게 하는 재능을 보여줄 때 우리는 감동을 받고 기분이 좋아진다. 어떻게 어린 아이들이 이러한 삶의 지혜를 터득하고 있을까.

『한비자』에 한비가 노장사상을 해설해 놓은 '해로'(解老, 노자에 대한 해설이라는 의미이다) 편이 있다. 한비의 법가사상은 우리가 그동안 오해해온 바와 같이 단순히 군주의 권력을 공고히 하기 위한 통치 이데올로기만이 아니었음을 보여주는 부분이다. 당시 기득권인 유가나 묵가에 저항하여 소상공인을 중심으로 퍼져있던 황로사상의 영향을 받은 증거이고, 특히 노자의 무위사상을 강조한 것은 혼란을 종식시킬 강력한 국가, 군주권의 확립을 통해 사회의 안정과 인간사회의 안위를 목적하고 있음이 분명하다.

'해로'의 한 구절을 인용해본다.
사람이 복이 있으면 부귀에 이르고 부귀에 이르면 먹고 입는 것이 사치스러워지며, 먹고 입는 것이 호화로우면 교만한 마음이 생기고 교만한 마음이 생기면 옳지 않은 행동을 하고 그 움직임이 도리에 어긋난다. 행동이 옳지 않으면 그 몸은 일찍 망하게 되고, 움직임이 도리에 어긋나면 일을 성사시킬 수 없다. 대저 안으로 일찍 죽을 재난이 있고, 밖으로 명성을 얻지 못하는 것은 큰 재앙이라고 할 수 있다. 그렇다면 재앙의 근본은 무엇인가. 그 근본은 복이 있는데서 생겨난다. 그러므로 노자가 말하기를 '복이란 재앙이 잠겨 있는 곳이다'

권력과 재물, 복이 성실한 자의 목표인 것은 분명하며, 모든 사람들이 추구하는 바임에 틀림이 없지만 그것으로 인해 재앙을 초래할 수 있다는 가르침을 배우게 된다. 혹시 스스로 복받은 자라고 여긴다면 지금 내가 다리를 꼬고 있는 것은 아닌지 돌아볼 필요가 있다. 다리를 꼬고 눈을 깔고 있는 것은 단지 나에게 다리처럼 그 이상도 이하도 아니라는 것을 깨달아야 한다.

어려운 시절 많은 가족을 부양해야 했던 아버지께서 오랫동안 점심을 라면으로 때우셔서 위장병을 앓았다는 이야기를 어머니를 통해 들었다. 서민의 식사로 대표되던 라면 때문에 한국 굴지 기업의 높은 자리에 계신 한 분이 어려움을 당한 일이 있었다. 비행기에서 라면을 가지고 승무원을 힘들게 한 것이 원인이 되었다. 복이 재앙을 담고 있다는 한비의 이야기가 문득 생각나는 밤이다.

자 이제 우리 귀여운 악동들의 노래를 들으며 꼬았던 다리를 풀어봅시다.

2부

술(術)

明主使法擇人不自擧也使法量功不自度也
能者不可弊敗者不可飾譽者不能進非者不能退
則君臣之間明辯而易治故主讐法則可也

01
호감편향(Liking bias)과 말투, 행동을 같게 함(一辭同軌)

● 　군주(지도자)의 권한과 권위를 침해하고, 통치권에 도전하기 위해 패거리를 만드는 일을 '간(姦)'이라하고, 이러한 일을 꾸미는 자를 '간신(姦臣)'이라한다. 『한비자』의 '팔간(八姦)'편은 이처럼 간악한 행위의 유형을 8가지로 정리하고 그에 대한 대책을 제시하고 있다. 이 중에서 재방(在旁) 즉 군주의 곁에 가까이 있는 자들에 대한 경계가 중요하다고 말한다.

"재방(在旁)은 군주 곁에 가까이 있는 자를 말한다. 누구를 가리켜 곁에 가까이 있다고 하는가? 임금의 귀나 눈을 즐겁게 해주는 배우나 난장이(오락을 위해 고용한 광대들), 그리고 측근의 친숙한 자들을 말한다. 이들은 군주가 명하지 않았는데도 예, 예 하고, 시키지 않았는데도 분부대로 하겠노라고 말하며, 군주가 생각하기도 전에 그의 뜻을 받들고, 용모를 엿보거나 안색을 살펴서 군주의 심중을 헤아리는 자들이다. 이러한 자들은 서로 결탁하여 보조를 맞추어

나아가고 물러서며, 서로 입을 맞추어 대응하며, 말투와 행동을 같
이 하여 군주의 마음을 움직이는 자들이다. 간신들은 이들에게 황
금보옥이나 그들이 즐기는 애완품을 바치고, 그들을 위해 법에 어
긋나는 요청도 들어준다. 이는 이들을 통해 군주의 마음을 움직이
게 하기 위함이다."

지도자들이 개인적인 취향이나 기호를 위해 관계 맺는 자들이 있다.
이들은 자신의 기교나 재능으로 지도자의 호감을 이끌어 내는 사람들이
다. 그것이 스포츠이든, 특별한 예술활동이든 서로 공감대를 갖는 경우,
사람들은 호감을 갖고 가까이 하는 법이다.

행동심리학에 '호감편향(Liking bias)'이라는 말이 있다. 누군가에게 호
감이 생기면 그 사람을 곁에 두거나 그 사람에게 물건을 사고, 문제가 생
겼을 경우 그를 적극적으로 도우려는 성향을 보이는데 이를 '호감편향'
이라 한다. 그렇다면 호감은 어떻게 생길까?

지식경영학자 롤프 도벨리는 여러 연구결과를 인용하여 호감을 유발
하는 원인을 세 가지로 정리하였다.
1) 외모가 매력적일 경우(다소 주관적일 수 있지만)
2) 출신이나 인품, 관심사가 비슷한 경우
3) 상대방이 먼저 호감을 보이는 경우

『한비자』의 '팔간' 편에 등장하는 군주의 곁에 있는 사람의 예로 등장
하는 배우나 광대, 그리고 아첨을 일삼는 예스맨들이 바로 호감을 유발

하는 탁월한 재능을 가진 사람들이다. 이들은 직업의 특성상 외모가 출중하거나 상대를 즐겁게 하는 법, 상대의 얼굴표정이나 기분 등을 알아내 상대의 입맛에 맞게 행동함으로 호감을 극대화시키는 귀재들이다. 이들은 상대방에게 호감이 있다는 적극적 제스처를 교묘하게 사용하고, 심지어 상대방의 말투나 표정을 흉내 냄으로 공감을 불러일으킨다. 사람들은 대체로 공감대가 있는 상대에게 끌리기 때문이다.

한비가 사용한 '일사동궤(一辭同軌)'란, 같을 말을 하며 행동도 비슷하게 취한다는 의미이다. 군주는 자신에게 항상 복종하고, 자신이 미처 표현하지 못하는 것을 미리 예측하여 행동하는 자들, 특히 자신과 비슷한 말투와 행동을 하면서 공통의 관심사를 가지고 있음을 확인하면 이들을 '총애' 하기 시작한다. 심지어 신하나 전문가들의 의견보다 당시의 기준에서 미천한 신분이었던 광대들의 이야기를 더 신뢰하곤 했다. 신하들 역시 이러한 사실을 알기에 군주의 마음을 얻기 위해 이들 광대들에게 뇌물을 바치거나 그들의 비위를 맞추는 우스꽝스러운 상황이 벌어지게 된다.

자신이 호감을 가지고 있는 사람이 팔면 왠지 더 맛있어 보인다는 착각, 혹은 자신이 호감을 느끼는 사람에 대한 '호감편향' 으로 사실의 본질을 파악하지 못하는 부작용은 언제든 발생할 수 있다. 만약 누군가가 눈에 띄게 자신을 즐겁게 하고, 호감을 보인다면, 나 역시 그에게 위장된 호감을 보이고 있는 것은 아닌지 확인할 필요가 있다. 또한 그러한 호감편향 때문에 상황의 본질을 망각하고 그릇된 판단을 하는 것은 아닌지 점검할 필요가 있다는 생각을 해 본다.

02
행동편향(Action bias)과 허정(虛靜)

● 군주(지도자)가 반드시 걸어야 하는 길을 '주도(主道)'라 한다. 이는 지도자가 기본적으로 갖추어야 할 자세를 의미하기도 하며, 효율적인 조직 운용을 위해 취해야 할 행위 규범이기도 하다. 『한비자』의 '주도(主道)편'에서 한비는 지도자가 갖추어야 할 태도와 행위의 가장 첫 자리에 '가만히 있을 것(허정)'을 올려놓고 있다. 야망과 열정을 가지고 강력하고 성공적인 지도자가 되기 위해 두 손을 움켜쥐고 두 눈을 부릅뜨며, 무엇인가를 하기 위해 긴장된 모습으로 서 있는 사람에게 '가만히 있으라'고 말하는 셈이다.

조용하게 있는 듯 없는 듯 하나 강력한 지도자를 한비는 다음과 같이 설명하고 있다.

"마음을 비우고 조용히 기다려 신하가 스스로 어떤 명분(名分)을 말하고 자신이 하고자 하는 일을 정하도록 한다. 마음을 비우면 실제

정황을 알 수 있고, 조용히 하면 움직이는 정체를 알 수 있다. 가만히 있으면 말을 하려는 자는 스스로 말하게 되고, 일을 하는 자는 그 결과가 저절로 드러나게 된다. 결과와 말한 명분이 일치하는 가를 대조해 보면 군주(지도자)는 아무 일도 하지 않아도 그 상황을 분명히 파악할 수 있게 된다."

영국의 경찰들에게는 술집이나 공공장소에서 집단 싸움이 일어나게 되었을 때 신고를 받고 출동했을 경우 행동 지침이 있다고 한다. 이는 오랜 경험과 통계에서 도출된 결론에 근거하고 있다. 즉 집단 난투극이 발생했을 때 열정과 패기만을 가지고 섣부르게 개입을 하면 부상자의 수가 늘어난다는 것이다. 연륜이 있고 노련한 경찰은 아무리 사태가 급박해도 팔짱을 낀 채 주변에 서서 경찰이 출동했다는 모습만 보여준다. 섣부른 개입보다 위엄에 찬 눈빛으로 아무 행동도 취하지 않고 그저 존재만을 보여주는 것이 사태를 진정시키는데 훨씬 효과적이다.

분명한 잘못을 저질러 야단을 맞거나 회초리를 각오하고 있는 아이에게 가장 무섭고 두려운 대상은 사실을 알면서도 침묵하고 있는 부모이다. 결국 그 무언의 압력을 견디다 못해 아이는 스스로 자신의 잘못을 고백하고 용서를 구하게 된다. 부모는 입을 다물고 아무런 행동도 취하지 않았는데도 말이다.

그런데 사람들은 무엇을 해야만, 어떤 행동을 취해야만 자신이 목적하는 결과를 얻을 수 있다고 생각한다. 어떻게 해야 할지, 무엇을 해야 할지 모르는 상황에서도 무엇인가 움직이고 행동을 취해야 마음이 편하다. 행동심리학자들은 이런 경우 순간적으로 편안한 기분을 얻는 것을 제외하고 일의 결과는 처음보다 나아지지 않고, 오히려 악화되는 경우가 대부분이라고 말한다. 이처럼 비록 아무런 소용이 없는 것을 알면서도 어떤 일을 하거나 행동을 취해야만 불편하고 괴로운 상황에서 해방될 수 있다는 생각을 '행동편향(Action bias)' 이라고 한다. 의욕을 가진 사람이 새로운 지도자의 자리에 올랐을 때, 전문적이고 특수한 기술을 가진 사람들이 자신의 존재감을 과시해야 할 필요가 있을 때 '행동편향' 은 강하게 나타난다.

패기와 의욕이 앞서 목표를 이루고자하는 야망이 강해서, 무엇인가 행동을 취해야만 하는 초조함을 가진 지도자들이 '가장 먼저 해야 하는 일' 은 '조용히 있는 것' 이다. 자연에서 수렵채집을 통해 생계를 유지하던 고대인들은 '움직여야 만' 했다. 생존을 위해(사냥감을 얻기 위해서든, 야생동물의 위협으로부터 자신을 보호하기 위해서든) 생각할 틈도 없이 빠르게 움직이거나 무엇인가 행동을 취해야만 했다. 이러한 환경요인이 인간들에게 '행동편향' 의 습성을 남겼다고 할 수 있다.

하지만 자연에 대한 인간의 대응력이 크게 성장하고, 사회와 문화가 발전된 '인간의 시대' 에 접어들어서는 불확실성도, 인간관계의 다양성도 명확한 답이 없는 경우가 많다. 어떤 행동을 취해도 그것이 나의 생존을 보장해 주는 경우가 별로 없다. 특히 조직을 이끄는 지도자들은 조직구성원들과 관계를 맺으며, 자신의 조직을 안정시키고 발전시키는 사명을 갖고 있지만, 이를 위해 취해야 하는 행동이 여간 조심스럽지 않다. 예측할 수 없는 다양한 일들, 난감한 일들이 발생하면, 더더욱 속을 알기 힘든 인간들과 관계를 맺는 과정에서 불안감과 초조함이 더 커져만 간다. 그래서 불안감을 해소하기 위해 조용히 생각하고 관찰해야만 함에도 불구하고 무엇인가 행동을 취하게 된다. 한비는 이런 지도자들에게 좀 더 강력한 어조로 충고한다.

"군주(지도자)는 자신이 옳다고 생각하는 지혜를 버림으로써 도리어 총명해질 수 있고, 자신이 믿고 있는 슬기를 버림으로써 도리어 공적을 세울 수 있으며, 섣부른 용기를 버림으로써 도리어 강력해질 수 있다.

현명한 군주는 너무나 조용하여 그가 어느 자리에 앉아있는지 알수 없으며, 텅 비어 있어 그 소재를 파악할 수 없다. 그러므로 말하기를 현명한 군주는 윗자리에서 아무것도 하지 않고 있으며 신하들은 아래에서 부들부들 떨고 있다고 하는 것이다."

현명한 의사는 진단을 내리기 어려운 원인 모를 병으로 고통 받는 환자에게 아무런 처방을 내리지 않는다고 한다. 사람의 몸이란 자정능력이 있어 시간이 지나면 충분히 극복하는 경우가 많기 때문이다. 파스칼도 '인간의 모든 불행은 그들이 조용히 방 안에 머물러 있지 못하는 데원인이 있다'고 말했다. 우리는 불확실하고 해결하기 어려운 문제를 만났을 때 무작정 움직여야 어떤 해결이 생길 것이며 보상이 있을 것이라는 생각을 하곤 한다.

또한 의욕이 앞서고 야심으로 인한 조급함이 생긴다면 더더욱 그렇다. 나라의 어려움이 발생하면 언제 나타났는지 시대의 지성이며, 대한민국 최고의 사상가이자 천재임을 자랑하는 사람들이 등장해서, '하야'니 '거리로 나서야 한다느니' 목청을 돋운다. 국가가 어려움에 처하거나 난처한 일을 당하면 정치적으로 입장이 다른 사람들이 자신들의 정치적 입지를 강화하기 위해 아우성을 친다. 평소에 사회에 대해 크게 기여하지도 본을 보이지도 못하는 종교지도자들도 마치 자신들만이 해결점을 갖고 있다는 듯 너스레를 떤다. 이러한 무책임하고, 이기적인 태도에서 우리는 무엇인가 해야 한다는 이들의 초조함을 볼 수 있다. 정의롭지 못한 일에 반응해야하는 것은 사실이지만 반응에 앞서 신중함을 보이는 지혜도 필요하다. 한비의 글을 읽으면서 초조함이 생기거나 무엇인가 행동을 해야만 한다는 불안감이 생기면 한적한 골방을 찾는 것이 현명한 선택일 수 있다는 생각을 해보았다.

03
낡은 식기와 거적때기

● 　진나라 문공은 춘추 오패의 한 사람이지만 젊은 시절 형언할 수 없는 고통의 나날을 보냈던 인물이다. 20여 년을 나라 밖에서 온갖 고초와 전투와 망명생활을 하였다. 죽음의 위협 앞에 여러 번 공포에 떨기도 했고, 굶주림과 길을 잃고 방황하며 절망의 세월을 보내기도 했다.

　문공은 마침내 이 지긋지긋한 고통의 시간들을 끝내고 고국으로 돌아오게 된다. 돌아오는 길에 황하에 이르자 그의 눈앞에 지난날들의 암울하고 고통스러운 기억들이 주마등처럼 지나간다. 그 고통의 순간들을 생각하면서 다시는 기억하고 싶지 않아 신하들을 불러 명령을 내린다.

　"거친 대나무와 투박한 나무를 깎아 만들었던 그릇(변두, 籩豆)들을 모두 강물에 던져라! 찬이슬을 맞으며 노숙할 때 깔개로 사용했던 거적때기(席蓐) 또한 모두 강물에 버리도록 하라."

　문공은 강물에 버려지는 지긋지긋한 물건들을 바라보다가 자신을 따랐던 부하들을 둘러보았다. 함께 고난의 시간을 보냈던 그들이 갑자기 구질구질해 보이기 시작했다. 그래서 그는 다시 명령을 내린다.

"손발에 굳은살이 박히고(변지, 胼胝), 얼굴이 여위고, 고생에 지쳐 거무스름해진 자(여흑, 黧黑)들은 행렬의 안 보이는 저 뒤쪽에 세우도록 하라!"

그날 밤 어디에선가 구슬픈 울음소리가 들려온다. 문공의 충신이었던 구범(咎犯)이 소리 내어 우는 소리였다. 이에 문공은 구범을 불러 질책하듯이 묻는다.

"내가 망명길에 나서 20여 년 동안 고생하다가 이제야 돌아올 수 있게 되었소. 그런데 그대는 이 기쁜 순간에 슬피 울고 있소. 내가 나라로 돌아오게 된 것을 바라지 않는 것이오?"

여전히 슬픈 기색을 하며 임금의 말을 듣고 있던 구범이 드디어 입을 열어 답한다.

"임금께서 강에 버리신 식기들은 굶주린 우리의 배를 채워주던 고마운 것들이며, 쓰레기 취급을 한 거적들은 피로에 지친 우리 몸을 잠시나마 품어주던 잠자리였습니다. 그런데 군주께서는 이것들을 부끄러워하며 버리셨습니다. 손발에 굳은살이 박히고 얼굴이 수척하고 검게 그을린 자들은 목숨을 걸고 고생하며 공을 세운 자들입니다. 그런데 군주께서는 이들을 부끄럽게 여겨 뒤로 세우셨습니다. 이제 저도 그들과 함께 버려질 것이고, 뒤에 서게 되었으니 마음속으로 그 슬픔을 견디지 못해 울었습니다."

구범의 말을 듣고 있던 문공은 크게 뉘우치고 자신의 수레를 끄는 말 한 마리를 잡아 황하의 신에게 제사를 올리며 맹세했다. 구범을 비롯하여 그와 함께 고생한 자들과 함께 공을 나누며 나라를 다스리겠다는 것이 맹세의 내용이었다.

오랜 고생을 하다가 형편이 나아지거나 크게 성공을 하게 되면 고생하던 순간들을 기억하기 싫어하는 것이 우리의 마음이다. 성공의 보상으로 만나게 되는 새로운 환경, 더 나은 조건들 속에 들어서면 그동안 고통을 나누며 함께 했던 사람들이 구질구질해 보이는 법이다. 소위 출세를 하고 나서 고난을 함께한 조강지처를 버리고 새 여자를 얻는 것도 비슷한 경우다.

한비자는 문공과 그의 충신 구범의 일화를 통해 '강력하고 권위를 가진 진정한 패자(霸者)의 자리는 고난을 함께 했던 자들을 품는 것이다'는 교훈을 전하고 있다. 지금 누리는 성공은 거친 식기와 거적때기, 그리고 자신의 몸을 아끼지 않고 희생하며, 어떠한 어려움에서도 자리를 지켰던 '구질구질한' 내 사람들로 인한 것임을 잊어서는 안 된다는 말이다.

위험에 처한 나라를 위해 자신의 인생을 송두리째 희생한 수많은 이름 없는 용사들, 회사를 살리기 위해 함께 동분서주하며 자리를 지켜왔던, 어쩌면 기억하고 싶지 않은 치부를 너무 많이 알고 있을지 모르는 동료들, 무엇보다 고통과 좌절 속에서 밤잠을 못 이루고 한숨으로 날을 지새우고 있을 때, 같은 고통과 아픔으로 내 곁을 지켜주었던 가족들…

우리는 지금 사실상 무엇보다 소중한 이들을 구질구질하다고 여기며 안 보이는 데 세워놓은 것은 아닌가 점검해보아야 할 것이다.

04
부숴야할 가마솥

● 　물이 불을 이기는 것은 명백한 사실이다. 그런데 물이 불을 이기
지 못하는 경우가 있다. 물과 불 사이에 가마솥이 놓이는 경우이다. 물
은 위에서 끓어 모두 증발하지만 불은 아래쪽에서 계속 활활 타오른다.
가마솥 때문에 물이 불을 이기는 기능을 잃고 만 것이다. 법으로 통치하
게 되면(法治) 악(惡)을 금할 수 있다는 것 역시 명백한 이치이다. 그런데
법을 집행하는 사람이 가마솥과 같이 법과 악 사이에 놓이게 되면 법은
다만 악이 제거되기를 원하는 사람들의 가슴 속에서만 끓다가 증발해버
릴 뿐 악을 금할 기능을 발휘하지 못하게 된다.

　『한비자』의 비내(備內)편에 나오는 이야기이다. '비내'란 '안(內)'을 대
비한다는 의미이다. 여기서 말하는 '안'이란 궁중의 비(妃), 후궁, 왕손
들을 의미한다. 다시 말하면 아내나 자신의 혈육조차도 경계해야 한다
는 말이다. 가족조차 믿을 수 없다는 말이 비인간적으로 들릴 수 있고,

'그렇게까지 살아야하는가?' 하는 회의가 일기도 하지만 한비의 교훈은 가족을 의심하고 경계해야 한다는 것이 초점이 아니다. 비내편의 이야기들이 대부분 측근에 있는 신하들을 경계해야 한다는 내용으로 채워져 있다. 따라서 가족도 경계해야 할진대 신하는 더 말해서 무엇하겠는가?' 라는 의미로 받아들여야 한다.

한비는 물과 불, 법치와 악 사이를 가로막고 제 기능을 다하지 못하게 하는 가마솥 이야기를 하면서 상고시대의 잠언과 『춘추』에 등장하는 교훈을 통해 다시 한번 강조한다.

"법을 범하고 반역을 하여 큰 악을 행한 자도 일찍이 왕이 신뢰하는 존귀한 신하로부터 나오지 않은 적이 없다."

임금이 신뢰하여 중용한 자가 가마솥이 되어 군주의 법치를 방해하고 마땅히 법이 대비해야하고 처벌할 대상과 악에는 영향을 미치지 못하면서 오히려 무고한 백성들에게 화(禍)를 떠넘기는 형국이 반복된다. 힘없는 백성들은 억울함에 눈물짓지만, 더더욱 호소할 곳이 없어 절망한다. 가마솥들은 작당을 하여 군주의 눈을 가리고 한 통속이 된다. 마피아들이다. 이들은 권력과 이익을 서로 나누는 과정에서 끈끈한 관계를 유지한다. 자신들만의 '의리' 도 있다. 하지만 겉으로는 사이가 나쁜 척, 관계가 없는 척하여 사심이 없는 것처럼 행동한다. 서로 눈이 되고 귀가 되어 군주의 틈을 엿본다. 군주는 눈과 귀가 가리어져 진실을 들을 방도가 없으며, 군주라는 명목만 있고, 실질은 없다. 신하들은 법을 독차지하고 자신들의 이익을 위해 법을 집행한다. 백성들의 아우성도, 군주의 의심도, 양심 있는 사람들의 저항도 이들에게는 가소로울 뿐이다.

불이 나면 손실이 커지기 전에 신속하게 물을 길어 불을 제압해야 한다. 재난에 대비하는 명백한 진리이다. 오늘날 우리 주변엔 여기저기 불길이 치솟고 있다. 당황하여 급하게 물을 쏟아 부어 보지만 쉽게 불길은 잡히지 않고 수증기만 피어 오른다. 어쩌다가 불길이 잡히는가 싶으면 더 큰 불길이 치솟는다. 물이 불을 이기고, 법치가 악을 제압할 수 있다는 명백한 이치를 무엇인가가 가로막고 있기 때문이다. '가마솥'을 깨버리지 않으면 해결될 수 없는 형편이다. 가마솥을 제거하지 못한다면 우리는 절망스러운 얼굴로 계속 타오르는 불의 피해를 감수하면서 살아야 할지 모른다.

05
설득의 비법

● 　세상의 모든 어머니들이 그렇듯이 자신의 안위와 행복보다는 자식의 성공과 행복이 우선이다. 미자하의 어머니도 예외는 아니었다. 남의집살이를 하면서도 준수한 청년으로 자라나는 아들을 보면서 하루하루의 고단한 삶을 이겨냈다. 아들은 어머니의 간절함과 정성에 대한 기대를 저버리지 않았다. 임금의 총애를 받아 궁에 머물면서 임금을 보필하는 중임을 맡게 된 것이다.

　춘추시대 위나라(衛)의 영공(靈公)은 미자하에게 각별했다. 미자하는 외모도 준수했을 뿐만 아니라 사람의 마음을 즐겁게 하는 재주가 있었다. 상대방이 어떤 대답을 요구하는지 분명하게 알고 있었고, 기분을 맞추는 데도 탁월했다. 혼란한 정국 속에 그 어떤 사람도 믿기 힘든 것이 군주의 자리이고 궁의 생활이었지만 왠지 모르게 미자하를 곁에 두면 든든했다. '절대신임'이라는 것이 바로 이런 것일까? 미자하는 심지어 임금의 침소까지 자유롭게 드나드는 존재가 되었다.

절대 권력이 존재하던 시기에 권력의 정점에 있는 군주의 신임과 총애를 받는다는 것은 같은 권력을 누린다는 의미이다. 이제 궁궐 안팎이 미자하의 존재를 무시할 수 없었다. 어머니의 바람대로 미자하는 성공을 한 셈이다. 진수성찬과 미인들의 호화로운 연회가 끝나고 높게 떠올라 미소를 짓고 있는 달을 바라보며 궁을 거닐고 있었다. 새로 조성한 연못이 달빛을 품고 있었고, 며칠 전 이웃하고 있는 한나라의 손님들이 헌상한 금빛 잉어들이 물에 떠 있는 또 하나의 달을 희롱하고 있었다. 그때 다급하게 한 사람이 미자하를 찾았다. 순간 불길한 생각이 들었다. 언제부터인가 자신이 지금 누리고 있는 부와 권력이 사라지는 것에 대한 불안감이 생겼기 때문이다. 무엇인가를 소유하기 이전에는 그것을 잃어버렸을 때의 공허함은 생각할 수 없는 것이지만 일단 내 손에 그것을 갖게 되면 이런 종류의 불안감은 생기기 마련이니까.

"지금 사가에서 연락이 왔는데 어머니가 급환으로 몸져 누우셨답니다. 나리를 애타게 찾고 계신다고 합니다."

전혀 예상하지 못한 소식이었다. 그동안 복잡하고 혼란스런 권력의 소용돌이에서 살아남기 위해 어머니와 집안의 일을 돌아볼 여유가 없었다. 고통스러운 환경에서도 자식의 걱정에 전 인생을 걸었던 어머니의 모습이 달빛과 함께 미자하의 가슴을 파고 들었다. 그러나 지금 이 야심한 밤에 궁궐을 벗어나는 것은 쉬운 일이 아니다. 하지만 그는 가만히 있을 수도 없었다. 지금 궁을 벗어나서 어머니에게 달려가는 방법이 하나 있기는 했다. 그것은 군주의 수레를 이용하는 것이다. 위나라의 법에 군주의 수레를 허락없이 타는 자는 발목을 자르는 형벌에 처하게 된다고 명시되어있다. 미자하가 그것을 모를 리 없었지만 그렇다고 해서 어머니를 외면할 수 없는 노릇이었다. 그는 임금의 수레를 담당하는 자를 불러 거짓으로 둘러대고 군주의 수레를 이용하기로 결심했다.

밤늦게 군주의 수레가 궁궐의 문을 통과하는 것을 완벽하게 숨긴다는 것은 거의 불가능했다. 미자하의 벼락출세를 시샘하는 자들도 있었을 것이고, 엄중한 국법의 처벌에서 벗어나기 위해 책임을 회피하려는 자들도 있었을 것이다. 미자하가 군주의 수레를 몰래 이용했으며 거짓까지 꾸몄다는 사실이 임금의 귀에 들어가게 되었다. 그동안 쌓아올렸던 공들인 탑이 무너지게 되는 절박한 상황이었다. 그런데 임금의 조치는 모든 사람을 놀라게 하는데 충분했다. 임금은 사건의 전모를 확인하고 이렇게 말했기 때문이다.

"미자하는 참으로 효자구려. 그가 임금의 수레를 몰래 이용하면 어떤 형벌에 처하게 될지 모를 리 없을 텐데, 어머니에 대한 애틋한 사랑과 걱정으로 인해 그 무거운 형벌을 잊었구려."

위나라 영공의 미자하에 대한 신뢰가 이 정도였다. 얼마 후 미자하는 군주를 모시고 과수원에 나들이를 가게 되었다. 봄바람과 함께 상큼한 과일의 향기가 궁궐 속에서의 답답한 생활을 잠시 잊기에 충분했다. 탐스럽게 익은 복숭아들이 산자락을 덮고 있는 보석들처럼 빛나고 있었다. 복숭아 밭을 거닐다가 미자하가 유난히 크고 탐스러워 보이는 복숭아 하나를 따서 한 입 베어 물었다. 순간 입을 감싸는 복숭아의 향과 단맛이 전해졌다. 그는 순간 자신을 바라보고 있는 군주와 눈이 맞았다. 그는 아무런 생각도 하지 못한 채 이 맛있는 복숭아를 군주에게도 맛보게 하고 싶었다. 그래서 들고 있던 복숭아를 반으로 잘라 군주에게 건네며 먹게 했다. 인간적인 모습이고 진심이 전해지는 장면이지만 궁궐의 법도는 이를 그냥 넘기지 못한다. '법'이 갖는 치명적인 약점이기도 하다. 따뜻함을 인정하기 어렵다는 것. 함부로 음식을 군주에게 전하는 것은 명백한 불법이다. 게다가 자신이 먹던 음식을 건네는 것은 보는 관점에 따라 임금에 대한 권위를 능멸하는 것으로 보일 수 있었다. 군주를 시해하려는 시도들이 측근에 의해 빈번하게 자행되는 시대이기에 함부로 음식을 건네는 것도 용납되지 않았다. 그런데 미자하는 그렇게 했다. 그리고 임금도 이를 자연스럽게 받아들였다. 함께 수행했던 자들이 아연실색할 수밖에 없는 상황이었다. 임금은 이렇게 말했다.

"미자하가 나를 얼마나 생각하는지를 보라. 자신의 입을 즐겁게 하는 그 맛을 나에게 빨리 전해주고자 법도를 개의치 않는구나"

위나라 영공과 미자하의 관계가 이러했다. 그런데 세월이 오래 지나면서 미자하에 대한 영공의 생각이 변하게 된다. 그의 준수한 용모도 총명함도 더 이상 영공의 마음을 움직이지 못하게 된다. 급기야 군주는 미자하를 책망하는 자리에서 과거의 일을 끄집어 낸다.

"이 자는 전에 거짓을 꾸며 내 수레를 몰래 탄 적이 있고, 또 언젠가는 자신이 먹던 복숭아를 나에게 먹게 한 적이 있는 자이다."

거짓으로 군주의 수레를 이용한 것은 신뢰할 수 없는 근거이며, 먹던 음식을 군주에게 전한 것은 군주의 권위를 무시하는 행위라는 것이다. 미자하의 행동은 같은 것이었는데 전에 칭찬을 받았던 똑같은 이유로 이제 책망을 받고 있는 것이다. 칭찬이 책망으로 바뀐 이유는 미자하의 문제가 아니라 군주의 애증이 변했기 때문이다.

한비는 미자하의 일화를 통해 신하가 군주의 마음을 헤아리는 것은 지혜라고 소개한다. 신하가 군주와의 관계에서 신임과 총애를 받을 때는 모든 생각과 행위가 군주의 뜻에 받아들여져서 더 친밀해진다. 하지만 군주에게 미움을 받게 되면 어떤 행위도 군주에게 거슬려 더 소원해지는 법이다. 따라서 신하가 어떤 의견을 제시하거나 간언을 할 때는 먼저 자신과 군주와의 관계를 먼저 살펴야 한다는 것이다.

한비의 이야기는 자칫하면 오해를 불러올 수 있다. 일의 내용과 정당성이 문제가 아니라 사람간의 관계가 문제이니 관계를 좋게 하면 어떤 일도 가능하다는 말로 받아들여질 수 있다. 하지만 미자하의 일화는 관계를 분별하는 지혜를 말하고 있다. 사람이란 누구든지, 언제든지 변하는 법이며 변하는 과정에 감추고 싶은 일, 잊고 싶은 일이 생기기 마련이다. 인간이 일관되지 않기 때문에 같은 일을 반대로 생각할 수 있기 때문에, 그리고 자신의 입장과 형편에 따라 생각이 변할 수 있기 때문에 '분별'의 지혜가 필요하다는 것이다. 사람사이의 관계를 분별할 수 있는 지혜가 있다면 상대가 누구든 그와의 관계에 있어 실수를 범하지 않을 수 있다.

한비는 미자하의 일화 말미에 그 유명한 '역린'의 이야기를 덧붙인다. 용은 길들일 수 있어 그 등에 올라 탈 수 있고, 의도하는 데로 조정할 수 있지만 턱 밑에 거꾸로 난 비늘을 건드리게 되면 건드린 사람은 반드시 죽이고 만다는 말이다. 사람들에게는 누구에게나 거꾸로 난 비늘 즉 '역린'이 있기 마련이다. 관계를 소중히 하고, 상대를 분별하는 능력을 키운다면 반드시 피해야 하는 '역린'이 선명해지는 법이다.

이이전지소이견현이후획죄자, 애증지변야
(而以前之所以見賢而後獲罪者, 愛憎之變也)

전에는 현명함으로 칭찬받던 일이 나중에는 죄를 범한 것이 되는
것은 애증이 변했기 때문이다.

06
아궁이를 만난 난쟁이

● 　위나라 영공 때 왕의 신임을 한 몸에 받았던 미자하는 초심을 읽고 자신의 권력을 남용하기 시작했다. 사사로이 뇌물을 받고 임금의 마음을 돌리기도 하고, 자신에게 신뢰를 보이지 않는 사람들을 무고하여 내치는 일에 양심의 가책을 받지도 않았다. 자신에게 불리한 소문이나 상소문이 임금에게 전달되지 못하도록 문서를 관리하는 사람들을 자신이 추천한 사람들로 바꾸기도 하였다. 사람들은 이제 위나라가 미자하의 수중에 있다고 수군거리기 시작했다. 말 그대로 위나라를 제멋대로 전횡하고 있었다(專於衛國).

　어느 날 난쟁이가 임금을 만나게 되었다. 당시 군주들은 궁중의 연회와 유희를 위해 배우와 서커스를 하는 난쟁이들을 궁으로 부르기도 하였는데, 아마도 그런 광대 중의 한 사람이었을 것이다. 다른 기록에 보면 나라가 한 사람의 손에 놀아나는 것을 보고 걱정을 하던 현자가 미자하의 경계가 너무 심해 군주를 만나기 어렵게 되자, 광대를 설득하여 임금을 만나게 했다는 말도 있다. 아무튼 한 난쟁이가 군주를 만나게 되자 이렇게 말한다.

"제가 최근에 꿈을 꾸었는데, 그것이 정확히 맞았습니다."

영공은 난쟁이의 느닷없는 꿈 이야기에 관심을 가지며 되묻는다.
"무슨 꿈이었느냐?"

난쟁이는 고개를 숙인 채 자신의 꿈 이야기를 이어간다.
"제가 꿈속에서 부엌의 아궁이를 보았습니다. 그 아궁이에서는 따뜻한 열기를 전하는 불빛이 타오르고 있었습니다. 이는 필시 제가 임금님을 만나게 된다는 징조였습니다."

햇빛도 아니고, 백 번 양보해서 달빛도 아니고 뭇 사람에게 빛과 유용함을 전하는 임금의 상징으로 부엌 아궁이의 불이라니… 영공은 난쟁이의 이야기를 듣고 심히 불쾌했고 화가 났다. 난쟁이 광대 주제에 군주를 능멸한다는 모욕감을 느낀듯하다.
"내가 듣건대 군주를 만나는 자는 꿈에 해를 본다고 한다. 그런데 네 놈은 나를 만나게 되는 징조로 어찌 부엌 아궁이의 불빛을 보았다고 하느냐?"

임금을 노하게 하면 광대 하나쯤 죽이는 것은 너무 쉬웠던 시대였다. 특히 자존감이 없는 군주는 자신에 대해 좋은 이야기만을 들으려 할 뿐 자신을 비하하거나 능멸하는 이야기는 그것이 비록 충언이라도 견디지 못하는 법이다. 노기등등한 군주의 질책에 생명의 위협을 느꼈을 수도 있었겠지만 난쟁이는 또렷한 목소리로 임금의 물음에 답했다.

"대저 해는 온 천하를 두루 비추어 주는 것이므로 하나의 물건이 그것을 가로막을 수 없습니다(夫日兼燭天下, 一物不能當也). 군주의 자리도 온 나라를 두루 비추어 은택을 베푸는 자리이므로 한 사람이 그것을 다 감쌀 수 없습니다(人君兼燭一國, 一人不能擁也). 따라서 군주를 만나는 행운을 얻는 사람은 꿈에 해를 보게 되는 것입니다. 그런데 부엌 아궁이의 불빛은 한 사람이 아궁이 앞에서 불을 쬐면 뒷사람은 그 혜택을 보는 것이 불가능합니다. 지금 위나라의 상황을 보면 혹시 임금님의 앞을 가로막고 한 사람이 불을 쬐고 있지는 않습니까? 만약 그렇다면 제가 임금을 뵙기 전에 부엌 아궁이를 보았다는 것이 틀린 말은 아닌 듯 하옵니다."

『한비자』의 외저설편에 나오는 이야기이다. 한비가 난쟁이에 광대의 신분을 가진 사람을 동원한 이유를 생각해 보았다. 당시 궁궐에 넘쳐나는 수많은 유능한 관리들, 좋은 가문과 좋은 학벌을 가진 인재들이 미자하의 전횡을 막기는커녕 그의 술수에 놀아나면서 아무런 기능을 발휘하지 못하고 있는 상황이 떠오른다. 그저 좋은 소리만 듣기 원하고 자신이 마음을 준 측근들에 둘러싸여 눈과 귀를 막고 있는 어리석은 군주의 모습을 생각해 본다. 한비는 비록 신체적으로 신분적으로 보잘 것 없지만 임금을 누추한 부엌 아궁이의 불빛에 비교하는 '난쟁이'를 동원한다. 자신의 이익과 생명을 보존하기에 전전긍긍하는 사람들이 난쟁이의 충언을 들고서 무슨 생각을 하였을까 생각해 보았다.

수학을 못하는 제자에게 "야 임마! 내가 발가락으로 풀어도 너보다 낫겠다"고 말씀하시던 스승의 질책이 생각나는 순간이다. 선생님의 발가락이 연산능력이 있다는 것이 아니라, 선생님의 발가락과 나의 뇌를 비교하면서 게으름과 나태함에 대한 부끄러움을 깨닫게 하려는 안타까움이었으리라. 난쟁이를 동원하여 위나라의 상황과 비슷한 아둔한 군주들을 깨닫게 하고자 하는 한비의 안타까움이 전해진다.

우리들도 한낱 부엌의 아궁이가 아닌 저 높이 당당한 모습으로 떠올라 우리의 앞길을 밝히고 인도할 해와 같은 지도자를 원하고 있지 않은가. 난쟁이의 당당함이 부러울 따름이다.

07
꾸밈과 소통에 대한 고민

● 　지도자에게는 두 가지 근심거리가 항상 떠나질 않는다. 어떤 일을 하려고 하면 반드시 유능한 사람이 있어야 하는데, 이 유능한 자들은 성과가 드러나게 되고 자신의 능력이 빛을 발하게 되면 자신의 유능함을 무기로 하여 지도자를 고립시키는 경우가 허다하기 때문이다. 이런 고민에서 벗어나는 일은 물론 지도자가 유능하면 된다. 하지만 지도자가 언제나 유능할 수도 없고 실제로 우리의 지도자들은 유능함과는 거리가 있어 보일 때가 있다.

　한비가 지도자들에게 그의 지혜를 전하는 가장 주된 목적 중의 하나도 그들보다 더 유능한 신하들을 법과 술의 지혜를 동원하여 통제하는 데 있었다. 군주가 무능하여 '유능한 신하'들에게 농락당하면 혼란은 지속될 것이고, 건강한 나라와 행복한 백성들은 기대할 수 없기 때문이다. 지도자들은 '흉금을 털어놓고', '마음속의 이야기를 모두 꺼내놓고' 소통을 하면 신하들의 마음을 살 수 있다고 생각한다. 한비는 왕실의 피가 흐르는 왕족으로 권력의 속성을 어려서 부터 경험하였고, 그 내면에 흐르는 인간의 본질에 대해 오랜 기간 고민을 했던 사람이다. 그가 그리는 인간의 속성이나 본질은 군주들이 오해하는 바와 같이 그렇게 만만하지 않다는 것을 잘 알고 있었다. 그래서 그의 생각은 때로는 '권모술수'로 받아들여지기도 한다. 지도자들은 늘 경계를 가지고 다양한 견제책을 가지고 신하들을 제어해야 하는 존재로 훈련되어야 한다고 주장하기 때문이다.

한비는 지도자가 유능한 신하를 좋아하면 신하들은 반드시 군주의 기준에 맞추어 유능함을 보이기 위해 자신들의 행위를 꾸민다고 말한다. 이렇게 하여 군주의 마음을 얻고, 그의 뜻에 영합하는 자들이 군주의 주변을 채우게 된다. 얼마나 행동을 잘 꾸미는가 하는 것이 곧 유능함이다. 이렇게 되면 신하들의 본래의 마음을 알기는 점점 더 어려워진다.

신하들의 마음을 정확히 파악하지 못하면 군주는 진정성을 가진 신하를 가려낼 수도 자신의 사람으로 만들 수도 없어진다. 오히려 자신을 감추고 유능하게 위장한 자들에 의해 어려움을 당하게 된다. 법과 원칙에 의존하지 않고, 공적과 과실을 분명하게 보상하고 책임지게 하는 일이 중요한 까닭이다. 한비는 지도자들이 제발 오해와 환상에서 벗어나서 엄중하고도 분명한 '법치'를 수행하라고 목소리를 높인다.

한비가 자신의 주장을 뒷받침하기 위해 동원하는 역사적 사건들을 유심히 살펴 볼 필요가 있다. 월왕 구천은 용맹한 사람들을 좋아했다. 이 소식이 알려지자 백성들 가운데 무모한 만용을 부리는 자들이 넘쳐났다. 생명을 소중히 여기지 않고 그저 영웅이 되기를 바라는 사람들이 여기저기에 등장한다. 세상에 진정성이 사라지고 배신과 기만이 만연하면

'의리' 가 강조되는 법이다.

월왕이 통치하던 시대에 많은 사람들이 무모하게 자신의 생명을 버리는 어처구니없는 일이 벌어졌던 것이다. 또한 초나라 영왕은 허리가 가는 사람을 좋아했다고 한다. 이 소문이 퍼지자 임금의 총애를 얻고 싶어 하는 자들이 밥을 굶기 시작했다. 한마디로 다이어트 열풍이 불게 된 것이다. 여성들을 선택하는 기준으로 외모가 절대시되고 그것을 가능하게 하는 성형술의 발달이 만들어놓은 오늘날의 세상과 방불하다. 그래서 비슷비슷한 얼굴들이 거리에서 찾기가 쉽다. 제나라 환공은 호색한으로 유명하다. 여인들을 좋아함이 지나치다는 것을 안 수조라는 신하는 스스로 거세를 하고 '황제들의 여인' 을 관리하는 일을 자청한다. 그의 마음을 사는 일이 무엇인지 분명히 아는 능력자였음은 분명하다. 환공은 여인만 밝힌 것이 아니라 미식가로도 유명하다. 그 소문이 나자 또 다른 능력자 역아는 자신의 자식을 삶아 요리를 해서 바치는 어처구니없는 일도 자행한다.

어리석은 군주들이 어떤 능력을 소유한 신하들의 실상을 파악하는데 실패한 대표적인 사례이다. 자신이 좋아하는 것을 신하들 역시 좋아하고 인정해 준다는 착각 속에서 산 사람들이다. 진심으로 이들과 '소통'하고 있다고 느꼈을 것이다. 한비는 제나라 환공이 마침내 수조와 역아의 반란으로 죽음에 이르고, 그 시신조차 매장하지 못해 구더기가 창궐하는 상황을 함께 소개한다. 이들은 자신과 신하가 충분히 소통하고 공감을 가지고 있다고 생각하고 있어서 그들의 '꾸밈' 을 알 수 없었기 때문이다. 자신의 권력과 이익을 유지하고자 하는 세력들은 힘이 넘치면 절대 권력을 요구하는 법이다. 자신이 모시고 있는 지도자도 언제든지

적이 될 수 있다. 이것이 한비가 살고 있던 시대의 상황이었고, 또 오늘 우리가 살고 있는 시대에도 종종 일어난다. 마음을 터놓는다는 따위의 진정성과 의리는 피차 기대하기 어렵다. 소통을 강조하는 것은 어쩌면 약자의 지위에 있는 자가 상대를 기만하는 꾸밈일 수 있다는 것이 한비의 생각이었다. 지도자는 그래서 어려운 법이다. '좋아도 좋은 표정을 짓지 말아야 하며, 싫다고 해서 싫음을 표현해도 안된다' 한비는 지도자가 꾸밀 수도 기만할 수도 없는 법과 원칙에 철저히 하고, 사심을 노출하지 않으면 신하들의 본바탕이 보인다고 말한다. 따라서 신하들의 본바탕을 알게 되면 신하의 꾸밈에 의해 눈이 가려지는 일이 없을 것이라고 교훈한다.

선거철만 되면 꾸밈이 난무한다. 이력이나 경력사항을 보면 보통 사람들은 감히 범접하지 못할 정도로 화려한 유능하고 실력 있는 자들이 자신들의 본바탕을 감추고 꾸미려든다. 한비의 표현대로 말하자면 분명 이러한 자들은 엄청난 피해를 주며 결국 본색을 드러내기 마련이다. 조금 인간미는 없어 보이지만 법과 원칙이 앞장서야 하는 이유이다. '불법'도 예우로 간주되는 소통은 지도자도 나라도 그 구성원들도 힘들게 만들 뿐이다. 한비의 가르침이다.

거호거오 군신견소 군신견소 즉인군불폐의
(去好去惡 群臣見素 群臣見素 則人君不蔽矣)

"좋아함도 싫어함도 내색하지마라, 그러면 신하들의 본바탕이 보이게 될 것이다. 신하들의 본바탕이 보이면 군주의 (눈과 생각을) 가리는 일은 없을 것이다."

08
생선광 공의휴(公儀休)

●　노나라(魯)에 공의휴라는 재상이 있었다. 그는 청렴하고 소탈한 재상으로 이름이 알려져 있었지만 생선을 좋아하는 재상이라는 사실이 그를 더 유명하게 했는지도 모른다. 그가 승진하여 재상의 자리에 오르자 지방과 중앙의 관리들은 물론 대상인들, 학자들 심지어 고향의 친지들까지 든든한 줄을 잡기 위해 앞 다투어 생선을 구해 들고 찾아왔다. 하지만 공의휴는 이들이 들고 온 생선을 단 한 마리도 받지 않고 돌려보냈다.

저장이 쉽지 않았던 시대에 정성을 들여 생선을 들고 왔다가 자신들이 들고 온 생선을 다시 들고 돌아가는 사람들의 뒷모습이 안쓰럽기까지 했다. 이를 보다 못한 재상의 아우가 조심스럽게 말을 꺼냈다.

"너무 유난스럽게 그러실 것까지 있습니까? 무슨 큰 재물이나 보물도 아니고 그저 형님께서 생선을 좋아하신다고 하여 정성을 다해 가져온 것인데 그냥 모른 척 받으시는 것이 좋을 것 같습니다."

공의휴는 자신의 행위에 대해 충고하는 동생을 조용히 불러 자신의 생각을 이야기 한다.

"내가 저들의 마음을 왜 모르겠느냐? 내가 '유난스럽게' 생선을 받지 않는 이유가 무엇인지 아느냐? 그것은 내가 생선을 너무 좋아하기 때문이다. 내가 저들의 생선을 받는다면 선물한 이들에게 낮추는 태도를 갖게 될 것이다. 선물을 들고 온 자에게 고자세를 취할 수 없지 않겠느냐? 남에게 낮추는 태도를 가지게 되면 장차 법을 굽히게 될 것이다. 그리고 법을 굽히게 되면 결국 재상 자리에서 내려와야 할 것이다. 내가 재상의 자리에서 내려오게 되면 아무리 생선을 좋아한다고 해도 더 이상 나에게 생선을 들고 오는 자들이 없게 될 것이다. 그리고 재상의 자리에서 명예롭지 못하게 내려온다면 어쩌면 맛있는 생선을 스스로 구할 수 없게 될 지도 모른다. 하지만 내가 생선을 받지 않는다면 재상자리에서 쫓겨나지도 않을 것이며 저들로부터 생선을 얻지 못한다 해도 나의 수입으로 충분히 생선을 구할 수 있지 않겠느냐?"

선물은 감사에 대한 표시로 순수하게 통용되는 경우도 있지만 대부분 어떤 목적을 가지고 전달된다. 그리고 도리상 선물을 받은 자는 선물을 제공한 사람에게 공정한 기준을 세우기 어렵다. 지인의 말에 의하면 '공직자들이 업자들의 선물을 거절하면, 업자들은 머리를 숙이고, 저자세를 취하지만 일단 선물을 받게 되면 그 다음번에 찾아 올때는 문을 발로 차며 들어온다고' 한다. 다소 과장된 표현이지만 선물과 뇌물의 경계가 애매하고, 누가 무엇인가를 줄 때에는 무엇인가를 기대하거나 바라기 때문이다. 자신의 상황을 생각해 보면 간단하다. '유난스럽더라도' 어떤 힘을 쓸 수 있는 자리에 있는 사람들이 선물을 조심해야 하는 이유이다. 공의휴는 법과 원칙의 공정한 집행을 위해 스스로 그 원칙을 굽히지 않아야 자신의 소임을 다하는 관리가 될 수 있다고 말한다.

한비자는 공의휴가 좋아하는 생선을 물리친 행위를 통해 보여준 교훈을 분명히 간파하고 있었다. 그는 '다른 사람을 믿는 것이 자신을 믿는 것만 못하며, 남이 자기를 위해주는 것이 자기가 자기 자신을 위하는 것만 못하다'고 경고한다.

불편한 생선으로 구차하게 나의 욕구를 채우는 것보다 비록 먹는 횟수와 질은 떨어질지라도 정당한 생선을 먹는 것이 자신을 위하는 길이라는 것이다. 유난히 회를 좋아하는가? 아니면 소고기 요리를 좋아하는가? 누군가가 이런 음식을 제공한다고 적극적으로 다가오면, 유난스러워 보일지 모르지만 도망치는 것이 당당하게 나를 지키는 일이 아닐까.

09
술집의 개와 사당의 쥐

송나라(宋)에 장씨(莊氏)라 불리는 사람이 운영하는 술집이 있었다. 장씨 집안에서는 대대로 내려오는 술을 만드는 비법이 있어 그가 파는 술의 맛은 먼 지역까지 소문이 날 정도였다. 말 그대로 '대박집'이었다. 소문은 술의 맛뿐이 아니었다. 넉넉한 마음씨에 늘 후하게 술동이를 채워주었고, 손님맞이에도 최상의 서비스를 제공했다. 술집을 알리는 깃발도 멋있게 만들어 높은 장대에 매달아 처음 오는 사람들도 쉽게 찾을 수 있도록 배려했다.

성공하는 비결을 모두 갖춘 술집이라 할 수 있다. 제품이 우수하고, 서비스가 뛰어나며, 홍보의 방법 또한 완벽해 보인다. 그런데 어느 날부터인가 손님이 찾아오지 않아 정성스럽게 만들어 놓은 술이 모두 쉬어버렸다. 큰 손실을 본 후 낙심한 그는 마을의 장로인 양천(楊倩)이라는 사람을 찾아가 자문을 구한다. 이야기를 모두 들은 장로는 장씨에게 되묻는다.

"혹시 자네 집에서 기르는 개가 사납지 않은가?"

장씨는 느닷없는 개 이야기에 의아해 하며 물었다.

"개가 사나운 것과 술이 팔리지 않는 것이 무슨 상관이 있습니까?"

"이보게 장씨, 사람들이 어린이나 심부름꾼에게 술을 사오라고 했는데, 개가 뛰어나와 물거나 사납게 위협하면 누가 자네 집에서 술을 사겠는가? 주인이 아이나 심부름꾼에게 '왜 장씨네 술을 사오지 않았느냐'고 물으면 그들은 "장씨네 술이 쉬었습니다"라고 답하지 않겠는가?"

한비자는 송나라 장씨의 술집 이야기를 통해 통치자의 국정운영이나, 지도자의 조직운영에 있어 지도자가 직접 먹이고 곁에 두는 측근들의 관리 감독에 대해 교훈하고 있다.

도를 깨달은 선비나 현명한 충신들이 법과 원칙을 근거로 군주에게 올바른 통치의 지혜를 알려주어도 군주의 측근 대신들이 사나운 개가 되어 주인의 은덕을 모른 채 충신들을 물어뜯는다면, 이것이 바로 군주의 눈이 가려지고 어려움을 겪게 되는 원인이 된다는 말이다. 이런 군주에게 지혜를 가진 현자들이 가까이 갈 리가 없다.

제나라의 환공이 하루는 승상 관중을 불러 나라를 다스리는 이치에 대해 대화를 나누고 있었다.

"나라를 다스리는 데 있어서 가장 골치 아픈 일이 무엇이라 생각하오?"

관중이 조심스럽게 대답한다.

"사당의 쥐가 가장 큰 골칫거리이며 고민입니다. 대개 사당은 나무를 골조로 하여 잇고, 진흙을 발라서 만드는데 나무와 진흙 사이에 쥐들이 자신들의 거처를 마련합니다. 이 쥐들을 제거하기 위해 연기를 피우면 나무가 불에 탈 수 있고, 물을 뿌리면 흙이 떨어져 내리게 됩니다. 이런 이유로 쥐들에게 괴롭힘을 당하는 것입니다."

"사당의 쥐를 몰아내기 위해 이러지도 저러지도 못한다는 이야기 구려!"

공감이 간다는 듯 고개를 끄덕이며 환공은 두 눈을 지그시 감고 깊은 생각에 빠진다. 관중은 좀 더 분명한 설명을 덧붙인다.

"지금 군주의 측근들이 밖에 나가면 자신의 권세를 이용하여 백성들로부터 이득을 취하고, 안으로 들어오면 파당을 만들어 자신들의 이득과 허물을 덮기 위해 군주를 속입니다. 이들을 처벌하자니 군주가 위태롭게 될 수 있고 그대로 두자니 법이 문란해집니다. 마치 사당의 쥐와 같은 부패한 간신들이 참으로 어렵습니다."

자신의 위치와 분수도 모른 채 날뛰는 측근들이 사나운 개들이며 남의 약점을 들어 안팎으로 드나들며 사욕을 채우고 법을 문란하게 하는 간신들이 사당의 쥐들이라고 할 수 있다.

현명한 지도자는 무엇을 하기에 앞서 개와 쥐를 제거해야 한다. 그래야 많은 사람들이 맛있는 술을 마시며 편안하게 사당에서 제사를 올릴 수 있다. 한편 지도자를 판단하는 현명한 기준이 될 수 있는 것은 그 지도자 주변에 사나운 개와 교활한 쥐들이 얼마나 설치고 있는가를 헤아려 보면 된다.

10
깨어져 새는 그릇

●   나이가 들어가면서 드는 여러 서글픔에도 불구하고 한가지 위안
이 되는 사실은 지혜와 안목이 늘어난다는 것이다. 자녀나 나이 어린 부
하직원들의 행동이나 말 속에 숨어있는, 전에는 알지 못했던 의도와 목
적이 어느 순간 선명하게 드러나는 것이다. 머리에 백발이 더 얹혀지면
이 젊은 친구들의 '꼼수'는 아무리 숨기려 해도 더 분명해질 것이다. 자
식을 키우면서 모두들 느끼는 것이 있다면 아이들이 그리 순수하지만은
않다는 사실일 것이다. 순수하지 못할 뿐 아니라 영악하기까지 해서, 자
신들의 요구가 관철되지 않으면 '밥을 안 먹겠다'고 울고 보채기도 한
다. 부모들이 자신들의 배고픔보다 자식이 굶는 것을 더 고통스러워 할
것이라는 사실을 알기 때문이다. 어려서부터 규율과 원칙, 질서와 균형
을 훈련시켜 어느 정도의 제제와 긴장을 조성해보지만 언제든지 틈만
나면 흐트러지는 모습을 보이는 것도 성숙하지 못한 아이들의 태도이
다.

또한 아이들은 부모의 관계와 집안 분위기가 부드러워지면 여지없이 그 기회를 이용한다. 사실 이러한 문제로 우리 가정도 많은 갈등을 겪었다. 한 예를 들자면 저녁 식탁에서 화기애애한 분위가 조성되면 슬쩍 원칙을 깨려고 시도한다. 식탁에서 지켜야 할 예절들을 분위기에 편승해서 이탈하곤 한다. 숟가락으로 반찬을 뒤적이거나, 자신이 좋아하는 반찬만을 먹는다거나, 다리를 꼬며 자세를 흩트리곤 한다. 아빠 엄마의 기분이 좋은 것 같다고 판단하면, 부모에게 지켜야 할 기본적인 예절도 무시하곤 한다. 아내는 이런 것들을 그냥 지나치지 못한다. 아이가 아무리 사소한 것이라도 원칙에서 벗어나면 정색을 하고 야단을 친다. 그냥 지나치는 법이 없다. 그때마다 아내가 하는 말은 '안 되는 것은 안 되는 거야!' 사실 나는 모처럼 좋은 분위기에서 아이가 조금 오버하는 것을 용인해 주지 못하고 분위기를 망치는 것이 싫었다. 그래서 아내에게 조금 융통성을 보여주길 요구하곤 했다. 그러면 예외 없이 불똥이 나에게 튄다. '안 되는 건 안 되는 거야!' 라는 말과 함께…

『한비자』의 '저설'에 한나라(韓) 소후(昭侯)와 당계공(堂谿公)의 일화를 소개한다. 당계공이 식객으로 소후를 만나게 되었는데, 그는 소후를 보자마자 질문을 던진다.

"만일 여기에 밑바닥이 부서져서 내용물이 새지만, 귀한 옥으로 만든 술잔이 있고, 바닥이 온전하지만 투박한 질그릇이 있다고 하면 군주께서 목마르실 때 어떤 것을 사용하시겠습니까?"

소후는 주저 없이 대답했다.
"질그릇으로 하겠다."

당계공이 계속 질문을 한다.

"군주께서 귀중한 옥그릇대신 질그릇을 선택하신 것은 밑바닥의 유무 때문입니까?"

소후는 당연하다는 듯 대답한다.

"그렇다."

사실 이 이야기는 군주가 신하들과 긴밀히 한 이야기를 마치 밑바닥이 없는 그릇과 같이 누설할 경우 아무리 귀한 신분에 있는 군주라도 신하들의 선택도 신뢰도 받을 수 없다는 의미이다.

그런데 이 이야기를 중국의 대표적인 국영 석유기업인 시노펙의 부정 사건이 터진 후 사건을 수습하던 한 고위관리를 통해 다시 들을 수 있었다. 화려하고 외양이 튼튼한 기업이 상장을 하고 승승장구하면서 관할 주유소 직원들 부터 눈금을 속이는 사건이 끊이지 않았다. 시노펙의 문제는 간부들의 큼직한 스캔들이 문제가 아니라 밑이 깨어져서 조금씩 조금씩 새어나가는 기름이 더 큰 문제라는 지적이었다. 전체 부실 경영과 부정 경영의 비율에서 일선 현장의 부도덕과 원칙을 깨는 '사소한' 비윤리적 행동이 훨씬 큰 비중을 차지하고 있었다. 이 간부는 놀랍게도 질책의 말미에 '안 되는 것은 반드시 안 되는 것이다!' 라고 강조했다.

세월호 사건이 일어난지 반 년이 지났다. 세월호참사는 우리의 실상과 허상을 모두 들추어냈고, 국민모두가 자숙과 반성의 시간을 갖고 있다. 기본을 지키는 것이 얼마나 중요한 것인지, '안되는 것은 안되는 것'이라는 다소 융통성 없고, 투박한 교훈이 얼마나 절실한지… 국민 모두가 우리 스스로가 사소한 것부터라도 기본을 지키자는 이야기들이 넘쳐 난다. 이런 이야기에 대해 너무 개인들의 도덕관념이나 준법으로 사건 의 본질을 희석시키는 정치적 행위가 아니냐고 냉소적인 시선을 보내는 사람도 있다. 자신들 또한 그 냉소 속에 감춰진 정치적 의도를 보이면서 도 말이다.

그러나 나이가 들고, 철이 조금씩 들어가면 '정성'과 '진심'이 눈에 보인다. 최근 개봉한 영화 〈역린〉에 등장하는 이야기이다. 온통 엉망인 사회에, 어디를 둘러보아도 희망적인 구석은 한 군데도 없어 보이는 상 황에서 '나 하나가 사소한 일 하나 지킨다고 해서 무슨 의미가 있겠느 냐'는 항변에 대해 『중용』의 한 구절이 소개된다.

"작은 일도 무시하지 않고 최선을 다해야 한다. 작은 일에도 최선을 다하면 정성스럽게 된다. 정성스럽게 되면 겉으로 베어 나오고 겉으로 드러나게 되면 이내 밝아진다. 밝아지면 남을 감동시키고 남을 감동시 키면 곧 변하게 되고 변하면 생육된다. 그러니 오직 세상에서 (아무리 사 소한 것이라도) 지극히 정성을 다하는 사람이 나와야 세상을 변하게 할 수 있다."

당계공의 교훈을 받고 소후는 국가의 중요한 일을 논의할 때는 반드 시 혼자 잠을 잤다고 한다. 혹시라도 잠꼬대를 해서 처첩에게 새어나갈 것을 경계해서란다. 어느덧 훌쩍 커서 대학생이 된 딸은 사람들이 가볍 게 여기는 동네의 작은 길의 신호등도 철저히 지킨다. 융통성이 없고, 투박해 보이지만 '안 되는 것은 안 된다'는 '새지 않는 질그릇'이다. 또 한 사소함에 대해 정성을 다하는 모습이다.

11
패거리

● 　갑자기 몇 사람이 가까워지는 것은 거의 틀림없이 함께 욕을 할
대상이 생겼다는 말이다. 혼자 상대하기는 버거운 상대를 욕하고 비방
하는 데는 동조자들이 필요한 법이고 후폭풍이 있어도 숨기도 쉽기 때
문이다. 혼자 다니거나 한두 명이 다니는 아이들보다 여럿이 떼를 지어
다니는 아이들은 훨씬 당당하고 패기에 넘치며 때로는 무모하기도 하
다. 예비군복과 같은 제복을 입고 있는 무리들이 평소와 다른 모습을 보
이는 것도 같은 맥락이다.

　어떤 조직이든 시간이 지나면 패거리들이 생겨나는 법인데, 형태도
모습도 다양하다. 패거리를 만들기 위해서는 공통점이 필요한데 대부분
처음에는 동향이나 동문과 같은 출신이 근거가 된다. 그리고 동일한 취
미나 기호에 따라 모임들을 만든다. 패거리들은 자신들의 결속력을 강
화하기 위해 보다 세밀하고 복잡한 기준을 마련한다. 이런 기준들은 대
부분 암묵적으로 만들어지는 법이다. 새로운 규정과 기준을 정하는 이

면에는 솎아낼 대상이 생겼을 경우가 대부분이다. 누군가를 배제하고 일부 무리들을 제거하기 위해 언제든지 새로운 기준들은 생기기 마련이다. 회비를 올리거나 기부제도를 만들면 경제력이 약한 사람들은 배제될 수밖에 없고, 높은 학력과 고급한 문화생활을 강요하면 여기에 미치지 못하는 사람들은 자연스럽게 떨어져 나간다. 보다 선명한 정치적 색깔이나 종교적 신념을 내세워 자신과 다른 이념과 신앙을 가진 사람을 제거하기도 한다.

오랫동안 다양한 기준들로 보다 폐쇄적이고 전근대적인 파당을 조성하게 되면 당연히 전통과 복잡한 의무를 내세워 동일한 성향을 가진 세력들을 모으기 시작한다. 이렇게 조성된 패거리들에게 정의와 보편성을 띠는 법과 원칙들을 기대하기는 거의 불가능하다. 파당이 존재하는 근거는 사적인 결속력과 공모하여 범죄를 저지르는 집단들에게서 가장 빈번하게 볼 수 있는 동료애이다. 조폭들의 의리가 좋은 예이다.

한비는 군주가 통치권을 바로세우고, 부국강병의 목표를 달성하기 위해 반드시 취해야 할 조치 중에 패거리를 혁파하는 것을 강력하게 주장한다. 파당을 만들고, 담합을 통해 통치권에 도전을 하는 것은 물론, 사익을 도모하는 것도 극형에 처해야한다고 목소리를 높인다. 패거리가 만들어지는 것은 항상 그 패거리를 주도하는 우두머리가 등장하는 데서 시작한다고 말한다. 또한 치열한 경쟁에서 탈락한 자들이 사사로운 원한과 배척당함에 대한 분노에서 파당을 조직하기도 한다. 따라서 군주는 특정한 신하를 두드러지게 만들어서는 안된다는 것이다. 또한 권력이 어느 특정한 신하에게 집중되어서도 안 되는 법이다.

한비는 패거리를 만드는 일은 법을 통한 통치에 정면으로 위배되는 것이라고 설명한다. 군주의 통치에는 반드시 법도가 있다는 주장을 펼친 『한비자』의 '유도(有度)' 편에 패거리가 법치에 위배되며, 패거리통치의 폐해가 나라를 망하게 한다는 이치를 자세히 설명하고 있다.

"파당관계를 가지고 관리를 등용한다면 사람들은 사적인 교제에만 힘을 쓰고 법에 의한 임용을 구하지 않을 것입니다(패거리들이 칭찬하고 비방함에 귀를 기울여서는 안 됩니다). 칭찬받는다고 상을 주고, 비방을 당한다고 벌을 준다면 상을 좋아하고 벌을 싫어하는 사람들의 본성은 공도(公道)를 버리고 사리(私利)를 구하여 수작을 부리고 작당을 해서 서로 감싸줄 것입니다. 군주를 잊고 바깥과의 교제에만 힘써 자기 패거리만을 추천하려고 든다면 윗사람을 위한 아랫사람들의 충정이 옅어질 것입니다. 교제가 흩어지고 패거리가 많아져 조정 안팎에 파당이 만들어지면 비록 큰 잘못을 저질렀다고 하여도 그것이 은폐되어 모르게 되는 경우가 많아질 것입니다. 그러므로 충신은 죄없이도 위태롭게 되고 죽음을 당하며, 다른 한 편으로는 간사한 신하는 공이 없는데도 편히 즐기고 이득을 보게 될 것입니다. 충신이 위태롭게 되고 죽음을 당하는데 그것이 죄를 지었기 때문이 아니라면 유능한 신하들은 몸을 숨기게 될 것입니다. 또한 간사한 신하가 편히 즐기고 이런 행위가 그들의 공적 때문이 아니라고 한다면 간악한 신하들이 횡행할 것입니다. 이는 나라가 멸망하는 근본입니다."

패거리가 많아지면 공을 세운 자가 억울함을 당하고, 서로 작당하여 허물을 덮고 사리를 추구하는 간신들이 이익을 보게 된다. 열심히 노력하여 국가에 이익을 가져다 줄 신하들이 그 노력의 대가를 보장받지 못하고 오히려 위태롭게 된다면 누가 국가를 위해 충성을 다하겠느냐는 말이다. 결국 조정은 안팎으로 간신들과 패거리들이 자신들의 이익을 위해 분주하게 될 것이고 군주는 패거리들의 작당에 눈과 귀가 어두워져 통치권을 바로 세울 수 없다는 논리이다.

패거리와 실력자에 몸을 의지하는 것이 지위와 재물을 취할 수 있는 길이라고 생각한다면 사람들은 법을 제쳐두고 사적인 권세에 의지하여 공법(公法)을 깔보게 되는 것은 자명한 이치이다. 실력자의 집에는 빈번하게 드나들지만 군주의 조정에는 얼굴을 드러내지 않으며 실력자에게 아부하여 그의 편의를 제공하는 일은 많지만 군주가 이끄는 나랏일은 조금도 생각하지 않는다. 한비는 군주의 주변에 신하가 사라질 것이라고 경고한다. 여기서 신하가 사라진다는 말은 숫자가 줄어든다는 말이 아니고, 군주의 통치권을 대리하여 행사할 신하들이 없어진다는 말이다. 관리의 수는 오히려 많아지고 백관이 모두 갖추어져 있어도 군주가 나라를 다스리는 일에는 아무런 도움이 되지 못하며 오히려 파당을 이끌고 있는 몇몇 실력자들의 세력만 불어나는 결과가 생길 것이라고 강조한다. 이렇게 되면 군주가 신하들의 위에 군림하는 것이 아니라 실력자의 집에 빌붙어 있는 것과 마찬가지라고 경고한다.

패거리를 만드는 것이 법에 의한 통치에 정면으로 위배되는 것이라면 법치를 시행하는 것만이 파당을 혁파할 수 있다. 한비의 주장은 이렇다. "현명한 군주는 법이 사람을 고르도록 하고 자기 임의로 등용하지 않으며 법이 그 공적을 헤아릴 수 있도록 하고 자기 임의로 평가하지 않습니다. 능력이 있는 자가 가려진 채로 있을 수 없고, 능력이 떨어지는 자가 겉치레만으로 있을 수도 없으며, 칭찬받는 자라고 하여 천거해서는 안 되고, 비방당한 자라고 하여 물러나게 하는 일이 없다면 군주와 신하 사이에 구별이 분명해져서 통치 질서가 바로 잡혀 나갈 것입니다. 따라서 군주는 법에 비추어 일을 처단하면 됩니다."

법 위에 군림하면서 초법적 행위를 하는 것은 순간적인 인기나 특정인의 충성을 당장 받을 수는 있으나 이러한 행위로 하여금 곧 자신이 총애하는 신하들을 실력자로 만들 것이고, 그래서 이들은 자신의 위세를 유지하기 위해 파당을 만들 수밖에 없어진다는 말이다. 결국 파당은 나라를 혼란과 멸망의 길로 이르게 할 것이며 군주는 통치권을 행사할 수 없는 허수아비로 전락하게 될 것이다. 패거리가 그래서 무서운 것이다.

명주사법택인 불자거야 사법량공 불자도야.
(明主使法擇人 不自擧也 使法量功 不自度也)
능자불가폐, 패자불가식, 예자부능진, 비자불능퇴
(能者不可弊, 敗者不可飾, 譽者不能進, 非者不能退)
즉군신지간명변이이치, 고주수법즉가야.
(則君臣之間明辯而易治, 故主讐法則可也)

"현명한 군주는 법에 의해 사람을 선택하고, 임의로 등용하지 않습니다. 또한 법이 그 공적을 헤아릴 수 있도록 하고, 임의로 그것을 판단하지 않습니다. (그렇게 하면) 능력 있는 자가 감춰지는 법이 없으며, 쓸모없는 자가 자신을 치장하지 못하게 됩니다. 칭찬을 받는다고 해서 관직에 등용될 수 없고, 비방을 당하는 자라고 해서 물러나는 일도 없을 것입니다. (법에 의해 일을 처리하면) 군주와 신하사이의 구별이 분명해져 통치 질서가 바르게 잡힐 것입니다. 따라서 군주는 법에 비추어 일을 처리하시면 됩니다."

12
수극의 구슬과 네 마리 준마

●   춘추시대 초기에 강대국이었던 진나라(晉)의 이야기다. 패자(霸者) 문공의 아버지인 헌공이 황하 인근의 넓은 곡창지대를 가지고 있는 괵(虢)이라는 나라를 빼앗기로 결심했다. 그런데 괵이라는 나라를 치기 위해서는 우나라(虞)를 지나야 하는데 우나라 왕(虞公)이 허락할 지가 고민이었다. 이때 헌공을 섬겼던 현명한 대부인 순식(筍息)이 계책을 내놓는다.

"군주께서는 '수극의 구슬'과 '네 마리의 준마'를 뇌물로 우공에게 보내어 길을 빌려 달라고 요구하시면 반드시 우리에게 길을 내어 줄 것입니다."

순식의 계책을 듣고 헌공이 수심에 찬 얼굴로 되묻는다.

"수극의 구슬은 선군시대부터 소중히 내려오던 보배이고, 굴(屈)땅에서 태어난 네 마리의 말은 나의 소중한 준마들이오. 만일 내가 보낸 선물들만 받고 길을 빌려 주지 않는다면 어찌하겠소?"

우공을 잘 알고 있던 순식은 분명하고도 강하게 말한다.

"만약 우공이 우리에게 길을 내어 주지 않는다면 우리의 선물을 감히 받지 못할 것입니다. 그러나 우리의 선물을 받고 길을 내어준다면 이 보물은 마치 이쪽 창고에서 꺼내어 저쪽 창고로 옮기는 것과 마찬가지며, 임금님이 아끼시는 준마도 이쪽 마구간에서 저쪽 마구간으로 옮기는 것과 같습니다. 군주께서는 아무런 걱정도 하지 마소서."

'벽(璧)'이라 불리는 커다란 옥덩어리에 가운데 구멍이 난 모습을 한 구슬은 단순히 옥이 가지고 있는 보석의 가치 이상이다. '화씨의 벽'이나 '수극의 벽' 모두 국가와 통치권을 보증하는 영험함의 상징이고, 패권을 노리는 자들의 명예의 상징이기도 했다. 고대의 통치자들은 이 '구슬'을 손에 넣기 위해 수십 개의 도시와 거래를 하기도 하고, 전쟁도 불사했다. 특히 헌공은 '선군으로부터 소중히 여겨온'이라는 표현을 통해 자신이 가지고 있는 '수극의 구슬'이 왕가의 정통성을 상징하는 물건으로 여기고 있음을 알 수 있다.

네 마리의 말을 '승(乘)'이라고 하며, 이 네 마리 말의 용도는 군주의 수레를 끄는 것이다. 당시 굴(屈, 오늘날의 산서성 길현 부근)지역의 말은 최고의 명마로 평가받는다. 말의 기동력뿐만 아니라 외양 역시 군주의 위엄과 권위를 내세우는 도구이기도 하다. 헌공이 중요한 시점에도 내어 주기를 주저했던 '구슬'과 '말'은 자신의 정통성과 위엄을 상징하는 것들이었기 때문이다.

현명한 신하 순식은 이 소중한 물건을 내놓지 않고서는 우공의 협조를 기대하기 어려울 것이며, 일단 우공의 협조를 받으면 다시 이 물건을 되돌려 받을 수 있다고 강한 자신감을 보인다. 단지 잠시 동안 보관하는 곳을 바꿀 뿐이라는 것이다.

헌공은 순식의 제안을 받아들여 소중한 물건들을 우공에게 선물로 제공한다. 예상했던 대로 선물을 받은 우공은 기뻐하며 진나라에 길을 내어주라고 명한다. 이때 우공을 섬기고 있던 대부 궁지기(宮之奇)가 머리를 땅에 찧으며 간언한다.

"절대 허락하셔서는 안 됩니다. 우리 우나라와 괵나라는 수레에 덧 방나무가 있는 것과 같습니다. 수레와 덧방나무는 서로 연결되기 위해 의지하고 있습니다. 어느 한쪽도 망가지면 수레와 말이 연결 될 수 없습니다. 만일 우리가 길을 내어준다면 괵나라가 아침에 망 하고 이어서 우리 우나라는 저녁에 망하고 말 것입니다. 바라옵건 대 절대로 허락해서는 안 됩니다."

우공은 고민에 빠졌으나, 자신의 눈앞에 있는 '수극의 구슬'과 '우아 하기까지 한 아름다운 준마'들을 포기할 수 없었다. 마침내 그는 진나라에 길을 내어주도록 하였다. 간언을 했던 궁지기는 한 치 앞도 바라보지 못하는 군주를 등 뒤로하고 우나라를 떠났다. 우나라의 길을 통해 괵나라를 쳐 멸망시킨 진나라는 삼 년 뒤 궁지기의 예측대로 우나라를 쳐서 멸망시켰다. 순식은 이전에 우나라에 선물했던 네 마리의 준마와 '수극 의 보물'을 들고 헌공 앞에 섰다.

기쁨을 감추지 못한 헌공은 순식의 지혜를 치하하며 말했다.
"구슬은 그대로이나 나의 말들은 조금 늙은 것 같소이다."

한비는 진나라 헌공과 우공의 이야기를 전하면서 한 가지 질문을 던진다.
"우공의 군대가 패하고, 우나라가 망한 것은 무엇 때문인가?"

미련한 군주는 앞을 내다보지 못하고, 눈앞의 작은 이익에 마음이 끌려 그 해로운 결과를 생각하지 않았기 때문이다. 작은 이익에 집착하면 마침내 큰 손해를 본다는 말이다.

애소리이불려기해
(愛小利而不慮其害)
고왈, 고소리, 즉대리지잔야
(故曰, 顧小利, 則大利之殘也)

작은 이익을 탐하여 그 해를 생각지 못한다.
그러므로 말하기를 "작은 이익에 구애되면 큰 이익은 사라지게 되는 것이다."

13
인간 바리케이드

●   한비는 조국인 한나라(韓)가 파멸의 길로 치닫고 있음을 안타까워
하며 군주에게 국가재건 및 부흥을 위한 방안을 여러 차례 제시한다. 하
지만 한나라의 군주는 그의 제안을 들으려하지 않았다. 절망에 빠져 모
든 것을 방임한 한나라의 왕은 어쩌면 한비의 충성이 귀찮았을 터이다.
한비는 절망감에 빠져 자신의 현재 심정을 표현한 '고분'(孤憤, 홀로 분통
해 함)이라는 글을 작성한다.

   이 '분통해하는 글'은 임금의 눈과 귀를 막고 있는 중인(重人)들에 관
한 이야기가 거의 대부분을 차지하고 있다. 중인이란 군주의 측근에서
자신의 지위를 이용하여 전횡을 일삼는 무리를 말한다. 한비는 이러한
세력들의 특징을 몇 가지로 정리했다. 우선 이들은 자신의 편의를 도모
하는 것 이외에는 관심이 없다. 공의도 국가의 안녕도 백성들의 안위도
이들과는 전혀 무관하다. 국가의 재정을 마음대로 빼돌려 사익을 취한

다. 물질적인 이익뿐만 아니라 권력을 동원하여 백성들을 종 부리듯 한다. 민심이 천심이라는 말은 이들에게 전혀 의미없는 말이다. 두 번째로 이들은 법 규정을 무시한다는 것이다. 정해진 법률은 물론 군주의 명령도 무시하고 제멋대로 행동하며 심지어 힘으로 군주를 조종하기도 한다. 세 번째로 최고지도자의 눈과 귀를 막는다. 이들은 정부의 요직을 차지하고, 군주에게 향하는 길목에 자리 잡고 있어 군주와의 접근에 결정적인 역할을 한다. 그렇다보니 군주와 소통하고자 하는 관료들이나 선비들은 이들을 건너 뛰어 군주를 만나는 것이 불가능해진다. 군주 역시 세상의 소리를 듣고자 하여도 그 길이 막혀 있다.

그러다보니 자연히 이러한 세력에 빌붙으려는 무리들이 생겨나기 마련이다. 한비는 그런 세력을 제후들, 문무백관, 군주의 측근에서 시중을 드는 자들, 그리고 학자들이라고 말한다. 도움을 얻고자 하는 제후들은 군주보다 이들 중인들에게 의지하는 것이 더 확실함을 알게 된다. 사리사욕과 출세에 눈이 먼 백관들이 중인들에게 결탁하는 것은 당연한 일이다. 또 이들은 승진 후에도 중인세력들을 위해 일할 수밖에 없다. 군주를 측근에서 보좌하는 이들은 군주가 허수아비임을 알기에 중인들의 허물을 덮어주면서 중인들과 공생한다. 마지막으로 학자들인데 이들 역시 자신에게 걸맞는 예우와 물질적 보상을 얻기 위해 중인들을 지지하는 명분을 찾아 '나팔수'의 역할을 한다.

따라서 법과 원칙, 상황을 명확히 꿰뚫어보고 멀리 내다볼 수 있는 지술지사(智術之士)와 법치에 능란하며 그것을 실행할 수 있는 의지가 강한 능법지사(能法之士)들과 중인들은 적대관계에 놓일 수밖에 없다. 중인들은 군주가 이들과 접촉하는 것을 막기 위해 자신의 손아귀에 이미 들어온 제후, 문무백관, 군주의 측근, 학자 등을 동원하여 방어벽을 세운다. 이 벽들을 넘어 군주와 접근하는 것은 거의 불가능하다. 군주 역시 이 바리케이드를 넘어 뜻있는 선비들과의 만날 수 있는 길이 철저히 차단되어 있다. 한비는 이러한 상황에서 군주의 눈은 더 가려지고 중인들은 더 권세가 강해질 수밖에 없다며 절망한다.

이것이 한비의 조국인 한나라가 결국 패망할 수밖에 없는 절망적 상황이다. 결국 군주는 중인들의 말을 들을 수밖에 없고, 자신의 권위를 보전하기 위해 국가를 살리기 위한 충언에 귀를 닫을 수밖에 없는 지경에 이르게 되는 것이다. 홀로 분통해 할 수밖에 없었던 그는 절망하였지만, 그리고 포기하였지만, 분통할 수밖에 없는 현실에서 '홀로'가 아니면 이야기는 달라질 수 있다는 생각을 해보았다. 국가가 올바르게 나아가야 할 자리에 세워진 바리케이드 앞에 '다수'가 서 있다면 절망에 그치지 않을 것이다.

14
현명한 몸 숨김

● 　지난 2008년 18대 국회의원 선거가 끝난 후 의원들은 향후 국제 외교의 비중을 미국에 들 것인지 아니면 동북아의 안정을 고려해 중국과의 관계를 돈독히 해야 할 것인지를 설문조사하여 그 결과를 발표했다. 또한 주변국들 중 향후 어떤 나라가 한반도에 가장 큰 영향력을 미칠 것인가 하는 설문도 정당 별로 실시했다. 이 설문의 결과도 역시 언론을 통해 대대적으로 공개되었다. 당시 국제관계에 대한 한국 지도자들의 생각을 여과 없이 드러내고 발표한 것에 대해 경악을 하다 못해 어처구니없다는 생각을 했다.

　모든 것이 개방되고 모든 것을 공유하는 시대에 자신의 생각과 의중을 감추는 것이 무슨 의미인가? 차라리 드러내고 '당당하게' 대처하는 것이 효율적이라고 말하는 사람들도 있었다. 물론 틀린 말은 아니다. 하지만 그 주체가 국가의 정책을 입안하고, 전략을 수립하는 국가지도자들의 경우에는 신중하게 생각해야 한다. 처음부터 외교와 국제관계의 중요성을 인지하지 못한 정치인들의 행보가 걱정되긴 했으나 시간이 지날수록 나아질 것이라 생각했다. 하지만 임기 내내 국제관계는 틀어질 대로 틀어지고 대 중국 전략은 수준이하라는 평가를 받았다. 특히 입으로는 국제사회의 새로운 강자로 부상하는 중국에 대해 연구하고 중국의 도약에 따른 대비를 해야 한다고 떠들어대면서도 한국과 중국의 관계는 오히려 너무나 멀리 후퇴하고 말았다. 중국과 관계를 맺으며 살아가야 하는 현장의 사람들은 거의 절망적이었다.

경제적 어려움과 맞물려 한반도의 정치적 안정이 더욱 중요한 시점에 며칠 전 19대 의원들이 외교 수장을 검증하기 위한 청문회에서 한 질문은 다시 한번 절망감을 안겨준다. 국제관계에 있어 정책과 전략으로 담아 두어야 할 내용들을 공개석상에서 묻고 추궁했다. 답답할 뿐이다. 우리가 국제관계를 수립함에 있어 개별국가에 대한 중요성을 평가하고 그에 맞는 정책을 수립하는 것은 당연히 필요하다. 하지만 그것을 공개적인 자리에서 발표하는 것은 패를 보여주고 카드게임을 하는 것과 같다는 것을 모를 리 없을 텐데… 공부를 많이 하고 전문적 지식을 가진 분들이 왜 그런 일을 반복하는지 아무리 생각해도 납득이 가지 않는다.

『한비자』의 '외저설'에 다음과 같은 이야기가 소개되고 있다. 제나라 선왕(宣王)이 당이자(唐易子)에게 주살로 새를 잡는 방법을 물었다.

"주살로 새를 잡는 사람은 무엇을 소중하게 여겨야 합니까?"

이 질문에 당이자는 "새를 잡는 사람은 조심스럽게 몸을 감추어야 합

니다. 여기서 몸을 감춘다는 의미는 잡아야 하는 새는 다수이기에 수십
개의 눈으로 잡는 사람을 보고 있지만 사냥꾼은 단 두 개의 눈으로 새를
봅니다. 따라서 조심스럽게 몸을 감추어야 하는 법입니다."

선왕의 질문이 이어진다.
"그렇다면 천하를 다스리는 데 있어 무엇을 가지고 감추는 것을 삼
아야 합니까? 군주는 두 개의 눈으로 온 나라를 보고 있으나 온 나
라가 만 개의 눈으로 군주를 보고 있습니다. 앞으로 어떻게 하여야
자신을 감출 수 있겠습니까?"

당이자는 "정나라(鄭)에 전하는 말에 의하면 허정(虛靜)하며, 무위(無爲)
의 태도를 취하여 겉으로 드러나 보이지 않게 하여야 그것을 감출 수 있
습니다."

여기에서 허정이라는 말은 마음의 평정상태를 유지하여 전략과 생각
을 겉으로 드러내지 않는 것을 말하며, 무위는 우리가 잘 아는 바와 같이
아무것도 하지 않음으로 순리에 따라 일을 하는 것을 말한다. 자연의 이
치가 바름같이 객관적이고 정확한 판단을 내리되 이를 겉으로 드러내지
않는 것을 허정이라고 한비는 설명하고 있다.

창과 방패(矛盾)

● 　 초나라 상인 중에 방패와 창을 파는 사람이 있었다. 장이 서면 큰 목소리로 자신의 물건을 자랑하며 손님을 불러 모은다.

"내 방패는 단단하여 어떤 것으로도 꿰뚫을 수 없다. 또 이 창은 세상의 그 무엇보다도 날카로워 어떤 물건도 뚫지 못하는 것이 없다."

상인의 이야기를 듣던 한 사람이 질문을 한다.

"그렇다면 너의 창으로 네 방패를 뚫으면 어찌되는가?"

상인은 적당한 대답을 찾지 못해 부끄러움을 당하였고, 주변에 모인 사람들은 상인의 허세를 비웃었다. 우리가 익히 알고 있는 '모순'이라는 고사성어의 유래이다.

『한비자』에는 '난(難)'으로 시작하는 편들이 있다. '난일(難一)', 난이 (難二), 난삼(難三), 난사(難四), 난세(難勢) 등이 그것이다. 이처럼 '난'으로 시작하는 편들은 논리적인 방법을 사용하여 '논쟁', '비판', '논박' 한다는 의미이다. 즉 '난' 으로 시작되는 편들은 이미 잘 알려진 역사적인 고사나 현인들의 이야기가 잘못된 의미로 사용되고 있는 것을 문제 삼아 비판한 내용들이다. 한비는 중국문학사에 '논박문체' 를 창안한 논리적 글쓰기의 달인이며, 그의 논리적이고 화려한 글이 실려 있는 곳이 바로 이곳이다.

다음은 '난일' 편에 나오는 이야기이다.

역산(歷山) 부근에서 농사를 짓는 농민들 사이에 밭의 경계가 분명하지 않아 다툼이 일어났다. 순(舜)이 가서 농민들과 섞여 농사를 지었더니, 일 년이 지나자 밭도랑의 경계가 바로잡혔다. 황하 물가의 어부들 또한 어장을 놓고 자주 다투었다. 이곳도 역시 순이 가서 함께 고기잡이를 하였고, 일 년쯤 지나 순은 자신의 어장을 나이 많은 한 어부에게 내주었다. 이로써 어장의 다툼은 서서히 사라지게 되었다. 동이(東夷) 땅에 도공들이 만든 그릇이 약하게 구워져서 제품으로서의 가치가 떨어지고 사용이 불편했다. 순이 가서 도자기를 직접 구으니 일 년이 되자 그릇이 단단하게 구워졌다.

이 일화에 대해 공자는 감탄하여 말하기를 '농사나 고기잡이나 그릇을 굽는 일은 순의 직책이 아니다. 그런데도 순이 가서 한 것은 폐풍을 바로잡기 위함이었다. 순은 정말 인자(仁者)이시다. 몸소 밭갈이하며 고생하니 민이 따랐던 것이다. 그러므로 "성인의 덕이 사람을 감화시켰다" 고 말하는 것이다'

한비는 이 내용에 대해 유학을 신봉하는 자에게 묻는다. 당시 유가들은 '요순시대' 를 완벽한 세상으로, 요임금과 순임금을 성인으로 신봉하는 학문적 입장을 취하는 자들이었다.

"그렇다면 그때(순이 밭갈고, 고기잡고, 도자기를 구울 때) 요(堯)는 어디 있었소?"

유자가 대답했다.
"요는 당시 천자(天子, 임금)였소."

그러자 기다렸다는 듯이 한비는 따져 묻는다.
"그렇다면 공자가 요를 성인이라 부른 것은 어찌된 것이요? 성인이 군주자리에서 살피는 것은 천하에 간악한 일이 없도록 하는 것이라 들었소. 만약에 농사짓고, 고기 잡는데 다툼이 없고 질그릇이 쉽게 깨어지지 않는다면 요임금의 통치가 성인의 통치가 맞소. 하지만 순이 덕을 베풀어 민들을 감화시키는 일은 없었을 것이요. 그런데 전하는 말처럼 순이 백성들을 덕으로 교화시켰다면 요는 군주의 역할을 다한 성인이라 할 수 없을 것이요. 두 가지를 동시에 얻을 수는 없소"

초나라의 방패와 창을 파는 장사꾼의 이야기는 바로 유자에게 한비가 한 논박에 대한 설명으로 덧붙여진 것이다. 같은 시대에 꿰뚫을 수 없는 방패와 뚫지 못함이 없는 창이 동시에 존재할 수 없다는 설명이다. 물론 한비의 논박은 요임금이나 순임금의 모범적인 이야기를 폄하하거나 비판하는 데 있었던 것은 아니다. 몸소 실천을 통해 백성을 교화시키는 것은 바람직한 일이나 시대와 형편에 따라 한계가 있음을 지적한 것이다. 순이 농민들을 감화시키는데 일 년이 걸렸고, 어부들의 다툼을 가라앉히는 데도 일 년이라는 세월이 흘렀다. 도공들과의 생활에도 일 년이 걸렸다. 한비의 말대로 세 가지 폐풍을 바로 잡는데 삼 년이라는 시간이 걸렸 듯이 나라의 온갖 굽힌 것을 바로잡는 일은 한계가 있다는 말이다.

현명한 군주는 폐풍을 바로잡는데 '법'을 활용한다고 말하고 싶었던 것이다. 법을 세우고, 법에 의해 상벌을 가한다면 몇 년의 세월 동안 혼란을 방치하지 않아도 된다는 말이다. 공자가 순임금의 공덕을 '어진자의 표상'으로 삼은 것에 대해서는 한비 역시 동의한다. '아무나 할 수 없는 어려운 일'이라고 표현한 것에서 잘 알 수 있다. 그러나 한비는 '쉬운 방법'을 동시에 제시한다. 법을 세우고, 법의 규정대로 실천하는 것은 당시 군주의 권한으로 훨씬 쉬운 일이었다는 것이다. 한비는 "장차 천하를 다스리려고 하면서 평범한 군주도 하기 쉬운 일을 버려두고 요순도 하기 어려운 일을 굳이 하려고 하는 것은 현명한 군주의 길이 아니다"라고 주장했다.

허세와 화려함, 감동적이고 극적인 드라마와 같은 치장에 능한 유가들에 대한 한비의 비판이다. 그들이 예로 들고 있는 성인들이 훌륭하지 않다는 말이 아니라 그런 사람들의 일면을 동원하여 감동을 짜내려고 하는 감정팔이를 그만두라는 이야기이다. 법이 분명하게 기능을 다하면 초나라의 장사꾼과 같은 '모순된' 일들이 사라지게 될 것이라는 의미이다.

정치인들이나 지도자들이 대중들 앞에서 눈물을 짜내고, 감정팔이를 하는 것은 '아무나 할 수 없는 어려운 일'이다. 법을 바로 세우고, 법이 정한 규정대로 실천하는 것이 상대적으로 쉽다. 국민들은 지도자를 선출할 때, 삼류 신파극보다 못한 그들의 사적인 일로 인한 눈물이나 절규를 보기 위함이 아니다. 법과 원칙을 지키며 제대로 '정치'를 해 달라는 마음으로 그들을 선택한다. 진실함과 겸손함의 상징인 눈물로 호소함과 동시에 법과 원칙을 무시하고 국민들을 조롱하는 작태는 분명 초나라 상인이 팔던 창과 방패이다. 언젠가는 조롱과 외면을 받게 될 뿐이다.'

초인 예지왈, 오순지견 물막능함야, 오모지리 어물무불함야.
(楚人 譽之曰, 吾楯之堅 物莫能陷也, 吾矛之利 於物無不陷也)
혹왈, 이자지모함자지순, 하여?
(或曰, 以子之矛陷子之楯, 何如?)

초나라 사람이 자랑하여 말하였다. "나의 방패는 견고하여 어떤 물건으로도 이를 뚫을 수 없고, 나의 창은 예리하여, 어떤 것도 뚫지 못함이 없다."

어떤 사람이 말하길 "너의 창으로 너의 방패를 뚫는다면 어떻게 되겠느냐?"

16
강한 신하

● "국가를 건설하고 국법을 제정하는 자는 무엇보다 먼저, 인간은 모두 사악하며, 제멋대로 행동할 기회가 있으면 주저 없이 그 무도함을 드러내어 사욕을 채우려 한다는 것을 늘 염두에 둘 필요가 있다. 설령 사악한 마음이 잠시 동안 모습을 드러내지 않더라도 그것은 지금까지의 경험으로는 정체를 알 수 없는 미지의 원인에 의한 것일 뿐, 언젠가 모든 진리의 아버지라 불리는 '시간'에 의해 교묘하게 모습을 드러내게 마련이다."-마키아벨리

인간의 본성을 사악하고 부정적으로 보고 있는 듯한 위의 인용문은 마키아벨리가 『로마사논고』에서 주장한 것이다. 고대 로마왕국의 사례들을 인용하며 인간은 선을 행한다고 해도 필요에 따라 마지못해 하는 것이며 기회가 된다면 언제든지 자신의 이익을 위해 제멋대로 행동하여 혼란과 무질서를 불러온다는 것이다. 마키아벨리보다 약 1500년 전, 중

국의 한비는 권력을 지향하는 인간의 본성에 대해 동일한 주장을 한 바 있다. 그는 이익을 추구하는 인간의 본성을 권력에 대한 군주와 신하의 관계에서 파악했다. 그는 '애신(愛臣)편'에서 다음과 같이 말하고 있다.

"신하란 군주와 지나치게 친숙해지면 반드시 군주를 위태롭게 하고 지위가 너무 높아지면 반드시 군주의 자리를 빼앗아 갈아치우게 됩니다. 정실부인과 첩 사이에 등급차가 없으면 반드시 대를 이을 적자에게 위험이 닥쳐올 것이며, 군주의 형제들이 복종하지 않으면 반드시 국가 사직을 위태롭게 할 것입니다. (중략) 제후의 영토가 확대되면 천자에게 해가 되며, 신하들이 부유하게 되면 군주에게 손해가 됩니다. 장수와 재상이 군주를 현혹시켜 사가(私家)를 융성하게 하는 것도 군주된 자가 반드시 물리쳐야 할 일입니다."

한비도 마키아벨리도 권력의 속성이나 조직의 메커니즘의 문제를 말하는 것이 아니다. 특별히 권력에 집착을 갖는 부류에 대한 경계심을 말하는 것은 더더욱 아니다. 그들이 말하는 것은 인간의 본성이고, 자신의 이익과 절대 권력을 행사하려는 사람들은 언제나 권력을 중심으로 충분히 둘러싸고 있음을 말하고 있다. 그리고 그 대상은 신하 중에서도 신뢰와 총애를 받는 '애신'들이며, 능력을 인정받은 '중신'들이라는 점이다. 물론 자신이 사랑하는 부인이나 자식이 될 수 있고, 자신과 피를 나눈 형제들이 될 수 있다고 말한다. 권력을 탐하는 속성은 '특정한 부류'가 아니라 '누구나' 가지고 있다는 말이다.

우리에게 잘 알려져 있는 바와 같이 한비와 마키아벨리가 특정인의 권력 전횡, 즉 독재를 미화한 사실은 없다. 권력자의 지위를 보전하고 통치권을 확립하기 위한 다양한 통치술을 설명하면서 예로 든 방법들이 때로는 '권모술수'의 형태로 비쳐졌기에 오는 오해라고 할 수 있다. 춘추전국시대와 이탈리아의 분열과 혼란이 보여준 끝이 없어 보이는 혼란과 무질서가 그들의 공통된 시대배경이 되었고, 이 혼란과 무질서를 종식시키기 위한 최선이 강한 통치력을 가진 안정된 국가였기에 통치력이 강조되었을 뿐이다. 권력의 정점에 있는 군주로 인해 사회가 혼란스러워지고, 백성들이 그 무질서의 피해 속에 살아야 한다면 이들이 한 목소리로 '법에 의한 통치'를 외쳤을 리 없다. 마키아벨리는 법의 필요성에 대해 이렇게 말한다.

"어떤 원인이 법률의 힘을 빌리지 않고도 선한 결과를 낳는다면 당연히 법률은 필요하지 않다. 그러나 이러한 좋은 소지가 없다면 법률은 절대적으로 필요하게 된다."

한비는 통치권을 세우기 위한 군주의 양보할 수 없는 조치에 대해 다음과 같이 말한다.

"현명한 군주는 그 신하를 통제하는 방법에 있어서 철저하게 법을 적용하고 방비를 미리 해서 잘못을 고쳐 나갑니다. 따라서 죽을 죄를 사면하는 일이 없으며 형벌을 경감시키는 일도 없습니다. 사형을 사사로운 감정으로 면하게 하거나 감형을 하는 것을 일컬어 권위가 흔들리는 원인이라고 말합니다. 그렇게 되면 앞으로 사직의 존립이 위태로워질 것이며 국가 권력이 신하 쪽으로 편중될 것입니다."

이들에게 권력을 분산시켜 주거나 통치 권력의 이익을 얻어, 법이 그 힘을 발휘하지 못하는 것은 '선하지 않은 결과'이고, '사직의 존립이 흔들리는' 무질서와 혼란이었다.

한비는 이러한 선하지 않은 결과와 국가를 위태롭게 하여 다시 혼란에 빠져들게 하는 원인을 주로 신하들이 제공하고 있음을 역사적 경험으로 강조한다. 재물이든, 권력이든 패거리를 이루는 사람이든, 최고 통치자보다 신하의 수중에 이러한 것들이 편중될 때, 즉 강한 신하들이 만들어지는 것이 경계되어야 하는 함을 강조한다. 한편으로 그는 강한 신하들 즉 군주의 권위에 언제든지 도전할 수 있는 신하들의 행태를 몇 가지로 정리하고 있다. 우선 신하들의 재정 농단이다. 조정을 압박하고, 패거리를 만들어 군주의 눈과 귀를 가리운 채 이들이 나라의 돈을 자신들의 것인 양 사용한다. 두 번째는 군사권을 남용하는 것이다. 군대를 사병과 같이 이용하며, 군대의 힘을 배경으로 이웃나라와 사적인 관계를 맺기도 한다. 만약의 사태에 대비하는 전형적인 행동이다. 세 번째는 군주를 뒤로 한 채 백성들에게 호의를 베푸는 행위이다. 이들은 나라의 돈을 활용하여 백성들에게 대출을 해주는 등 호의를 베풀고, 상을 남발한다. 물질적 이익만큼 직접적으로 호감을 사는 조치는 없다는 것을 잘 알고 있기 때문이다. 마지막으로 이들은 자신들의 의도가 불순하며, 자신들과 같은 생각을 가진 경쟁세력이 있다는 것을 누구보다 잘 알기에 자신들을 경호하는데 분주하다.

한비는 외부의 적이 아니라 자신의 주변에서 늘 미소를 짓고 복종의 태도를 취하고 있는 내부의 적들을 살피는 일은 '법에 의한 통치' 만한 것이 없다고 강조한다. 법의 적용에 혜택이 있어서는 안 되며, 국가의 재정에 관한 관리가 철저해야 하고, 패거리를 용인해서는 안된다고 말한다. 특히 전시가 아님에도 불구하고 군대를 사적으로 활용하거나 경호의 명목으로 자신의 수레에 무기를 싣고 다니는 행위에 대해서는 사형에 처해야 한다고 주장한다.

인주불능용기부 즉종어외지 차군인자지소식야
(人主不能用其富 則終於外地 此君人者之所識也)

군주가 자신의 소유한 바 부유함을 누리지 못하면 외지에서 생을 마치게 될 것이다. 이는 군주된 자가 반드시 인식해야 할 바이다.

명군지축기신야, 진지이법, 질지이비.
(明君之蓄其臣也, 盡之以法, 質之以備)

현명한 군주는 그 신하를 길들임에 있어 철저하게 법을 적용해야 하며, 방비를 함으로써 잘못을 바르게 고쳐나간다.

17
좋은 지도자

● 　군주가 훌륭한 신하를 선발해야 하는 이유는 군주 한 사람의 힘으로는 점점 복잡해지고 규모가 확대되는 세상을 통치하기 어려운 까닭이다. 최고 통치자의 자리에 오른 사람은 누구나 자신이 통치하는 시기에 세상이 풍요롭고 번영하고 안정되기를 바란다. 주권을 가진 국민들이 자신들을 대표할 훌륭한 지도자를 선출하여 발전되고 안정된 세상을 기대하는 것과 같은 이치이다. 그런데 좋은 지도자를 선택하는 것은 쉽지 않은 일이다. 믿었던 사람에게 뒤통수를 맞는 일이 한두 번이 아니며, 표를 구걸하면서 자신을 치장하는 무리들이 결국 힘을 갖게 되면 본색을 드러내는 일이 반복된다.

　어떤 지도자들을 선택하는가 하는 것은 물론 지도자를 선택할 권한을 가진 사람들의 몫이다. 고대 사회에서 그것은 군주의 몫이었고, 오늘날에는 유권자들의 책임이다. 한비는 『한비자』의 '유도편'에서 좋은 지도자란 무엇이며, 그런 좋은 지도자를 식별하는 방법을 논하고 있다.

유능하고 훌륭한 지도자가 갖추어야 할 덕목은 청렴하고, 충성되며, 인애의 덕을 가지고 있어야 한다. 또한 정의로워야 하고, 지혜로워야 한다. 그래서 지도자가 되려는 자들이나 지도자를 선택해야 하는 사람들은 모두 위에 열거한 자질을 중요하게 생각하며, 판단의 근거로 삼는다. 그런데 한비의 시대에는 이러한 자질들이 오해되는 경우가 많았던 것 같다. 한비는 우선 이러한 자질에 대한 명확한 개념을 설명한다.

"작위나 봉록을 경시하고 나라를 쉽게 버리고 떠나 마음에 드는 군주를 골라서 벼슬하는 자를 나는 청렴한 자라고 부르지 않습니다. 거짓 주장을 내세워 법을 어겨 가면서 군주에게 대들며 강하게 간하려는 자를 나는 충성된 자라고 부르지 않습니다. 은혜를 베풀어 이익을 주고 아랫사람들의 마음을 잡아 명성을 얻으려는 자를 나는 '인애(仁愛)한 자'라고 부르지 않습니다. 세속을 떠나 숨어 살면서 거짓을 꾸미고 군주를 헐뜯으며 깨끗한 척 하는 자들을 나는 의인(義人)이라 부르지 않습니다. 밖으로 외부세력이나 강한 나라의 세력들과 통하면서 내 나라를 훼손시켜 자신의 이익을 취하는 자를 지혜로운 자라 하지 않습니다."

한비가 강조하는 것은 '좋은 지도자'가 최소한 갖추어야 할 자질과 인품에 대한 오해를 바로 잡고자한 것이다. 자신과 이상과 이념이 맞지 않거나 자신의 입지가 불리해지면 상대의 부정적인 면을 드러낸 후 '난 저들과 함께 할 수 없다'고 피해버리는 것이 '청렴'한 것은 아니라고 말한다. 제도와 법칙이 무엇이든, 자신과 입장을 달리하는 세력들이 힘을 쓰든 그렇지 않든 자신의 주장과 신념을 실천하는 것이 청렴한 신하라는 것이다. 피한다고, 떠나버림으로 자신의 결백을 주장하는 것은 지도자의 바른 자세가 아니라는 주장이다. 또한 권력과 권위에 굴하지 않고 목숨을 걸고라도 당당하게 할 말을 하는 신하를 충성된 신하라고 사람들은 말한다. 상대의 권위가 절대적일수록 이런 행위들은 영웅적으로 묘사되기도 한다. 그러나 한비는 충성을 다른 시각에서 접근하고 있다. 목숨을 걸 정도로 용기 있고, 권위에 당당하게 저항을 하는 영웅적인 모습을 보인다 하더라도 '거짓'이나 '법을 어기는' 것은 그 배경에 사사로운 이익을 추구하는 사심이 있다는 것이다. 설사 이런 신하의 주장이 정당하다 할지라도 어떤 경우에든 신뢰와 원칙을 무시하는 행위는 '충성'이 될 수 없다는 주장이다.

인품이 뛰어나고 훌륭한 지도자의 덕망으로 오늘까지도 중시되는 인애를 베푸는 지도자도 마찬가지다. 이익을 나누고, 아랫사람의 마음을 잘 헤아리는 지도자는 물론 최고의 지도자이다. 하지만 그런 인애의 행동이 자신의 명성과 이익을 전제로 한 것이라면 그것은 옳지 않다고 말한다. 법의 규정을 따르지 않는 자비나 배려, 사적인 감정의 동원은 결국 주관적이며 그 결과는 불을 보듯이 뻔한 결과를 초래한다.

자신에게 이익이 되고, 자신의 입지와 명예를 보존하기 위한 목적의 인애는 그 반대의 경우 자신에게 도움이 되지 않는 자들에게 사납게 구는 형태로 나타나기 때문이다. 자선이나 자비를 베푸는 것도 '자기 치장'이 될 수 있다.

세속을 떠나 숨어 살면서 군주와 나라를 비판하는 자에 대한 한비의 생각은 좀 더 가혹하다. 자신의 힘이나 노력으로 결코 이룰 수 없는 경우가 생기거나, 자신이 반대하는 사람이 통치하는 세상이 너무 어처구니없는 일들을 저질러 절망적일 때, 우리는 그 사회를 벗어나길 희망한다.

더러운 세상, 사회, 국가를 버리고 이민을 결심하는 사람들도 있다. 그
나마 그런 형편도 되지 못하는 사람들은 산골로 시골로 숨어들어 원망
과 비판으로 세상을 한탄한다. 이러한 사람들이 때로는 고결해 보이고,
의로운 사람으로 보일 수 있다. 그러나 한비는 그런 사람들은 의롭다고
하지 않았다. 피하는 것에도 자신의 이기심이 작용하고 있다고 말한다.
창피한 나라에서 더 이상 살기싫어 이민을 택하지 말고, 그 창피함이 바
로 우리의 수준이며, 우리의 책임임을 통감하고 그 사회 속에서 창피함
을 당하는 것이 훨씬 의롭다고 이야기한다. 조급해하지 말고, 잘못된 현
실과 싸워나가는 것이 의로운 것이지, 피하고 뒤에 숨어서 비방하는 것
은 결코 바람직하지 않다고 말한다.

지도자는 지혜로워야 한다. 우리가 지도자를 선택할 때, 그의 이력이
나 경력을 꼼꼼하게 살피는 것도 그의 지혜로움과 능력을 가늠하기 위
함이다. 그러나 유능함이란 언제나 양면성이 있다는 것을 놓치곤 한다.
법과 원칙이 명확하지 않으면, 좋은 머리는 자신의 이익을 위해 본능적
으로 움직인다. 패거리를 만들고, 상대의 권력에 의해 내가 피해를 받지
않는 상황을 만들기 위해 유능함을 동원한다. 한비는 지혜로운 자로 오
해되고 있는 지도자들이 (춘추전국시대의 배경 하에서는) 나라 밖의 더 큰 힘
을 가진 외부 세력, 즉 다른 나라의 제후들과 손을 잡아 자신의 군주와
나라에서 힘을 과시한다는 사례를 들고 있다. 이들은 세상이 돌아가는
판세를 정확히 읽고 있고, 외부의 세력 구도를 파악하는 능력이 있다.
또한 그런 능력을 자신의 입지를 강화하기 위해서 사용할 줄 아는 능력
도 가진 자이다. 그래서 이들은 국가의 권위나 공익을 소중히 여기는 법
이 없다. 너무나 유능하기 때문이다.

한비가 지적했듯이 좋은 지도자가 갖추어야 할 덕목들이 오해되고 있는 것은 바로 난세이기 때문이다(此數物者, 險世之說也). 난세이기 때문에 법과 원칙이 있어도 제대로 시행되지 않는다. 법과 원칙이 제대로 시행되지 않고 왜곡되기에 너무도 명확한 개념, 현자들이 수백 년 동안 반복해서 알려준 내용조차 혼란과 오해를 불러일으킨다.

한비의 대책은 이렇다

"좋은 지도자들에 대한 오해는 혼란한 시대에나 생기는 법입니다. 이런 것들은 선왕(先王)의 법으로 물리쳐야 할 것들입니다. 선왕의 법에 이르기를 '신하가 (군주의 권위에 앞서) 위엄을 세우는 일이 있으면 안 되고 사사로이 이익을 꾀하는 일이 있어서도 안된다. 왕은 사사로이 애정을 표하는 일이 있어서도 안 되고, 증오를 드러내는 일이 있어서도 안된다. 오직 선왕이 세운 규정에 따라야 한다' 고 합니다. 옛날 세상이 잘 다스려졌을 때 사람들은 공법을 만들고 사적인 술수를 버렸습니다. 그리고 마음과 행동을 오로지 하나로 하여 충분히 준비하고 군주의 임용을 기다렸습니다."

공익을 위한 법을 만들어 지키고, 사적인 이익을 추구하기 위한 술수를 버리면 오로지 한마음이 될 수 있다는 말이다. 마음이 하나 되면 자신의 재량껏 준비를 하게 되고, 나라를 위해 군주에 의해, 오늘날에는 유권자의 판단에 의해 선택을 기다리게 된다. 이익을 추구하는 인간의 속성을 제어하며, 공익을 위해 사술을 희생하는 유일한 길은 법과 규정을 따르는 길이다. 한비의 해석에 의하면 '좋은 지도자' 는 법을 인정하고 법의 규정을 실천하는 지도자인 셈이다. 그런 의미에서 어떠한 유능하고, 청렴하고, 의롭고, 자애롭고, 충성된 지도자를 자처한다고 해도, 법의 권위를 무시하고 조롱하는 자는 '좋은 지도자'는 결코 아니다.

고자세치지민, 봉공법, 폐사술, 전의일행, 구이대임
(古者世治之民, 奉公法, 廢私術, 專意一行, 具以待任)

"옛날 세상이 잘 다스려졌을 때 사람들은 공법을 받들고, 사사로운 술수를 버리고 마음과 행동을 오로지 하나로 하여 준비를 하고 임용을 기다렸습니다."

18
화씨의 벽(和氏之璧)

●   초나라(楚)에 화씨라 불리는 자가 초산(오늘날의 호북성 형산)에서 커다란 옥 덩어리를 발견했다. 나라 안에서 이처럼 커다란 옥 덩어리를 얻은 것은 길함의 상징이었다. 화씨는 이 소중한 옥 덩어리를 두 손으로 받쳐 들고 여왕(厲王)에게 바쳤다. 여왕은 기뻐하며 이를 옥을 다루는 장인에게 감정하도록 했다. 돌덩어리를 살피던 장인이 왕께 대답한다.

"이는 보통의 평범한 돌입니다."

여왕은 화씨가 자신을 속이고 능멸했다고 하여 왼쪽 발을 자르는 월형(刖刑)에 처했다. 당시 법에는 임금을 능멸하는 자에게 월형을 가하도록 규정되어 있었다. 여왕이 죽고 무왕(武王)이 즉위했다. 화씨는 옥 덩어리를 두 손으로 받쳐 들고 다시 무왕을 찾아갔다. 이는 나라의 좋은 징조이니 임금께 바치는 것이 옳다고 생각했기 때문이다. 무왕도 옥을 다루는 장인을 불러 화씨가 들고 온 물건을 감정하라고 했다. 이번에도 그 장인은 '평범한 돌'이라고 말했다. 무왕은 그의 오른쪽 발을 잘랐다. 시간이 흘러 무왕이 죽고 문왕(文王)이 즉위했다. 이번에는 화씨가 자신이 발견한 옥 덩어리를 가슴에 품은 채 초산 근처에서 큰 소리로 울었다. 사흘밤낮을 울어 눈물이 다 마르고 피눈물이 흐를 정도였다. 사람들의 입을 통해 그 소식이 문왕의 귀에 들어갔다. 문왕이 사람을 시켜 그 까닭을 물었다.

"천하에 발을 잘리는 형벌을 당한 자가 적지 않다. 자네는 어찌 그렇게 슬프게 소리 내어 우는가?"

화씨는 눈물을 머금은 채 대답했다.

"제가 슬픔을 견디지 못해 우는 것은 발 잘리는 형벌을 받은 것이 슬퍼서가 아닙니다. 저는 이 옥 덩어리를 보통 돌이라 하고, 일평생 정직하게 살아왔는데 거짓말쟁이로 불리는 것이 견딜 수 없습니다. 이것이 제가 슬피 우는 까닭입니다."

그의 말을 들은 문왕은 옥을 담당하는 장인을 불러 돌을 다듬도록 하였다. 그러자 말로 형언할 수 없을 정도로 아름다운 보옥이 드러났다. 중국 고대의 기록 중에 여러 차례 등장하는 '화씨의 구슬'은 이렇게 해서 얻어진 것이다.

『한비자』의 '화씨' 편이라는 별도의 기록에서 '화씨의 구슬'이 소개되고 있는 것은 '화씨구슬'의 유래를 말하고자 함이 아니다. 한비가 화씨와 그가 억울한 처벌을 받은 일, 그리고 처벌을 받은 후 화씨가 슬퍼하는 일 등이 당시 법치를 주장하는 '법술지사'들의 실상을 대변하고 있기 때문이다. 한비는 화씨의 구슬을 다룬 이야기 끝에 초나라의 오기와 진나라의 상앙의 이야기를 첨부하였다.

병법으로도 유명한 오기(吳起)가 초나라의 도왕(悼王)에게 강한 나라를 만드는 법을 제출한 적이 있다. 오기가 말했다.

"신하들의 권세가 지나치게 강하고 토지를 봉한 영주들이 너무 많습니다. 이와 같다면 그들이 위로는 군주를 압박하고 아래로는 백성들을 학대하게 됩니다. 이는 나라를 가난하게 만들고 군대를 약화시키는 길입니다. 그러니 영주의 자손들은 삼대 이상 세습하지 못하도록 그 작위와 봉록을 몰수하고, 일반관리들도 봉록을 삭감하고, 급하지 않은 쓸데없는 관서를 줄여 꼭 필요한 관리들의 봉록으로 삼아야 합니다."

오기의 말을 들은 도왕은 그대로 실천하여 나라가 강하고 부유해지는가 싶었는데, 일 년이 채 지나지 않아 도왕이 죽고 말았다. 결국 도왕의 정책으로 피해를 본 신하들이 모함하여 오기는 '손과 발이 찢기는 형벌'을 받아 죽고 만다.

진나라의 효공(孝公)을 보좌했던 승상 상앙 역시 강하고 부유한 나라를 위한 제언을 올린다.

"가구들을 열 곳, 혹은 다섯 곳씩 묶어 죄를 고발하는 연좌제를 만들고, 헛된 감상과 이상을 논하는 시(詩)와 서(書)를 불태우고, 법령을 밝혀야 합니다. 이 법령에 근거하여 권세가들의 청원을 막아 공실(公室)에 공로 있는 자를 추천하고, 벼슬을 구하기 위해 떠돌아다니는 자들을 막고, 농사를 짓거나 전쟁터에 나가는 자를 표창해야 합니다."

효공 역시 상앙의 변법을 시행했다. 그 결과 군주의 지위가 존엄해지고 나라가 부강해졌지만 8년 후 효공이 죽자, 상앙은 평소에 그를 원망하던 자들의 모략으로 '수레에 몸을 찢기는 형벌'을 받아 죽게 된다.

국가를 부강하게 만드는 데 있어서 오기와 상앙의 생각과 주장은 평범한 돌처럼 보이지만 사실상 감추어진 '보물'과도 같은 것이었다. 실제로 그들의 제안이 시행될 때, 국가는 어느 때보다 더 안정되고 발전하였으며, 강한 나라가 되었다. 그럼에도 이를 지탱해주는 권력이 사라지게 되자 그들은 극형을 받게 된다. 한비는 그 이유를 다음과 같이 말한다.
"사욕을 탐하는 신하들은 법이 바르게 행하여지는 것을 고통스러워하고, 타성에 젖은 백성들은 나라가 잘 다스려지도록 하기 위해 번거롭게 법을 지켜야 하는 것을 싫어했기 때문이다."

현명한 안목과 지혜로 화씨의 돌을 검증하지 못하고, 단지 귀찮음과 번거로움에 익숙해져 있던 옥을 다루는 장인들의 이야기만 믿고 화씨의 발을 잘랐던 우매한 군주들이 있는 한, 누가 자신의 몸이 찢겨나가는 위협을 무릅쓰고 구슬을 바치겠느냐는 것이 한비의 한탄이다. 기득권자들은 언제나 자신들의 사욕을 채우기 위해 법을 멀리하는 법이다. 그래서 법가들은 기득권을 갖고 있는 힘 있는 자들의 적이 될 수밖에 없다.
이를 지켜줄 현명한 군주가 없는 한 '진정한 보물'을 들고 있어도 이를 헌상하는 사람은 점차 사라지게 될 것이다. 화씨의 눈물은 곧 한비의 눈물이다.

화왈, 오비비월야, 비부보옥이제지이석
(和曰, 吾非悲刖也, 悲夫寶玉而題之以石)
정사이명지이광, 차오소이비야.
(貞士而名之以誑, 此吾所以悲也)

화씨가 말하였다.
"제가 슬퍼함은 발이 잘리는 형벌 때문이 아닙니다.
저것이 보옥인데도 평범한 돌이라 불리고, 제가 정직한 사람인데도
거짓말쟁이로 불리는 것이 슬픈 것입니다."

19
설득의 어려움

●   말로 누군가를 설득하는 것은 쉽지 않은 일이다. 그래서 이런 재능이 있는 사람들을 만나게 되면 부럽기 짝이 없다. 오늘날에도 설득력 있게 말하는 것은 사회에서 인정을 받기 위한 중요한 요소의 하나이다. 명사들의 명연설은 언제나 다시 들어도 감동이다. 마틴 루터 킹 목사의 '나는 꿈이 있습니다(I have a dream).', 링컨 대통령의 '게티스버거 연설' 그리고 최근 TED라는 20분 내외의 강연 프로그램에 연사들의 강연은 경탄을 자아내게 한다. 명확한 소재를 선택하는 안목, 청중을 압도하는 목소리, 듣는 이들로 하여금 저절로 고개를 끄덕이게 하는 논리성, 누구나 이해하기 쉬운 설명과 예화, 인터넷 매체의 발전에 힘입어 짧은 설득의 내용으로 세계적인 명사가 된 사례들이다. 말의 힘이란 참으로 강력한 것이고, 매력적인 도구임을 보여준다.

    춘추전국시대의 군왕들이나 권력자들은 성공적인 통치를 위해 많은 선비들을 초빙하여 자신들의 고문 역할을 담당하도록 했다. 전국시대에 네 명의 공자(公子)는 무려 삼천 명이나 되는 고문을 두기도 했다. 공자란 왕의 혈통을 이어받은 왕자 혹은 왕가의 친족들을 말한다. 수천 명의 고문을 곁에 두고 그들의 숙식을 책임지기 위해서는 막대한 재산도 있어야 하지만 그에 상응하는 권력도 있어야 한다. 이들은 자신을 고용한 주군을 위해 다양한 정책을 내놓고, 그것이 채택되기 위한 설득을 반복한다. 다행이 그의 제안이 채택이 되면 그야말로 출세가 보장되는 셈이다. 수없이 많은 선비들과 현자들이 자신의 생각이 시행될 수 있게 하려고 저마다 현란한 말솜씨를 뽐낸다.

전하는 말에 의하면 법가를 집대성한 한비는 말을 더듬는 버릇이 있었다고 한다. 한비를 소재로 한 역사소설에서는 진시황이 한비를 끝내 등용하지 않은 것이 한비가 하는 말이 어눌하고 답답했기 때문이라고 과장하기도 한다. 여러 상황으로 짐작해 볼 때 한비는 말을 잘 하는 사람은 아니었던 것 같다. 『한비자』에도 '난언(말하기 어려움)' 편이 있을 정도이다. 그래서 한비의 문장이 더 빛이 나는 것일지 모른다. 한비의 문장은 중국의 전 역사를 통해 수많은 학자들에 의해 칭송을 받아 온 명문장이며, '박난문체(駁難文體)'라는 문장의 한 체제를 만들기도 한 최고의 논리적 문장들이다.

그런데 『한비자』의 '난언편'의 첫 문장에서 한비는 제목과는 정반대의 이야기를 하고 있다.

"저에게 있어 말을 한다는 것 그 자체가 어려운 것은 아닙니다(臣非非難言也). 신이 말하기를 망설이고 주저하는 까닭은 다음과 같은 이유가 있기 때문입니다."

평소 말이 어눌하고 더듬기도 하여, 듣는 상대가 답답했다고 알려진 한비가 자신은 말을 하는게 어려운 일이 아니라고 강한 어조로 '난언편'을 시작한다. 자신이 말을 신중히 하고 망설이는 까닭은 따로 있다는 것이다. 한비의 이야기를 계속 들어 보면

"말투가 순수하고 매끄러우며 거침없이 술술 이어지면 듣는 상대에게는 겉만 화려하고 내실이 없는 것처럼 보일 것입니다. 말의 태도가 고지식하고 신중하면서 빈틈없이 완벽하면 오히려 서투르고 조리없게 보일 것입니다. 인용을 자주하고, 비슷한 사례를 들어 설명하면 겉치레 일뿐 쓸모가 없다고 여길 것입니다. 그래서 요점만 간추려 그 핵심을 말하고 직설적으로 꾸미지 않고 말하면 미련하고 화술이 없다고 말할 것입니다. 가까이 다가가서 상대의 속마음을 떠보는 듯이 말하면 주제넘고 염치가 없게 보일 것입니다. 말하는 폼이 너무 크고 넓으며, 그 내용을 헤아릴 수 없으면 야단스럽기만 하고 무익하다고 할 것입니다. 그래서 상세하게 말하고 자상하게 수치를 들어 설명하면 이번엔 고루하다고 할 것입니다.
또한 기교를 부려 남의 귀에 거슬리지 않는 말만을 가려서 한다면 목숨을 부지하려고 아첨한다고 여길 터이며, 유별난 말재간으로 세상의 이목을 끌면 무책임한 엉터리라고 말할 것입니다. 화려한 문체로 말하면 현학적이라고 할 것이고, 유식한 표현을 쓰지 않고 바탕을 드러내어 말하면 천박하다고 할 것입니다. 싯구나 현자의 말을 들먹거리며 옛 것을 본받으면 고상한 척 옛 말만 암송할 뿐이라고 할 것입니다. 바로 이런 이유에서 제가 말하기를 꺼려하며 염려스럽다고 하는 것입니다."
한비가 예로 든 말하는 여러 방법들은 놀랍게도 오늘날 말 잘하는 사

람들이 그 비법이라고 말하는 내용들이다. 매끄러운 말, 논리적으로 빈틈이 없는 말, 적절한 인용이나 사례를 동원하는 말은 말하기의 기본이다. 또한 요점을 간추려 핵심을 말하고, 상대방의 심리를 고려한 말들, 그리고 상세한 사례와 수치를 들어 말하는 것, 남의 귀에 거슬리는 말을 피하는 것 역시 대중의 인기를 한 몸에 받고 있는 사람들의 화법이다. 거기다가 화려한 문체, 옛 현인들의 지혜를 예로 들고, 감동적인 시와 문장을 덧붙이면 금상첨화이다. 그런데 한비가 우려하는 것처럼 아무리 멋진 말하는 방법들을 동원한다고 해도 듣는 사람이 그 말을 원하지 않으면 그 비법이 바로 비판거리가 될 수 있다는 점이다.

한비는 역사적 사실들을 들어 말을 잘하는 사람들이 비참한 최후를 맞이했던 사례를 들고 있다. 주나라의 문왕은 은나라의 주(紂)왕을 설득하려고 하다가 옥에 갇혔고, 은나라의 익후는 간언을 하다가 화형에 처해졌으며, 귀후는 시신을 저며서 말리는 형벌을 받았고, 비간은 심장이 찢기는 형벌을 받았다. 손빈은 다리가 잘려졌고, 오기 역시 사지가 찢기는 형벌을 받고 죽었다. 이들이 비참한 최후를 맞이한 것은 말을 못해서도 아니고, 말을 하는 방법이 잘못된 것은 더더욱 아니었다. 이들은 당대에 지혜와 현명함으로 말을 잘하는 대표적인 사람들이었다. 한비가 '난언편'을 통해 강조하고 있는 것은 아무리 말을 잘 하는 사람도 그 사람의 말을 들어주는 사람의 현명함과 신뢰가 없다면 그것은 오히려 화가 될 수 있다는 말이다. 따라서 자신이 아무리 지혜로운 말을 한다해도 이를 듣는 자가 밝고 현명하지 못하면 소용이 없기에 설득이 어렵다는 것이다.

우리 또한 누군가를 설득하기 위해 온갖 지혜를 동원하여 말을 준비하기도 하고, 또 누군가의 설득하는 말을 들어야 하는 경우도 있다. 누군가를 설득한다는 것, 혹은 누구의 말을 듣는다는 것은 말을 하는 자와 듣는 자의 현명함과 지혜가 소통이 되지 않고서는 아무런 소용이 없다는 의미이다. 한비가 강조하듯이 설득에는 말 자체에 힘과 능력이 있다고 맹신해서는 안 되며, 말을 하고 듣는 대상과의 신뢰를 점검하는 것이 중요하다. 그리고 무엇보다 상대의 지혜와 진정성을 판단하는 밝음이 전제되어야 한다.

> 도량수정 미필청야 의리우전 미필용야
> (度量雖正 未必廳也 義理雖全 未必用也)
> 대왕약이차불신
> (大王若以此不信),
> 즉소자이위훼자비방
> (則小者以爲毁訾誹謗)
> 대자환화재해사망급기신
> (大者患禍災害死亡及其身)

"의견을 여쭈는 법도가 비록 정당하다 하더라도 반드시 상대가 들어주는 것은 아니며, 언변이 조리에 맞아 비록 완전하다 하더라도 반드시 채택되는 것은 아닙니다. 대왕께서 만약 이와 같이 신뢰하지 않으신다면 작게는 비방하고 헐뜯는 것이라 여기실 것이며, 크게는 재양과 죽음이 말하는 자의 몸에 이르게 할 것입니다."

20
귀를 즐겁게 하는 말(戱耳)

●   신하가 임금에게 간언하기 위해 모아놓은 글을 '저설(儲說)'이라 한다. 중국 춘추전국시대에 법가(法家)를 집대성한 한비자의 '저설'에 다음과 같은 이야기가 실려 있다.

    유가의 대학자이자 대사상가 중 한 명인 증자(曾子)의 가족에 관한 일화이다. 어느 날 증자의 아내가 시장에 볼 일이 있어 나서는데 어린 아들이 함께 가겠다고 울면서 떼를 쓴다. 시장과의 거리가 멀기도 했지만 복잡하고 분주한 장터에 어린아이를 데려가는 것은 보통 성가신 일이 아니다. 짐을 챙겨야 하기도 하고, 이리 저리 물건을 찾으러 다녀야 하는데, 어린 아이를 데리고 가는 것은 무리였다. 증자의 아내는 아이를 떼어 놓기 위해 울고 있는 아이를 향해 약속한다.
    "집에 가 있거라. 엄마 말을 듣고 울지 말고 집에서 잘 놀고 있으면 돌아와서 엄마가 돼지를 잡아서 맛있는 요리를 해주마."

어떤 회유와 협박에도 굴하지 않고 울면서 보채던 어린 아이는 어머니의 '맛있는 돼지고기 요리'라는 말에 울음을 그친다. 그리고 신나서 집으로 향해 뛰어간다.

해질 무렵, 시장에서 볼 일을 마치고 집에 들어서던 아내는 눈앞에서 벌어지고 있는 상황에 놀란다. 남편 증자가 돼지를 잡으려고 낑낑거리고 있었고, 그의 옆에는 돼지를 잡기 위한 칼이 놓여져 있는 것이 아닌가. 놀란 아내는 짐을 내팽개치고 다급히 증자의 손을 붙잡으며 말한다.
"아이가 하도 울고 보채서 그저 달래기 위해 '장난으로 한 말(희이언, 戱耳言)'이었을 뿐입니다."

증자는 단호한 눈빛으로 아내를 바라보며 말했다.
"어린 아이에게 '장난의 말'을 하면 안 되는 법이오. 어린아이는 아는 것이 없고, 배움의 경험도 적기 마련이오. 어린아이는 다만 부모를 의지하여 배우므로 부모의 말이 곧 가르침이오. 만일 자식을 '단지 모면을 위해 귀를 즐겁게 해주는 말'로 속인다면 이는 자식에게 속임을 가르치는 것이 되오. 어미가 자식을 속이면 자식은 어미를 믿지 않게 될 것이오. 이는 가르침을 이루는 것이 아니오."

증자는 결국 돼지를 잡아 삶았다.

당시 증자의 형편으로 돼지를 잡는 것은 매우 무모한 일이었다. 이 돼지는 그들의 생계를 해결할 중요한 자산이었다. 이를 팔아 돈을 만드는 것도 아니고, 삶아서 적은 식구들이 먹는다는 것은 증자의 아내에게 생각할 수도 없는 일이었다. 오죽했으면 하루 종일 발품을 팔며 고생해서 구해온 짐들을 내팽개치며 남편의 소매를 붙들었을까

하지만 증자는 재산상의 손실을 일으키고, 지금의 현실에 맞지 않는 결정을 하여 더 힘든 상황에 놓이게 되더라도 부모가 자식에게 '장난의 말', '허언', '식언(食言)'을 통해 주는 피해는 더 크다는 것을 강조하고 있다. 이는 어린아이의 한 평생에 영향을 주는 일이기 때문이다.

선거때만 되면 반복되는 일이 있다. 선거철이 되면 많은 후보자들이 유권자들을 위해 약속을 한다. 절실함에 울며 보채는 유권자들의 바램에 후보자들은 그들의 마음을 사기 위해 '돼지를 잡아주겠다'는 말을 주저하지 않는다.

공약(公約)을 '장난의 말'이나 '현실의 다급함을 피하기 위해 상대의 귀를 즐겁게 해주는 말'이 되어서는 안 된다. '돼지를 잡을 용기나 각오가 없다면 차라리 입을 다무는 것이 책임있는 지도자이다. 만약 돼지를 잡겠다고 약속을 했다면 어떠한 형편과 조건에서도 칼을 잡아야 한다.

귀를 즐겁게 해주는 말이 아니라 결단과 각오를 담은 후보자들의 '진언(眞言)'을 기대해 본다.

3부

세_(勢)

不知而言不智, 知而不言不忠
群臣爲學門子好辯商賈外積
小民右杖者, 可亡也

01
말하기의 어려움(難言)

● '엄한 아버지를 가진 장남은 눌변의 필요충분조건' 이라는 말이 있다. 한 심리학자도 비슷한 이야기를 했다. 대체로 엄한 부모님의 첫째들은 소심하고 실수를 두려워하며 그렇기 때문에 사람들 앞에서 자신의 의견을 말하는데 서툴다고 한다.

이런 이야기를 들을 때마다 늘 위안이 된다. 왜냐하면 내가 사람들 앞에서 말을 잘 못하는 것은 나에게 그 근거가 있는 것이 아니라는 사실 때문이다. 유난히 엄했던 아버지가 일차적인 책임이 있고, 장남으로 낳아주신 어머니가 그 다음 책임이다.

지금도 고등학교 시절의 한 사건을 생각하면 얼굴이 화끈거린다. 교회에서 '문학의 밤' 이라는 청소년 행사의 사회를 보게 되었는데, 행사가 거의 끝날 때까지 마이크 앞에서 떨리는 목소리와 거친 숨소리를 내 쉬며 말을 더듬거렸던 것이다. 사람들은 행사의 내용보다 사회자의 떨리는 목소리가 더 즐거웠던 것 같다. 말을 할 때마다 폭소를 들어야만 했던 치욕의 순간을 잊을 수가 없다.

대인공포증과 무대공포증을 가지고 있던 사람이 선생이 되었다. 늘 사람들 앞에서 서야 하고, 무엇인가 이야기를 해야 하는 자리에 서게 되었다. 여전히 사람들 앞에 선다는 것은 나에게 참 어려운 일이다. 무슨 일이든 한 20년쯤 하면 적당히 적응도 할만한데 지금도 강연은 말할 것도 없고 학교의 수업에도 시작 전엔 늘 긴장을 하곤 한다.

한비자를 공부하면서 한비도 비슷한 고민을 했던 것을 알게 되었다. 역사학자들에 의하면 한비는 말더듬이였다고도 한다. 그의 저작으로 알려진 『한비자』에 '난언(難言)' 즉 '말을 하기 어렵다' 라는 편이 있다.

그 내용에 다음과 같은 말이 나온다.
말투가 순순하고 매끄럽게 거침없이 줄줄 이어지는 것 같으면 겉만 화려하고 내실이 없는 것처럼 보일 것이고, 말하는 태도가 완고하고 신중하고, 빈틈없이 완벽하면 오히려 조리가 없고, 융통성이 없어 보일 것이며, 인용을 자주 하여 말을 많이 하고 유사한 사례를 끌어내어 수다를 떨면 그것은 겉치레일 뿐 쓸모없다고 느껴질 것이다. 또한 요점만 간추려 개요를 말하고 직설적으로 꾸밈없이 말하면 화술이 부족하다고 여길 것이며, 상대방의 속마음을 너무 고려하여 말하면 주제넘고 염치없게 보일 것이며, 말하는 품이 너무 크고 넓으면 야단스럽기만 하고 무익하게 보일 것이다. 또한 이해관계를 고려하여 말하면 자상하다고, 수치를 들어 말을 하면 고루하다고 여길 것이고, 세속적인 말솜씨로 남을 거스르지 않는 말만 하면 목숨을 부지하려고 아첨한다고 여길 것이다. 저속한 말을 피하고 유별난 말재간으로 세상의 이목을 끌면 무책임한 엉터리라고 여길 것이며 기민하게 말을 꾸며 대며 문체나게 말을 하면 현학적으로 보일 것이며, 일부러 문장이나 학문을 끊어버리고 있는 바탕 그대로를 드러내어 말을 하면 저급하다고 여길 것이다. 수시로 시(詩)와 서(書)의 구절을 들먹거리며 지나간 옛 것을 본받는 척하면 암송만 되풀이한다고 여길 것이다.

한비가 말하기 어렵다고 이야기한 근거들이다. 물론 한비는 어리석은 군주에게 현명한 신하가 충언을 드리는 것을 전제하여 한 말이기는 하지만 말이란 것이 그 받아들이는 대상과 형편에 따라 다양하게 해석될 수 있기에 또 말에 대한 반응과 책임의 문제가 따르기 때문에 말을 한다는 것은 늘 어렵기 마련이다.

항상 남들 앞에 서야하고, 또 많은 말을 해야 하는 자리에 있는 사람이 입을 다물고 있으면 안 되기에 더더욱 그 고민이 크다. 사마천의 『사기열전』에도 공자께서 그 제자 중 변설에 능한 재여라는 제자를 가리켜 '썩은 나무에 조각을 할 수 없다' 라는 혹평을 한 것, 많은 제자들 중 논리적이고 말에 능한 제자를 오히려 부끄러워했다는 내용을 접하면서 안 그래도 말주변이 없어 고민하고 있는 사람은 당혹스럽다.

말을 잘 한다는 것과 그 말이 신뢰감과 진정성을 가진다는 것은 조금 다른 의미라고 생각을 해보기도 한다. 말을 하기 어렵다는 의미는 자기가 한 말에 대해 책임질 수 있어야 한다는 전제가 있기 때문이 아닌가 하고 생각한다. 또한 말을 잘 한다는 것은 그 말의 근거가 분명해야 한다는 의미일 수도 있다는 생각도 해보았다.

한비자의 또 다른 글에 "알지 못하면서 말하는 것을 어리석다고 하며, 알면서 말을 하지 않는 것을 충성스럽지 못하다고 한다"라는 말이 있다. 사회적 책임을 다하기 위해 분명히 말해야 할 것은 말해야 하지만 그 말이 공부가 부족하여 근거 없이 떠드는 말일 경우 어리석은 것일 뿐이라는 의미이다.

지난 시간들을 생각하며 그동안 무수히 쏟아내었던 말들을 생각해본다. 어떤 순간들은 고개를 차마 들 수없이 어리석었고, 졸렬했고, 어떤 말들은 내실도 없이 그저 '자랑'을 위한 책임없는 말이기도 했다. 뭐 하나 제대로 된 말들이 없었던 것 같아 안 그래도 소심한 '말하기'에 두려움마저 든다.

성경에 나오는 이야기를 첨언해 본다.
입과 혀를 지키는 자는 자기의 영혼을 환난에서 보전하느니라(잠언 21:23)

'어리석은 자라도 입을 다물고 있으면 혹시 사람들이 지혜롭게 여길지 모른다'

말이란 아무리 신중하고 경계하고 조심해도 부족함이 없는 훈련의 과제이다.

02
나라와 조직을 망치는 징조 1

●　　나라를 망쳐지는 데는 어떤 징조들이 나타날까? 한비는 춘추전국 시대에 수많은 나라들의 부침(浮沈)을 자세히 관찰하고 분석하여 나라가 망하려면 필연적으로 나타나는 징조를 무려 47가지로 정리했다. 그리고 이를 〈망징(亡徵)〉이라는 편에 상세히 기술하고 있다.

시대와 환경이 바뀌어도 한비가 지적한 망국의 징조는 여전히 유효하다. 정치를 하거나 한 조직의 책임자가 되려는 사람들이 항상 곁에 두고 경계해야 할 내용이다.

1. 군주가 다스리는 나라는 작은데 대부(大夫)의 집은 크며, 군주의 권력이나 영향력은 약한데 신하의 그것은 강할 경우 그 나라는 멸망하게 될 것이다.

통치하는 나라의 크고 작음에 있어 왕이나 제후의 영토보다 경(卿)이나 대부 즉 왕과 제후를 받드는 자리에 있는 신하의 세력범위가 크면 안

된다는 것이다. 권력의 최고 정점에 있는 군주는 언제나 이 자리를 노리는 사람에 둘러싸여 있다. 전통시대에는 왕권(王權)과 신권(臣權)이 대립하는 경우가 많이 있었다. 일반적으로 신권이 왕의 지위를 능가하여 위협할 때 그 국가가 견고한 적이 없었다. 한 왕조가 망하고 다른 왕조로 대체되는 이른바 '왕조말기'의 특징 중 하나는 최고 책임자의 통제권이 약하여 그 명령이 힘을 가지지 못하는 것이었다. 힘있는 신하에게 통치권을 넘기지 않을 바에야 강한 통치력을 확보하는 것이 국가나 조직을 안정시키는 관건이라고 말한다.

옛 사람들은 한 가정 내에서도 큰 아들이 잘 살아야 한다는 말을 많이 한다. 물론 탄탄한 종법구조 내에서 가족의 위계와 상속의 원칙이 잘 지켜질 때의 이야기지만, 전통사회의 관념이 여전히 영향을 미치는 오늘날 우리의 가정에도 적용되는 내용이다. 형이 무능력하여 권위를 세우지 못하면 그 가족이 평안할 리 없다. 언제나 불화와 갈등이 존재하며, 무시와 무질서가 만연하게 된다. 직장 내에서도 위계가 흔들리고 조직의 균형이 흐트러지는 가장 근본적인 원인은 사실상 명령체계와 권한을 행사할 사람이 그 기능을 다하지 못하여, 권위와 책임을 갖지 않은 사람들이 설쳐댈 때 그 조직은 와해되기 시작한다. 삶과 죽음의 경계에서 긴장감을 유지해야 하는 군대에서 가장 중요한 것이 기능보다도 조직과 규율인 것이 바로 그 이유이다. 나라와 조직이 안정되기 위해서는 자리와 그 자리를 지키는 사람의 책임 범위, 그리고 그 책임을 다하기 위해 부여되는 권위와 영향력이 제대로 운용되고 있는가 살펴봐야 한다. 한비가 국가의 안정을 위해 가장 먼저 제시한 내용이다.

2. 법(法)에 의한 금령을 소홀히 하고 내실 없는 모략에 힘쓰며 국내(내부)의 정치를 확고히 하지 못하면서 외국(외부)과의 교제나 원조에 의존

할 경우 그 나라는 망하게 될 것이다.

법을 바로 세워 그 원칙과 기준을 지키려고 노력하는 것의 상대적인 개념으로 '내실 없는 모략'을 제시하고 있다. 원문을 보면 '간법금이무모려(簡法禁而務謀慮)'라고 되어 있다. 이를 직역해보면 '법과 금령을 소홀히 하거나 간소화하여 계략이나 권모술수를 꾀하는 데 힘쓰면' 나라는 망하게 된다는 것이다. 생각을 많이 하고, 궁리를 하는 것, 노심초사하는 것(慮)은 정치를 위해 신중한 태도를 갖는다는 점에서 필요할 수 있다. 하지만 계략과 모략(謀)의 경우는 이야기가 다르다. 모략과 계략, 간계는 대부분 사적인 이익과 관계되는 단어이기 때문이다. 한 개인이나 자신이 소속된 특정 집단의 이익을 추구하는데 없어서 안 되는 것이 바로 '모략'이기 때문이다. 그런데 바로 이 두 개념 즉 법과 금령을 소홀히 하고 간소화하는 것과 모략에 힘쓰는 것이 연결되어 있다. 모략을 가능하게 하기 위해서는 법과 금령이 허술해야 한다는 전제조건이 있어야 한다. 법의 허술한 점을 활용하여야만 간계(奸計)를 도모할 수 있다. 이는 바꾸어 말하면 법이 확고히 서있고 법의 허점이 적을수록, 법의 적용범위가 조밀할수록 부정적 생각, 즉 모략과 술수의 가능성이 줄어든다는 이야기이다.

우리는 흔히 '법망을 피한다.' '법의 허점을 활용한다.'는 표현을 사용하곤 한다. 이는 법을 모르는 사람이나 법의 기준을 악용할 필요가 없는 사람이 아니라 오히려 법을 잘 알고, 권력의 중심부에서 법을 활용할 필요가 있는 사람들에게 해당하는 말이다. 돈과 권력을 가진 사람들이 '모려(謀慮)'를 하며, 이런 자들은 언제나 '법의 무용함'이나 '법의 복잡함' 을 주장한다. 이들의 목소리가 커질 경우 국가의 기반은 흔들리는 법이다.

또한 국내(내부)의 정치는 소홀히 하면서 외국(외부)과의 교제에 지나치게 의존하는 것은 나라가 망하는 길이라고 지적하고 있다. 내부의 문제를 외부의 힘이나 영향력으로 해결하려고 하는 사람들은 '외부' 세력들이 원조를 대가로 내부에서 무엇인가를 얻으려 한다는 것에 큰 의미를 두지 않는다. 대한민국 근현대사의 아픈 기억들, 특히 분단과 내전(內戰)의 아픈 상처들은 모두 내부의 문제를 외부의 힘으로 해결하려는 사람들의 이기심에 기원한다. 외부세력이 순수한(흔히 외부에 의존적인 사람들은 서방, 특히 미국이 자유민주주의와 인도주의적 가치로) 의도에서 원조와 지원을 했다고 주장을 하고 있지만 외부세력이 순수한 마음으로 누군가를 지원하는 예는 역사에서 그 유례를 찾기 힘들다.

종교적 목적이나 인간의 존엄성을 추구하는 순수한 단체들 조차 국가 간의 이해관계에 조종되거나 이용되는 사례가 무수히 많다. 시장과 자본이 더 크고 안정적인 투자처를 찾아 광분하고 있는 오늘날의 시기에는 더욱 그렇다. 서로의 필요에서 서로를 이용하는 것뿐이다. 여기에서 서로라는 것은 개인일 수도 있고, 특정 정치집단, 더 나아가 국가들일 수도 있다. 이들에게 순수한 의도를 기대할 수 있을까? 그럴 수 없다는 것이 역사의 교훈인데 사람들은 늘 이기심에 눈이 멀어 자신들만은 예외라고 주장한다. 역사는 즉각적인 확인을 유보하는 경우가 많지만 진실을 외면하는 경우는 거의 없다.

03
나라와 조직을 망치는 징조 2

● 　한비가 예로 들고 있는 나라가 망하는 징조는 시대와 공간을 넘어 오늘날 우리 사회에서도 그대로 적용된다. 예나 지금이나 인간의 성정은 크게 변함이 없기 때문이다. 결국 나라가 망하는 것도, 조직이 와해되는 것도 인간들의 작용에 그 근원이 있기 때문이다.

　한비는 신하들이 쓸모없는 학문을 닦고 귀족의 자제들은 공허한 변설만을 좋아하며, 상인들은 재화를 국외에 쌓아두고 서민들은 의뢰심이 강할 경우 나라는 멸망한다고 말한다.

　한비가 지적한 쓸모없는 학문은 유가(儒家)와 묵가(墨家)의 학설을 말한 것이다. 변화를 인정하고 그 변화에 맞는 법(法)을 세워야 한다는 법가들의 눈에 변화를 부정하고, 기득권을 옹호하며, 옛 사람들이 세워놓은 법을 시대의 변화를 외면한 채 무리하게 적용하는 이들의 학설은 용납할 수 없는 이단이었다. 법가는 현실주의 정치를 표방하며, 새로 부상하는 신진 세력들의 입장을 대변하는 이데올로기로 기존의 세력들에 저항하는 태도를 취했다. 따라서 한비 역시 유가나 묵가의 학설과 그 학설을 옹호하는 사람들이 나라를 멸망으로 인도하는 부류라고 규정했다. 물론 법가의 입장이다. 하지만 한비의 주장 속에서 우리는 어떤 시대에도 '쓸모없는 학문'이 있었다는 것을 생각해 볼 필요가 있다. 쓸모없는 학문이란 학문 자체가 쓸모없다는 것이 아니라, 그 배움과 배움의 태도, 그리고 그 배움을 통해 형성된 풍조가 허상들을 만들어 내는 경우가 있다는 것이다. 인간의 가치와 인성, 교양, 인품, 무엇보다 품위와 격(格)을 추구하는 인문학이 자신들의 고상함을 증명하는 장식으로 사용되고, 기능과 효율, 그리고 돈을 버는 능력, 자본의 절대적 신뢰를 가르치는 시장중심의 경제논리 등이 대표적인 예라 할 수 있다.

언제부터인가 국가도 개인도 성공한 인간을 우상화하기 시작했다. 개인의 능력을 인품과 고상한 인격으로 가늠하는 것이 아니라, 얼마나 돈을 잘 버는가로 평가하기 시작했다. 대학에서 가장 중시되어야 하는 '교양' 교육이 변질되기 시작했다. 인간의 본질적인 물음과 해답을 추구하는 역사와 철학, 문학은 서서히 사라지게 되고, 면접을 잘하는 법, 성공하는 인간관계, 심지어 상대에게 호감을 보이는 화장법과 같은 과목이 '교양'이라는 이름으로 학생들을 끌어 모으고 있다. 대형 강의실도 부족해서 동일한 강좌가 여러 개 개설되는 실정이다. 베르테르의 고민과 파우스트의 갈등은 대학 강좌에서 사라진 지 오래다. 『논어』의 가르침이나 『중용』의 교훈들 대신 인기있는 개그맨이나 연예인들이 대학의 교양 강좌를 메우고 있다. 물론 다양한 사회의 변화가 새로운 영역의 필요를 만드는 것도 사실이다. 인생을 즐겁게 사는 것이 인간의 본능일 수도 있다. 하지만 재미와 하고 싶은 것을 하고 사는 삶의 지향은 진지한 고민과 고통을 이겨내는 법을 빼앗아 간 것도 사실이다. 허황되고 쓸모없는 그저 웃어넘기는 가벼운 '학문'이 사람을 약하게 만드는 법이다. 허약한 사람들이 만들어 내는 조직이나 국가는 허약할 수밖에 없다는 것이 한비의 논리이다.

상인들은 자신이 벌어들인 재화를 국외에 쌓아두는 것이 나라를 망치는 원인이라고 지적하고 있다. 나라밖에 재화를 쌓아두는 이유는 간단하다. 법률로 정해진 세금이나 자신이 의무로 가지는 부담을 피하기 위함이다. 오늘날 기업들이 해외에 비밀구좌를 갖는 것이나, 페이퍼 컴퍼니를 통해서 자금을 불법적으로 활용하는 것과 동일한 원리이다. 정치권과 결탁하여 무리한 대출을 받고, 국내에서 큰 사업들을 벌여놓고 고전을 면치 못하는 사람들이 정부의 공적자금의 혜택을 누리면서 자식들이나 친인척을 통해 해외에 막대한 부동산을 소유하고 있는 사람들이 늘어난다. 국민들의 주머니를 털어 개인의 이익을 채우면서 이에 대한 의무를 감당하기 싫어 외부에 부를 숨기는 자들은 단순히 경제사범이라기 보다 나라를 망치는 매국노들이라는 것이다.

자신의 정당한 노력과 땀의 수고보다 더 많은 것을 기대하거나 요구하는 것을 '의존적'이라고 한다. 한비는 나라가 망하는 징조로 '서민들이 의뢰심이 강해진다'고 지적한다. 귀족이나 권력을 가진 사람들이 자신의 힘을 이용하여 노력 이상의 것을 취하는 것, 그리고 이를 숨기기 위해 모은 재산을 해외에 숨기는 것과 같은 비중으로 '서민들의 의뢰심'을 경고한다. 힘있는 사람들은 의뢰심을 가질 필요가 없다. 이들은 '결탁' 하고 '편법'을 사용하면 충분하기 때문이다. 하지만 서민들은 이용할 힘도 없고, 법망을 피해갈 여력도 없다. 그런데 이들이 '의뢰심'이나 타인에 대해 의존감을 갖는 이유는 기득권자들의 부정과 비리를 알기 때문이다. 사람들이 부자에 대해 반감을 갖고, 그들이 자신의 지위와 재물을 활용하여 눈먼 돈이나 공공의 소유를 절취한다는 사실을 알면서 손을 내밀기 시작했다. '너희들처럼 많이 훔치는 것이 아니니, 그 장물을 조금만 나누어 갖자'는 심리가 담겨있다. 힘으로 안 되니 '동정심을 불러 일으키며 의존적 행태를 보이는 것'이다. 권력자가 부를 숨기는 것이나 서민들이 자신의 정당한 수고 이상의 것을 기대하는 것은 한비의 눈에 동일한 '망조'로 보인다. 복지라는 이름으로, 서민이라는 이름으로 정부에 대해 무리한 요구를 하거나, 각자의 처지와 형편에서 법의 허점을 이용하여 이익을 챙기려는 풍조는 국가의 기반을 허무는 행위라고 한비는 지적한다.

군신위학, 문자호변, 상고외적, 소민우장자, 가망야
(群臣爲學, 門子好辯, 商賈外積, 小民右杖者, 可亡也)

신하들의 무리가 허망한 학문을 추구하고, 문벌가의 자제들이 변설을 좋아하며, 상인들이 그들의 부를 외부에 쌓아두고, 서민들이 의존하는 마음을 가질 경우 나라는 망할 것이다.

04

나라와 조직을 망치는 징조 3

●   군주가 궁전과 화려한 누각들, 정원과 연못을 좋아하고, 수레와 복장과 기물과 애완품에 열중하면 백성들은 피폐해진다. 또한 이러한 일들로 인해 나라의 재정이 고갈된다. 이렇게 되면 나라는 멸망하게 될 것이다. 한비는 자신의 조국인 한나라(韓)의 군주가 재정의 어려움을 겪는 와중에도 신하들과 더불어 화려한 잔치를 베풀고, 궁전을 화려하게 꾸미며, 각종 진귀한 보물을 취하기를 즐겨하는 행태를 지켜보며 한 숨을 내쉰다. 아첨하는 무리들은 나라의 창고가 어떤지, 백성들의 생활이 어떤 형편에 놓여 있는지 관심이 없다. 그들이 바라보는 곳은 오직 군주의 총애이기 때문이다. 일신의 영달을 위해 스스로 아래를 외면하고 위만을 바라보는 좀 벌레 들이다.

신하들 중 가장 경계해야 할 신하들은 '괜찮아'를 남발하는 자들이다. 한비의 지적이다. 연애를 하는 청춘남녀들 사이에 유행하는 말이 있다. 가장 경계해야 할 남자 친구는 바로 어떤 상황에서도 '괜찮아'를 남발하는 사람이라는 것이다. '괜찮아', '아무 걱정도 하지마'라는 말 속에는 상대를 기만하고, 눈과 귀를 막으려는 의도가 있다는 것이다. 판단력이 흐려진 망군(亡君)의 주위에는 '괜찮아'를 남발하는 신하들이 넘치기 마련이다. 나라를 잃고 나서 후회와 한탄 속에서 이들은 공통된 이야기를 한다. '자신도 나라의 형편이 이 정도까진 줄은 몰랐다'는 것이다.

화려한 치장은 자신의 결점과 허점을 포장하려는 심리적 판단이 있다. 실력과 내용이 넘치고, 명분과 행동에 당당한 사람들의 공통점은 치장을 별로 좋아하지 않는다는 것이다. 화려한 말주변이나 특이한 행동으로 주위를 끌어보려 애쓰는 학자들이 있다. 이들에게는 늘 획기적인 이벤트가 필요하다. 필요 이상의 몸짓이나 독특한 목소리로 사람들의 이목을 끌려고 애를 쓴다. 대체로 이런 사람들은 자신이 주장하는 내용이나 논리에 허점이 많다는 것을 알기 때문에 이를 보충하기 위한 다른 무엇이 필요한 법이다. 외양을 치장하는 것도 같은 원리이다. 명품으로 몸을 휘감고, 일반인들은 상상할 수 없는 값비싼 물건들을 뽐내는 사람치고 내실이 있는 사람은 드물다. 자신을 있는 그대로 드러내기 두려운 사람들이다. 한 조직이나 국가의 지도자들이 이런 모습을 보인다면 문제는 심각하다.

한나라 무제 때 공손홍이라는 신하가 있었다. 이 사람은 재상의 신분이었음에도 옷차림이 검소했고, 먹는 식사와 잠자리가 일반 서민들보다 낫지 않았다. 고기반찬을 올리지 못하게 했고, 옷도 자주 빨지 못하게 했다. 세탁을 자주하면 옷감이 빨리 상한다는 것이 이유였다. 당시 공손홍과 정적의 관계에 있던 급암이라는 신하가 임금 앞에서 무안을 준다.

공손홍은 한 나라의 재상인데, 재상의 품격을 지키지 않고, 무리하게 검소한 척하는 것은 위선이라는 것이다. 정도껏 해야지 재상이 냄새나고 남루한 옷차림으로 국정을 돌보고, 사신을 접대하는 것은 결례라는 말까지 덧붙인다. 임금이 급암의 주장을 들어보니 일리가 있어 공손홍을 부른다. 공손홍이 왕 앞에 나와 조용히 말한다. 그는 안영이라는 고대의 명재상을 예로 든다. 안영이라는 재상도 평생 비단옷을 입지 않았고, 반찬을 검소하게 했으며, 언제나 겸손한 태도로 낮은 곳을 바라보며 살았던 인물이라고 강조한다.

안영이나 자신이나 그렇게까지 하지 않아도 된다는 것을 잘 알고 있었고, 그저 먹는 반찬이나 옷차림을 검소하게 하는 것이 경제적으로 큰 이익을 얻는 것도 아니라고 말한다. 하지만 이런 행동을 취하는 것은 자신들이 바라보고 있는 곳이 임금의 총애나 임금으로부터 인정받아 얻을 수 있는 권력이 아니라, 낮은 곳에 있는 일반 백성들의 마음을 헤아리고, 그들의 평가와 눈을 의식하고 있다는 최소한의 표현이라고 말한다. 공손홍은 자신의 행위가 위선적 행위가 맞다고 말한다. 하지만 이런 행위로 인해 자신이 항상 경계하고 바라보아야 할 곳이 백성이라는 것을 잊지 않는 '위선'이라고 말한다. 임금이 공손홍을 존경하고 그를 인정할 수밖에 없었다. 사마천은 안영이나 공손홍이 군주의 잘못이나 그릇된 판단에 대해서는 단호한 입장을 취했다고 설명하고 있다. 낮은 곳을 바라보며 사는 충신들의 대표적인 자세이다.

오늘날 많은 나라의 국가 지도자들과 그들의 생활이 언론을 통해 자주 등장한다. 모델인지 배우인지 모를 정도로 화려한 의상을 매일 바꾸

어 가며 '패션쇼'를 하는 지도자들이 있는가 하면, 훨씬 부유한 나라의
지도자임에도 불구하고, 늘 작업복과 같은 복장으로 사람들 앞에 나서
는 지도자도 있다. 오래 입어 좀 작아 보이는 옷을 입고, 구김이 가서 바
짓단이 올라온 복장을 입은 지도자도 있고, 머리끝에서 발끝까지 광채
를 보이며 우아한 자태를 보이는 지도자들도 있다. 필리핀의 독재자 마
르크스의 부인 이멜다 여사의 신발장이 공개되었을 때, 비록 외국의 일
이고, 사리판단이 분명하지 않은 어릴 때의 일이었지만 공분(公憤)을 가
졌던 기억이 있다. 전 세계의 악명 높은 독재자들이 자신의 나라나 개인
의 지위를 모두 빼앗긴 후 공개된 그들의 생활상은 말 그대로 상상을 초
월한다.

중국의 화려한 관광지로 여행객들의 인기를 얻고 있는 각종 시설들이
언제 어떤 배경에서 만들어졌는지 생각해 볼 필요가 있다. 역사학자들
이 '왕조말기적 현상'이라고 규정한 시기의 특징을 보이는 때이다. 국가
의 재정을 빼돌려 자신의 별장을 조성한 서태후, 자신의 집을 꾸미기 위
해 전국의 기암괴석을 모아 화려한 정원을 꾸몄던 관리들, 한 개인의 재
산이 국가의 몇 년치 예산이나 되는 사례들이 모두 나라가 망하기 직전
에 발생한 일이다. 2천 년 전의 한비의 교훈이 버젓이 있음에도 말이다.

이 글을 쓰고 있는 시기에 교황이 한국을 방문했다. 성프란치스코 교
황이 종파와 인종과 이념을 넘어서 많은 사람들의 존경을 받는 이유가
무엇일까. 그가 한국 방문을 앞두고 한국정부에게 요구한 내용이 이를
잘 설명한다. 소형차를 탈 것이고, 높은 제단을 설치하지 말 것, 화려한
행사를 절대로 하지 않을 것, 환영식 행사부터 숙소와 식사 모든 것이 낮

은 곳을 지향하는 삶의 자세를 가진 사람이 아니고서는 할 수 없는 자세이다. 아픔과 상처를 입은 사람들, 미래를 준비하는 불안하고 변화가 많은 젊은이들, 장애인들, 억울하고, 비참한 처지에 놓인 자들을 교황이 만나기 원하고, 또 만난 사람들이다. 비난을 일삼는 사람들은 '위선적' 행위이다, 혹은 '정치적 쇼'라고 말하기도 한다. 어쩌면 교황은 이들에 대해 이렇게 말할 것 같다는 생각을 해보았다.

"그래 맞소, 나는 위선적 행동을 하고 있고, 굳이하지 말아야 할 과장된 행동도 하고 있소, 하지만 나의 위선은 낮은 자, 소외받고, 상처받은 자들을 의식하지 않을 수 없다는 마음을 표현하는 위선이오."

제발 위선적 행동이라도 수십 년된 점퍼나 10년이 넘은 신발을 신고 당당하게 국민들 앞에 서는 정치가들을 한 번 구경이라도 해봤으면 좋겠다.

호궁실대사피지, 사차복기완호, 파로백성, 전미화재자, 가망야
(好宮室臺榭陂池, 事車服器玩好, 罷露百姓, 煎靡貨財者, 可亡也)

궁실과 높은 누각 정자, 화려한 정원과 연못을 좋아하고, 수레와 의복, 진기한 기물과 애완품을 탐하면, 백성들은 피폐해지고, 국가의 재산은 모두 고갈될 것이다. 이렇게 되면 나라는 망하게 될 것이다.

05
나라와 조직이 망하는 징조 4

● 　나라가 망하는 징조의 하나로 한비는 나라가 길흉을 가려서 사계절과 날짜를 따지고, 귀신을 받들며, 점괘를 통해 운명을 점치고 제사지내기를 즐겨하는 행위를 지적하고 있다. 나라의 형편이 어려워지고, 살림살이가 빈궁해지면 민심이 동요된다. 무엇인가 분명한 것이 없고, 원인과 이유가 예상하는 결과를 만들어 내지 못한다. 예측할 수 없는 삶을 사는 것처럼 불안하고 걱정스러운 일은 없다. 열심히 노력해도 그 노력의 결과를 정당하게 얻을 수 없다면 사람들은 당황한다.

1990년대 말 세계적인 금융 위기가 동남아시아를 시작으로 확산되어 결국 외자의 의존도가 높았던 우리나라도 구제 금융을 받아야 하는 파산의 위기를 맞게 되었다. 수많은 기업들이 도산을 하고, 안정된 일자리라고 여겼던 직장에서 내몰리기 시작했다. 도심의 지하철역에 노숙자들이 하루가 다르게 증가하고, 스스로 비관하여 목숨을 끊는 사람들이 급증했다. 부분적인 예측과 그에 대한 우려가 없었던 것은 아니지만 이렇게 나라의 경제가 판잣집이 무너지듯 순식간에 재앙을 만날 것이라고 예측하지 못했다. 그런데 놀랍게도 경제위기 시대에 호황을 누리는 집단들이 있었다. 교회와 사찰은 그 어느 때보다 남는 장사를 했다. 신문 지상에 고가의 광고비를 들여서 소개하는 점집들과 무당들의 연락처가 넘쳐났다. 불안하고 좌절에 빠진 사람들의 심리를 이용해서 더욱 위기를 부추기며 그들의 주머니에 남은 푼돈까지도 갈취하는 종교인들과 귀신을 팔아 먹고사는 사기꾼들이 환호성을 지르기에 충분했다.

사람들이 초월을 의지하는 것은 그동안 자신이 학습하고 경험한 내용을 토대로 취한 처방이 소용이 없음을 알게 되었을 경우이다. 자신의 힘과 노력에 비해 더 큰 것을 바라는 이기심과 욕심이 생겼을 때도 초월에 의지한다. 입시철이 되면 각 종교단체들은 '특별기도회'를 열고 치성을 강조한다. 진학을 준비하며 몇 년 동안 고생한 자녀들이 혹시 모를 환경의 변화로 준비한 것을 망칠지 모른다는 자식에 대한 부모의 심정이 절대자에게 '정성'을 보이는 것으로 나타난다. 시험당일에 시험장 주변에 엿을 붙이고, 아예 자리를 깔고 끊임없이 절을 하는 모습도 두 손을 모으고 눈을 감은 채 추위에 떨면서 기도를 하는 부모들의 모습을 보는 것도 어렵지 않다.

국가의 큰 재난이 연이어 발생하면, 종교인들이 동원된다. 무슨 조찬기도회니, 구국기도회니 하는 거창한 이름으로 도심한복판의 광장에서 종교행사를 벌인다. 유난히 재난이 많았던 김영삼 정부 시절에는 기독교인인 대통령이 청와대의 불상을 치워버렸기 때문이라는 처방이 나오기도 했다. 노태우 정부 때에는 불교신자인 그에게 모든 국민이 불상을 가져야 한다는 말을 듣고, 10원짜리 동전의 다보탑 앞에 불상 문양을 넣었다고도 한다. 이것이 사실인지는 확인할 바 없지만 이런 이야기가 사람들의 입을 통해 전해진다. 식민지 시대에 일본인들이 수도의 기운을 꺾기 위해 조선총독부 건물을 지었고, 광화문의 각도를 남산위의 신사에 맞추어 틀었으며, 시내 곳곳에 정기를 헤치는 건물을 지었다고 풍수가들이 난리를 떨었다.

막대한 예산을 들여 건물들이 철거되고, 정기를 회복하기 위한 조치들이 잇따라 추진되었다. 그러나 이후에도 오늘날까지 대형 사고는 끊이지 않고, 심지어 전에 없이 한반도를 관통하는 초대형급 태풍들을 연달아 만나기도 했다. 경제는 회복되지 않고 있으며, 인재로 밝혀진 재난들이 끊이지 않는다. 해마다 수만 명의 사람들이 생활고로 희망을 잃은 좌절감으로 스스로 목숨을 끊고 있으며, 전에 없던 가혹하고 악랄한 범죄들이 끊이지 않는다.

역사가들이나 인류학자들의 연구에 의하면 나라가 망할 때가 되면 정치나 군사, 경제 위기와 같은 국가운영의 위기에 자연 재해나 예측할 수 없는 재앙이 회복을 방해한다고 말한다. 나라나 조직이 와해되기 이전에 불가항력의 재난들이 급증한다는 것이다. 그러나 많은 학자들이 공감하는 연구의 결과는 이러한 자연 재해 조차 이미 이완된 행정력으로 치수와 방재를 위한 노력을 하지 않았기 때문이라는 것이다. 관직을 사고 파는 일이 횡행하고, 정당한 방법으로 관리를 선발하는 것은 기대하기 어렵다. 권력과 재물을 가진 사람들이 온갖 편법과 파당을 이용하여 부와 권력을 대물림한다. 이들이 지방의 요지에 관리가 되어 치수와 재난을 위한 예산을 알맞게 사용할 리 없다. 백성들의 생존을 위한 절규와 한숨 소리가 높아지고, 기득권자들의 잔치와 연회에 동원되는 광대들의 노랫소리도 높아진다. 예견된 재앙과 책임을 다하지 못해 발생하는 사건 사고의 원인은 명확한데, 이들은 하늘을 원망한다. 하늘에 대한 정성이 부족하기 때문이라며 백성들의 가는 허리를 더 졸라매게 하고, 말라비틀어진 몸의 고혈을 짜낸다.

순진하고 우매한 백성들이 절망 속에서 붙잡을 수 있는 끈이 초월에 의존하는 것 밖에 없다. 백성들에게 글과 정보를 빼앗은 지배층들, 그리고 이들에 기생하는 무당과 종교인들은 절대자의 힘을 빌려 백성들을 위협하면서 자신들의 배를 채운다. 나라가 건강해질 수 없다. 더욱 안타까운 일들은 미래를 준비하고, 역경에 도전하는 패기를 키워나가야 할 청년들이 초월에 의지하여 자신의 인생을 요행에 맡기고 있다는 사실이다. 대학가에 늘어가는 사주카페나, 길거리까지 쏟아져 나온 점쟁이들이 그 증거이다. 별점이니, 타로점이니 하는 온갖 종류의 점복들이 저마다 높은 적중률을 내세우며 젊은이들의 발길을 잡는다. 불안감을 해소하려는 마음과 요행을 바라는 기대가 이들의 성업을 조장하고 있다.

'지극한 정성은 하늘을 감동시킨다(至誠感天)'는 말에 등장하는 '성(誠)'에는 지극한 정성, 참다운 마음, 절제와 삼가는 마음이라는 의미가 담겨있다. 요행이나 자신이 심지 않은 곳에서 열매를 기다리는 거짓된 마음이 없어야 한다는 말이다. 자신이 책임질 일을 하지 않고 물 한잔 떠 놓고 내용도 알 수 없는 주문을 외우는 것을 '정성'이라고 오해한다. 성실하게 자신의 의무와 책임을 다하는 것이야말로 하늘을 감동시키는 최선의 방법이다. 수입도 없는 사람들에게 무분별하게 신용카드를 발급하고, 동시에 나라가 나서서 '복권'을 판매하고, 경마와 경륜을 마치 건전한 경제행위인 양 떠벌리는 것은 한비의 관점에서는 나라를 망치는 징조이다.

교회와 사찰이 풍요로워지고, 화려한 건물들을 올리기 시작하면 나라는 망하는 길로 접어들었다는 것을 역사의 수많은 기록들이 전하고 있다. 성직자들이 특권층 행사를 하는 시대도 그러했고, 무당들의 배에 기름이 끼면 외적이 쳐들어온다는 옛 어른들의 의미심장한 조언도 있다. 한국을 방문한 교황이 장애인 시설을 방문한 자리에서 '청빈을 실천해야 할 성직자들이 부자로 사는 위선이 낮은 자들을 외면하고, 순수한 그리스도의 정신을 훼손하는 가장 큰 장애물이다'며 부유한 종교인들과 그들의 위선을 질타했다. 사회가 혼란해지고 불안해지면 스스로가 자신들의 책임을 다하는지 더 근신하여 살펴보고, 법이 제대로 운용되고 있는지, 사회적 약자들이 법이 정한 정의에 의해 보호받고 있는지 살피고 고쳐야 한다.

머리에 띠를 두르고 광장에서 얼굴을 찡그리며 고통을 자신이 모두 공감하는 듯한 사기극을 그만두어야 한다. 권력과 재물의 비호를 받으며 불안을 빌미로 순진한 사람들을 초월에 의존하게 하는 어떠한 행위도 그들이 이용해서 장사하고 있는 절대자들의 가르침과는 분명 거리가 있다.

무당과 종교장사꾼들이 고개를 쳐들고 활보한다면 나라가 망할지 모른다는 생각을 해야 한다.

용시일, 사귀신, 신복서, 이호제사자, 가망야
(用時日, 事鬼神, 信卜筮, 而好祭祀者, 可亡也)

초월에 의존하여 때와 시를 점치고, 귀신을 섬기며, 점괘만을 믿고
의지하고, 제사 지내기를 좋아한다면 나라는 망할 것이다.

06
불 같은 위엄 물 같은 만만함

●　　요즘처럼 부모로서의 권위나 선생으로서의 위엄을 내세우기 어려운때가 없다. 스마트폰 때문인지, 인터넷을 탓해야 하는 처량한 신세가 된지 오래다. 며칠 전 한 선생님께 들은 이야기이다. 선생님들끼리 모여 제자들의 무례함을 성토하는 자리가 있었다고 한다. 강의실에서의 무례함은 말할 것도 없고, 개인적인 약속까지도 너무 가볍게 여기는 학생들의 사례를 들며 세상이 변한 것에 대해 자괴감을 토로하는 자리였다. 씁쓸한 심정으로 이런저런 생각을 해본다. 집에 돌아오는 길에서도 책상 앞에 앉아서도 실추된 아버지로서, 미래를 준비하는 젊은이들을 가르치는 선생으로서, 세상을 향해 정당함과 성실함의 본을 보여야 하는 기성세대로서 권위에 대한 처량함이 몰려온다.

　　『한비자』의 내저설에 실마리를 풀 수 있는 이야기가 소개되고 있다. 정나라(鄭)의 재상이었던 자산(子産)의 이야기이다. 자산은 사마천의 『사기열전」 중 '순리열전'에도 소개된 인물이다. 스스로 법을 준수하고 성실하게 임무를 수행한 관리를 '순리'라고 한다. 자기 관리에 철저했던 인물이며, 최초로 성문법을 만든 사람이기도 하다. 그가 재상으로 재직하는 동안 정나라는 소인배들의 경박한 놀이가 사라지고, 늙은이들이 무거운 짐을 나르는 경우도, 어린아이들이 밭을 갈아 생계를 책임져야 하는 일도 사라졌다고 한다. 그가 재상이 된지 삼 년이 되자 백성들은 문을 잠그지 않고 잠을 잤고, 길바닥에 물건이 떨어져 있어도 자기 것이 아니면 주어가는 사람이 없었다고 한다. 솔선해서 법을 지키고, 성실함을 보이자 나라는 안정되었고, 발전했으며, 주변의 나라가 감히 넘볼 수 없는 건강한 나라가 되었다고 한다. 이처럼 훌륭한 지도자가 병이 들어 세상을 하직할 때에 이르자 자신의 후계자로 내정된 유길(游吉)을 불러 조언을 한다. 그의 삶의 철학과 지도자로서의 자세에 대한 핵심을 전수한다.

"내가 죽게 되면 자네가 나의 뒤를 이어 나라를 다스리게 될 것이네. 그렇게 되면 반드시 엄한 자세로 사람을 대해야 하네. 대체로 불은 그 형체와 기세가 사나워 사람들이 불에 희생이 되는 경우는 적지만, 물은 형체가 만만하게 보이기 때문에 사람들이 쉽게 여김으로 많이 빠져 죽기 마련이네. 지도자는 절대로 권위를 잃고 만만하게 보이면 사람들은 그만큼 많이 희생을 당할 것일세."

죽음에 임박하여 나라를 생각하는 충심으로 조언을 했건만 유길은 그의 말을 귀담아 듣지 않았다. 오래 지나지 않아 정나라의 젊은이들이 패거리를 지어 도적질을 하기 시작했고, 늪지대를 근거지로 삼아 나라의 법을 어지럽히는 행동을 일삼기 시작했다. 유길은 자산의 충고를 떠올리며 후회를 했다. 전차와 기병을 이끌고 간신히 이들을 제압할 수 있었지만 자산의 가르침을 가벼이 여긴 자신이 부끄럽기 그지없었다. 그는 한숨을 쉬며 말했다.

"내가 일찍부터 그 어른의 가르침을 행하였다면 이 지경에 이르지 않았을 것이다."

비록 혼란을 막았지만 그의 앞에는 많은 젊은이들의 희생이 있었기 때문이다.

자식을 낳아 기르거나, 선생이 되어 제자들을 키워내는 자들의 특권은 그 과정에서 삶이 깊어진다는 것이다. 자식이든 제자들이든 미숙한 상황에 있는 이들을 성숙하게 만드는 일은 해보지 않은 사람들은 상상할 수 없는 일이기 때문에 스스로가 깊어지는 법이다. 조금만 틈을 보이거나 권위를 내려놓으면 아이들은 작당을 하고 늪지대에 모이는 법이다. 간혹 이런 말들을 하는 사람들이 있다.

"아이들을 무조건 윽박지르면 되나요? 얼마든지 사랑으로 잔잔한 미소와 여유로 양육해야죠!"

아이를 한두 명 낳아 애정으로 키워 온 부모들이나, 럭비공같이 어디로 튈지 모르는 제자들을 보듬고 있는 사람들이 들으면 그저 웃을 뿐이다. 아이들은 여유를 부리면 그 대상이 부모이건 선생이건 '물로 보는데' 천재들이다. 그래서 훌륭한 부모나 선생들은 얼굴에 깊은 주름이 생기고 하도 인상을 써서 눈꼬리가 이마 위쪽까지 올라가 붙어있는 법이다. 어른들에게서 배운 지혜 중의 하나는, 아이들을 통제할 필요가 있을 때에는 아무리 기쁜 일이 있어도 인상을 쓰고 있어야 한다는 것이다. 당연히 잔잔한 미소를 짓는 것보다 인상을 쓰고 있는 것이 어렵고 불편하다. 애정이 없으면 할 수 없는 것이 불의 모습이다.

최근 며칠간의 권위가 인정받지 못하는 현실을 생각하면서 나이 들고, 체력에 비해 일이 버거워 인간관계를 함에 있어 너무 물처럼 굴지 않았나 하는 반성을 했다. 좋은 것이 좋은 것이지, 뭘 그리 따질 필요가 있는가 생각하며 '적당히' 살아온 것, 물처럼 만만한 대상으로 보였던 것이 아닌가 하는 자책이다. 『한비자』가 소개하는 훌륭한 지도자 자산의 교훈이다.

부화형엄 고인선작, 수형나, 고인다익, 자필엄자지형, 무령익자지나
夫火形嚴 故人鮮灼, 水形懦, 故人多溺, 子必嚴子之形, 無令溺子之懦

대저 불의 형체는 엄하게 보이므로 사람들이 타오르는 불에 겁을 내고, 물의 형체는 유약하여 많은 사람들이 물에 빠지게 된다. 그러므로 반드시 엄한 태도를 취하고 만만하게 보이지 말아 빠져 죽는 사람이 없도록 해야 할 것이다.

07
수치를 씻음에 대한 한비의 고민

● 　법가를 종합했다고 알려져 있는 한비의 『한비자』에 난1, 난2라는 권이 있다. 여기서 말하는 '난'이란 '비판, 비난, 논쟁'의 의미이다. 다시 말하면 과거 제왕들의 행위와 기록에 대해서 다시 '시비'를 따져보자는 것이다.

　'난2'에 나오는 논쟁거리를 하나 소개해 본다.
제나라의 군주였던 '환공'이 어느 날 술을 너무 많이 마셔 그만 자신의 '관'을 잃어버렸다. 당시 예법에 따르면 군주의 관이란 '군주의 또 다른 상징'이므로 늘 소중히 다루어야 할 물건이었다.

　중요한 국가적 행사에 군주가 어떤 이유로든 친히 참여하지 못하는 경우에 그가 쓰고 있는 관을 대신 참여시키는 경우도 있었는데, 단 위에 올려진 군주의 '관'은 바로 '군주와 동격'의 의미를 지닌다.

그런데 이를 술에 취해 소홀히 다루었으니 이는 군주에게 매우 수치 스럽고 부끄러운 일이었다. 그래서 환공은 사흘이나 조정에 나가지 않고 칩거했다. 이를 본 관중이 말했다.

"관을 잃어버린 것은 나라를 가진 자의 수치가 아닙니다. 임금께서 는 어찌하여 정사를 잘 살피시어 그것을 씻지 않으십니까."

이에 환공은 쌀 창고를 열어 가난한 자에게 쌀을 나누어주고, 감옥을 살펴(감옥에 갇힌 죄인들의 죄상을 다시 조사하여) 그 죄가 가벼운 죄인들을 석방시켰다.

며칠이 지나자 세간에 백성들이 노래하여 말하기를

"어찌 우리 임금님은 다시 관을 잃어버리지 않는 것일까?"하였다고 한다.

이에 대해 한비는 다음과 같이 옳고 그름을 따진다.

"관중은 소인들에 대해서 환공의 수치를 씻었다고 할 수 있으나 군 자에 대해서는 환공의 수치를 더 만들었다고 할 수 있다."

"만일 환공이 쌀 창고를 열어 가난한 자들에게 선심을 베풀고, 감옥 을 살펴 죄가 가벼운 자를 풀어준 일이 옳은 일이 아니라면 수치를 씻을 수 없었을 것이다. 하지만 그것이 진정 옳은 일이라고 하더라도 환공은 군주로서 마땅히 해야 할 의를 행하지 않고 있다가 정작 자신이 관을 잃 어버려 군주로 수치를 당하자 그를 해소하기 위해 (어쩔 수 없이) 행한 것 이 된다. 그렇다면 환공이 의를 행한 것은 관을 잃어버렸기 때문이 아닌가?"

"이는 비록 소인에 대하여 관을 잃어버린 수치를 면했다 하더라도 군자의 관점에서는 마땅히 행하여야 할 의를 수행하지 않고 지연시킨 수치를 만든 것이 된다."

군주는 마땅히 늘 백성의 형편을 살펴 자선을 베풀고, 억울한 죄인을 살펴야 함에도 평소엔 그렇지 않다가 자신의 실수를 덮기 위한 방편으로 삼는다면, 오히려 수치를 씻을 수 없는 것임을 지적하고 있다.

이에 더하여 다음과 같이 말한다.
"도대체 쌀 창고를 열어 가난한 자에게 베푼다는 것은 바로 공이 없는 자에게 상을 주는 일이며, 감옥을 살펴 경미한 죄를 지은 자를 풀어준다는 것은 잘못한 자를 처벌하지 않는 일이다. 공이 없는 자에게 상을 준다면 민은 일하지 않을 것이고, 위로 요행만 바랄 것이며, 잘못한 자를 처벌하지 않는다면 민은 혼나지 않고 쉽게 잘못을 할 것이다."

이것이 혼란의 근원이다.

한비는 환공과 관중의 조치에 대해
"이런 행위를 하고 어찌 수치를 씻었다고 할 수 있겠는가"라고 비판한다.

한비를 읽으면서 자비를 베푼다든가, 용서를 하는 측면에서 너무 경직된 잣대를 대고 있다는 생각을 늘 해왔다. 대체적으로 구제를 한다거나 자비를 베푸는 것은 상대방의 처지와 형편이 유일한 근거가 되어야 한다는 생각을 갖고 있기에 한비가 말하는 '인정이 고려되지 않는' 판단은 다소 거북하다.

그러나 한비의 이 논쟁은 구제나 자비의 내용을 시빗거리로 삼고 있는 것이 아니다. 마땅히 선의를 베풀고 억울함을 풀어주는 것이 권력을 가진 사람들, 책임을 가진 사람들의 소임이지만 그 행위의 동기가 순수하지 않다면 그것은 비록 자비와 용서를 행한다고 해도 수치스러운 일이라는 지적이다. 다시 말하면 구제와 용서가 자신에게 난처하거나 불리한 문제를 해소하는데 남발된다면 그것은 옳지 않다는 지적이다.

성경에 '예배를 드리러 갈 때, 만약 형제와 다툼이 있었다면 먼저 그 형제와의 문제를 해결하고 예배를 드리라'는 말씀이 있다.

교회에서 봉사나 예배와 같은 종교적 행위가 문제의 해결보다는 나 자신의 입장에서 위로나 보상을 받기 위한 '수단'이 된다면, 그 예배나 봉사가 큰 의미가 없다는 것으로 해석된다.

스스로 경제적인 문제를 해결할 수 없었던 고아나 과부를 돌아보는 것, 그리고 불합리한 판단에 의해 억울함을 당하는 사람 편에 서는 것은 마땅히 해야 할 일이지만, 이 역시 그것이 나의 수치와 잘못을 대체하기 위한 방법으로 사용된다거나 어떤 보상이 동기가 된다면 그것은 분명 한비의 지적대로, 공이 없는 자를 상주고, 마땅히 벌 받을 자를 풀어주는 '남발'이 될 수 있다는 교훈이다.

무자비한 '법'을 판단의 근거로 통치의 효율성만을 강조한 냉혹한 사람으로 인식되어온 한비의 또 다른 모습을 만나게 된다.

자신의 권력기반을 공고히 하고, 자신의 세력을 확장시키며, 자신의 행동에 대한 정당화를 위해 사면과 복권이 무분별하게 남발되었던 시대가 있었다. 이로 인해 얼마나 많은 사람들이 법과 원칙을 무시하고, 권력에 기생하면서 자신들의 이익을 위해 광분하고, 사회를 혼란하게 만들었는지 지난 역사를 돌아본다.

한비는 이미 오래전에 이러한 '혼란의 근본'을 생각하고 있었던 것 같다.

특권을 이용하여 탈법과 불법을 자행하며, 자신의 사리를 취하는 정의와 도덕에 감각을 잃은 자들은 말할 것도 없지만 그렇지 않은 것처럼 가장하며, 자신들의 수치를 씻기에 급급한 사람들 역시 방불한 자들이라는 생각을 해보았다. 그리고 스스로 이런 수치에서 자유로운가 반성해본다.

08
사람을 평가한다는 것

●   일과 관련된 것이라고 생각하며 나누었던 많은 이야기들을 나중에 곰곰이 생각해 보면 대부분이 함께 일하는 다른 사람들에 대한 평가들이다. 누구는 이렇고, 누구는 저렇고 결국 일이 잘 풀리는 것과 그렇지 않은 것이 결국 함께 하는 사람들의 문제라는 것을 알게 된다.

문제는 이런 다른 사람들에 대한 평가에 대화를 나눈 당사자들은 자유로웠다는 것이다. 언젠가는 누군가에 의해 결국 우리도 평가를 받게 될 것이다. 이런 생각을 하면 사람을 평가함에 좀더 절제되고 신중 해야 겠다는 생각을 하게 된다.

생활을 하면서 각 현장에서 만나는 많은 사람들을 객관적으로 정확히 판단할 수 있으면 얼마나 좋을까 하는 생각을 해본다. 특히 사람 때문에 어려움을 겪게 될 때에는 '왜 이 나이가 되도록 사람을 제대로 보지 못하는가' 자책을 하기도 한다.

『한비자』에 사람의 평가에 대한 이야기가 나온다. '육반(六反)' 편에 나오는 글을 소개해본다. 육반은 '6가지 반대의 상황'이라는 말인데, 사람의 평가에도 이처럼 상반되는 분석이 가능하다는 내용이다.

죽음이 두려워 위험과 곤란을 멀리 피하려는 성향을 가진 사람은 쉽게 항복하거나 위기에 도망을 칠 사람이다. 그러나 세상은 그를 높이 평가하기를 '생명을 소중히 여기는' 사람이라고 말한다.

도를 배우고 특정 사상이나 주의를 주장하는 사람은 (도를 배운다는 말에서 '도' 란 '법' 에 대응되는 개념으로 유가나 묵가에서 말하는 융통성이나 상황논리를 말한다. 특정 사상이나 주의를 주장함은 처세술을 앞세운다는 의미이다) 법을 쉽게 어길 수 있고, 소홀하게 하는 사람이다. 그러나 세상은 그를 높여 학문이 높다고 평가한다.

놀면서 잘 먹고 여유롭게 사는 것은 식량을 탐하는 사람이다. 하지만 세상은 그를 유능하다고 칭송한다.

간사하게 말하고 자신의 지식을 장황하게 드러내는 사람은 거짓되고 속이는 사람이다. 하지만 세상은 그를 높이 평가하여 말을 잘하고 재기가 있는 사람이라 평한다.

칼을 휘둘러 사람을 상하게 하고 죽이는 것은 난폭한 사람이다. 그러나 세상은 그를 높여 용맹스럽고 대담한 사람이라고 평가한다.

적을 살려주고, 악한 자를 숨겨주는 것은 죽을죄에 해당하는 사람이다. 그러나 세상은 그를 높여 의리(임협)를 소중히 여기는 사람이라고 칭찬한다.

이러한 여섯 종류의 사람들은 세상이 칭송하는 자들이다. 반면에 위험을 당하였을 때 정성을 다 바쳐서 그 문제를 해결하려고 뛰어드는 사람은 의를 지키기 위해 목숨을 아깝게 여기지 않는 사람이다. 그러나 세상은 그를 헐뜯어 판단력이 떨어진 사람이라 말한다.

자신의 주장을 절제할 수 있고, 법이나 명령을 잘 따르는 사람은 법을 온전하게 지키는 사람이다. 그러나 세상은 그를 폄하하여 멋없고 고루한 자라고 말한다.

농사일에 힘써(생업에 힘써) 먹고 사는 것은 이익을 산출하는 사람이다. 그러나 세상은 그를 헐뜯어 능력이 모자라는 사람이라고 말한다.

선량하고 온후하며 순수한 것은 성실한 사람이다. 그러나 세상은 그를 조롱하여 우둔한 사람이라고 말한다.

명령을 소중히 여기고 자신에게 부여된 일을 겸허하게 받드는 사람은 윗사람을 존경하는 사람이다. 그러나 세상은 그에게 손가락질하기를 겁이 많고 소신이 없는 사람이라 말한다.
적을 가려내고, 간악함에 맞서는 사람은 자신의 상관을 이롭게 하는 사람이다. 하지만 세상은 그를 헐뜯어 아첨하는 자라고 말한다.

이 여섯 종류의 사람은 세상이 조롱하고 손가락질 하고 헐뜯는 사람들이다.

한비는 정작 높임을 받아야 할 사람이 폄하되고, 배척되고 있으며, 반면에 가까이 하면 해가 되니, 멀리해야 할 사람들이 칭송을 받는 상대적인 현상에 대해서 말하고 있다.

이 글을 읽으면서 결국 다른 사람을 정당하거나 그렇지 못하게 평가하는 것은 우리가 평가하는 사람에 대한 문제라기보다 일차적으로 내 자신에 대한 평가가 선행되어야 한다는 것을 깨닫게 되었다. 내가 어떤 생각을 가지고 있느냐에 따라 타인에 대한 판단이 전혀 다른 결과를 가져올 수 있기 때문이다.

우리가 공동으로 어떤 일들을 계획하고 추진할 때 그 일이 성공적이면 나의 판단이 옳았다고 하고, 그 반대의 결과를 얻을 때면, 함께한 다른 사람들의 판단이 잘못되었다고 말하는 본능을 가지고 있다.

'법' 이라고 하는 사회적 약속에 의해 고정된 원칙을 갖는다는 것이 결국 이러한 개개인의 본능적인 이기심과 자기중심적 사고 때문에 어쩔 수 없이 존재해야 한다는 '인간관계' 에 대한 한비의 논리를 생각하며 전체와 타인의 입장에서 한 번 더 '타인을 평가' 하면 어떤 결과가 나올까 생각해보았다.

함께 일할 사람들을 선택하고, 함께 일을 하면서 무수하게 내려지는 서로에 대한 평가가 결국 나의 마음이 이미 결정하고 그 사람을 평가하

는 것이 아닌지 아니면 어떤 정당한 기준과 근거를 가지고 평가하는 것
인지.

한비의 지혜를 빌어 타인을 바라보는 눈을 나에게 돌리는 훈련과 연
습을 해야겠다.

09
우리가 섬겨야 할 대상

● 　전국시대에 업성(鄴城)을 다스리던 서문표(西門豹)라는 사람이 있었
다. 그는 늘 청렴결백하며, 근면성실하여 털끝만치도 사리를 취하지 않
았으나 군주의 측근들에 대해서는 대단히 소홀하게 대하였다. 그래서
임금의 측근들은 함께 뭉쳐 그를 미워하였다. 한 해를 마무리하는 시기
가 되어 연말 보고를 올리는 데 군주는 그의 관인을 거두어 들였다. 그러
자 서문표는 임금에게 청원을 올리며 말했다.

　"제가 이전에는 업나라 땅을 다스리는 방법을 알지 못하였다가 이
　제야 그것을 터득하였습니다. 원컨대 관인을 다시 주시면 한 번 더
　업이라는 지역의 땅을 다스리고 싶습니다. 만약 그때에도 임금께
　서 마음에 차지 않으신다면 저를 참형에 처해주십시오."

　위나라 문후가 그의 간절한 청을 거절하지 못하고 다시 관인을 내주
었다.

서문표는 백성들로부터 가혹하게 거두어들이고, 축적한 재산으로 부지런히 임금의 측근들을 섬겼다. 다시 한 해가 지나 연말 보고를 올리게 되었을 때는 문후가 직접 나와 허리를 굽혔다고 한다.

서문표가 이에 대해 말하기를
"지난해에 제가 군주를 위해 업 땅을 다스렸는데 군주께서 저의 관인을 빼앗았습니다. 지금은 제가 임금님의 측근을 위하여 업 땅을 다스렸는데, 군주께서 저에게 허리를 굽히십니다. (만약 이런 형편이라면) 제가 더 이상 업 땅을 다스릴 수 없습니다."

서문표는 마침내 관인을 반납하고 떠나가려 하였다. 그러자 문후가 관인을 거두지 않고, 말하기를 "내가 저번에는 자네를 알지 못하였으나 지금은 잘 안다. 자네가 힘써 나를 위해 다스려 주기를 바란다"고 하며 끝내 관인을 거두지 않았다.

이 말은 『한비자』의 '외저설좌하'에 나오는 말이다. '저설'이란 군주에게 간하기 위해 모아 놓은 글을 말한다.

오늘 문득 교회를 다녀오면서 이 시대에 기독교 신자로 사는 것에 생각해 보았다. 요즘 교회를 다닌다거나, 좀 더 정확히 말해 신자로 사는 것이 별로 신나지가 않는다. 교회가 사회에 대해 좋은 영향보다는 조롱거리가 되고 있는 모습도 기운이 빠진다. 어떤 특정교회나 특정 성직자들을 말하기보다 신자된 자 한 사람 한 사람이 과연 무엇을 위해 신앙생활을 하는가를 점검해봐야 한다는 설교가 머리에 맴돈다.

누구를 의식하며, 누구를 두려워하는 신자의 삶인가를 점검해봐야겠다는 생각을 해보았다. 성직자들이 교인들을 의식하기 시작하고 세상이 추구하는 가치를 지나치게 의식하다보면 교회가 그 순수성을 지키기 어렵다. 눈에 보이는 것, 경제적인 능력, 사회적인 영향력 등을 추구하는 것을 섬기면, 교회가 세상에 대해서 그 영향력을 잃게 되는 것은 자명한 이치이다.

우리가 봉사를 하거나 남을 위해 헌신하는 것조차 남의 눈을 의식하는 자기 자랑이 될 수 있다는 사실에 놀라지 않을 수 없다.

서문표는 자신이 통치하고 있는 지역에 홍수가 범람하자 사람들이 처녀를 제물로 삼아 강에 던지는 미신적 행위를 하는 것에 분개하였다. 그래서 일체의 미신행위를 금지하고, 물길을 잡기위해 12개의 하천을 정비하였다. 당시 백성들은 재물과 노역에 불만들이 많이 있었지만, 공사를 마친 후 홍수의 재앙으로 부터 해방될 수 있었다. 많은 사람들의 불만과 행동들이 모두 정당하지 않다는 것을 그의 오랜 관직생활에서 터득하였다. 그래서 원칙과 소신을 중시하였다. 그가 가장 중요하게 생각했던 것은 바로 '누구를 섬기는 것인가' 하는 것이었다. 관리된 자, 임금과 백성의 위임을 받아 통치를 대행하는 소위 '공민의 종복' 이라는 사람들이 누구를 위해 '종의 역할 '을 해야 할 지 함께 고민했으면 좋겠다.

세상의 다수가 옳다고 하는 것, 세상의 다수가 원하는 것을 하는 것이 잠깐 동안은 우리의 일신을 보전하기고, 명예와 재물을 충족시킬 수는 있지만 그것이 정당한 것은 아닐 수 있다. 인기에 영합하고 지나치게 남을 의식하는 것은 바로 우리가 마땅히 섬겨야 할 것을 섬기는 것이 아닐 수 있다. 우리 모두가 스스로 무엇을 두려워하고, 무엇을 삶의 준거로 삼아야 하는지 곰곰이 생각해 볼 문제이다.

10
거울

● 　오래전부터 알고 지내던 중국의 한 고위관리는 거울을 가지고 다닌다. 그분과의 거리만큼 관심이 멀리 떨어져 있을 때는 아무렇지도 않았지만, 점차 가까워지면서 그의 '거울 챙기기'는 호기심을 자극한다. 식사 전후는 물론이고, 회의 도중에도 수시로 거울을 꺼내 자신의 모습을 확인하는 것을 보면서, '결벽증환자'가 아닌가 하는 생각을 했을 정도이다. 언젠가 그의 관용차를 함께 탄 적이 있는데 본인의 좌석 앞 즉 조수석의 뒤편 머리 부분에도 거울이 달려있는 것을 보고 놀란 적이 있다. 값비싼 모니터를 떼어내고 거울을 붙여놓다니…

　사람들과의 만남이 많고, 대중들 앞에 서야 할 기회가 많은 사람이기에 자기 관리를 위한 도구라고 생각했다. 단정한 모습으로 상대를 대한다는 것은 예절바른 행동이라는 생각에 본받아야겠다는 생각도 했다.

　일반적으로 여성들이 손거울이나 화장품에 달린 거울을 통해 수시로 자신의 얼굴을 확인하는 모습은 쉽게 이해가 가지만, 중년의 남성이 손거울을 안주머니에 넣고 다니며, 다른 사람들이 의식할 정도로 빈번히 거울을 꺼내드는 모습은 어쩐지 좀 어색하다. 그리고 그의 이러한 습관이 늘 궁금하기도 했다.

『한비자』의 글에 '관행(觀行)' 편이 있다. '행동을 관찰한다' 는 의미이다. 이 관행편의 첫 머리는 이렇게 시작한다.
"사람은 거울을 통해서 자기 얼굴의 흠을 제거할 수 있으며, 도리(道, 여기서는 법과 원칙을 말함)를 통해서 자신의 행동을 바로잡을 수 있다."

중국의 고위관리를 위한 교육프로그램에 『한비자』가 있다는 것은 익히 알고 있었지만, 거울을 가지고 자신의 '흠' 을 확인하고 정리하는 생활을 실천하는 모습의 이유를 알 것 같았다. 한비는 지도자의 중요한 자질 중 하나가 '행동을 관찰' 하는 것이라고 말한다. 인재를 등용함에 있어서도, 사람을 사귀는 데 있어서도 그 사람의 행동을 잘 관찰하는 것이 좋은 관계를 유지하는 관건이라고 말한다. 하지만 이에 앞서 한비는 '거울과 도리를 도구로 자신을 살피라고 말한다' 그리고 거울과 도를 대하는 사람들의 속성도 언급한다.

사람들은 자신의 모습을 보기 위해 거울을 사용하곤 하지만 거울에 비친 내 모습에서 흠을 발견하게 되면, 거울에 문제가 있다고 하며 거울을 탓하는 속성이 있다고 말한다. 물론 도리의 경우도 마찬가지이다. 법을 어기는 행위를 한 사람은 늘 법에 하자가 있다고 하고, 법의 불완전성을 지적하며, 자신의 행위에 대한 정당성을 확보하려고 한다. 그래서 거울을 보는 것이나, 법과 원칙을 통해 내 자신을 확인하는 일에는 훈련과 수련이 필요하다고 말한다. 고대의 거울은 오늘날 우리가 알고 있는 그런 거울이 아니고, 대부분 금속표면을 정교하게 만들었다. 거울을 뜻하는 '경(鏡)'에 쇠금(金)이 부수로 사용된 것이 바로 그 이유이다. 당연히 흠이 있을 수 있고, 비취는 모습도 희미할 수밖에 없다. 거울 탓을 하기에 좋은 조건이다. 하지만 오늘날 우리도 거울을 늘 보지만 자신을 정확히 볼 수 있는 것은 아닌 듯하다.

승강기 안에서 중학생으로 보이는 한 여학생과 마주친 적이 있다. 건성의 인사가 오간 후, 그 아이가 주위는 아랑곳하지 않고 승강기 벽면의 거울에 빠져든다. 거울에 비친 자신의 모습을 보며 머리를 만지고, 여러 표정을 짓고, 나름 용기를 내어 한 화장에 대해 확인하고 또 확인한다. 우리들 눈에는 어른을 어설프게 흉내 내는 모습이 참 안쓰럽게 느껴지건만, 본인은 자신의 모습에 매우 만족한 모습이다. 우리도 그런 학창시절을 보내왔지 않은가. 발에 잘 맞지도 않는 아버지의 구두를 신고 길을 나섰던 적이며, 교복바지의 통을 줄여 입기도 하고, 조금 더 머리를 길러 세워보려고 애썼던 기억들… 거울을 보며 언제나 만족하며 길을 나서고, 사실상 동정의 눈길을 보내는 어른들의 시선을 '멋진 모습에 대한 부러움의 시선'으로 해석했던 기억들…

거울을 보고, 법과 원칙을 통해 자신을 보면서도 그곳에 비추어진 나의 모습을 바로 보는 것은 이처럼 어려운 일이다. 하물며 다른 사람의 모습이나 행동을 관찰하는 것은 얼마나 더 신중해야 할까 하는 생각을 해보았다. 한비는 자신을 살피는 것이 지도자의 시작이며, 자신의 언행을 포함한 모든 행위의 근거를 명확히 세우는 것이 지도자의 길이라고 말한다. 자신의 위치와 처지 형편을 정확히 알아야 타인에 대한 이해와 배려가 나오는 법이라고 말한다. 수많은 지도자들이 자신을 잃어버린 채 경거망동하고, 타인을 주관적 잣대로 판단하여 감정적으로 평가하여 얼마나 큰 낭패를 겪었는가를 설명한다. 특히 한비는 타인과의 관계에서 자신을 비롯한 타인의 모습을 잘 관찰하는 것이 그와 좋은 관계를 갖는 지름길이라고 설명한다.

거울과 도리를 통해 '관행'을 하되, 제대로 하는 날이 될 때까지 연습이 필요할 것 같다.

한비자를 읽다가 모처럼 거울을 갖다놓고 그 속에 비친 나의 모습을 바라보았다. 이렇게 나의 모습을 바라본 것이 얼마만인가? 사람들 앞에 나설 때 언제나 화장실에 들러 거울을 통해 나의 모습을 정리하곤 했지만, 책상 앞에 거울을 놓고 나의 모습을 바라본 것은 정말이지 너무 오랜만의 경험이다.

11
균형과 조화의 리더십

●   조나라(趙)의 임금인 주보(主父)가 이자(李疵)라는 빈객을 불러 중산국(中山國)을 공격하는 것에 대해 의논하였다. 회의를 마친 후 그를 은밀히 불러 중산국의 상황을 정탐하도록 파견하였다. 중산국은 조나라와 제나라, 연나라를 연결하는 교통의 요충지로 이 지역을 차지하는 것은 세 나라 모두에게 매우 중요한 과업이었다. 왕의 명령을 받고 중산국을 염탐하고 온 이자는 임금에게 '중산국을 빨리 공격해야 한다'고 보고했다.

"속히 중산국을 공격해야 합니다. 서둘지 않으면 장차 제나라와 연나라에게 기회를 빼앗기게 될 것입니다."

이자가 다급하게 공격을 서둘러야 한다고 말하자 조나라 임금은 공격을 서둘러야 하는 이유를 물었다. 이에 이자는 자신이 중산국에서 보고 온 내용을 왕에게 설명했다.

"중산국의 군주는 깊은 산속에 숨어 사는 은자들을 만나기 좋아합니다. 얼마나 많은 사람들을 만났는지 수레의 덮개가 기울어질 정도였습니다. 길을 가다가 선비들을 만나면 수레에 함께 태우기도 하고, 가난한 동네, 더러운 거리에 사는 선비를 만난 것이 수십 번이며 이들을 마치 임금과 대등하게 예우하며 처사들에게 몸을 낮춘 것이 수백 번이나 됩니다."

이자의 보고를 받은 조나라 임금은 의아해하며 반론을 제기한다.
"자네가 말하는 것을 가만히 생각해보니 중산국의 군주는 현명한 군주가 아닌가? 군주가 지혜로운 선비들을 찾아 예우하는 것은 국가를 위해 현명한 처사가 아니오? 이런 나라를 공격하는 것은 잘못 판단하는 것이 아닐까 걱정스럽소."

임금의 반론에 이자는 단호하며 분명한 어조로 답했다.
"그렇지 않습니다. 은자들을 드러내어 조정에 세우고 그들에게 권력과 명예를 주면 병사들은 싸움터에서 전력을 다하지 않고 게으름을 피우게 될 것입니다. 또한 현란한 말과 화려한 문장으로 임금의 귀를 즐겁게 하는 학자들을 높이고, 허망함을 좇아 은거하는 처사들을 조정에 세워 국사를 담당하게 하면 농부들은 농사일에 게으르게 됩니다. 결국 군사들이 전투에 소홀하면 국방이 약해지는 것이며, 농부들이 농사를 게을리 하면 나라가 가난해지는 법입니다. 약한 군대를 가진 가난한 나라가 망하지 않은 적이 없습니다. 지금 당장 중산국을 치면 반드시 승리할 것입니다."

조나라 왕은 이자의 판단이 옳다고 생각하여 군사를 일으켰고, 마침내 중산국을 멸망시켰다.

『한비자』의 '외저설'에 나오는 이야기이다. 조나라가 중산국을 멸망시키는 과정에서 공격의 시기가 적합한지 공격을 한다고 해서 승산이 있는지 고심하는 과정이 소개되고 있다. 정세를 파악하기 위해 은밀히 파견된 한 신하는 중산국 왕이 은자들과 선비를 지나치게 중시하고 그들에게 분에 넘치는 예우를 하고 있다는 사실을 알게 된다. 그리고 이러한 처사에 군사들과 백성들이 불만을 갖고 있음을 근거로 공격의 '적절한 시기'라고 판단한다.

한비는 한 나라가 정상적으로 기능하기 위해서는 각 분야에서 다양한 역할을 담당하는 자들이 자신들의 일에 최선을 다해야 국가가 안정된다고 생각했다. 따라서 지도자는 국가를 구성하고 국가를 유지하는 각 부분의 균형과 조화를 조정하는 능력이 있어야 한다. 국가가 정상적으로 기능하기 위해서는 국방의 능력도, 풍부한 경제적 토대도 매우 중요한 요소이다. 지혜로운 학자들이나 선비들의 역할을 무시할 수는 없다. 하지만 이들을 등용하고 예우하며 권력과 권한을 부과하는 일에 대해서는 공평한 원칙이 있어야 하며 이를 무너뜨리는 것은 분열과 혼란을 가져오게 될 것이다.

화려하고 현란한 말을 앞세워 마치 자신들만이 국가 존속에 절대적인 역할을 하는 것으로 착각하고 있는 허망한 자들을 선별하는 것 또한 지도자의 자질이다. 분에 넘치게 학자들을 예우하는 것이 조화로운 국정 운영에 전부라고 생각했던 중산국의 왕은 그가 전부라고 생각하고 편애

했던 학자, 선비들과 함께 포로가 되어 비참한 최후를 맞이하게 된다. 중산국의 병사들이나 백성들도 망국의 고통을 함께 당하는 비참한 지경에 놓이게 되었음은 물론이다.

국가란 어느 특정부류나 특정한 집단의 힘만으로 유지되는 것은 아니다. 유기체와 같이 기능과 형태가 다른 여러 '부분'들이 각자의 일에 최선을 다할 때 강한 국가나 조직이 만들어지는 것이다. 오늘 우리의 국가 현실을 보면 권력의 측근에 '학자'들이 너무 넘쳐난다. 전문적인 지식과 경험을 요구하는 자리에 직무와 전혀 무관한 행정관료들이 진을 치고 있으며, 심지어 근본도 없는 정치인들이 터줏대감 노릇을 하는 경우도 있다. 열악한 환경에서 자신들의 자리를 지키려고 발버둥을 치는 다른 '지체(肢體)'들의 한숨과 불만은 점점 커져만 가는 데도 말이다.

12
꾸밈과 진정한 가치

● 마케팅에서 포장의 중요성이 강조되고 있다. 같은 물건이라면 포장의 좋고 나쁨에 따라 판매량에서 큰 차이를 보인다. 포장은 하나의 산업분야가 되었고, 디자인과 시각적 요인을 강조하는 마케팅 기법이 새롭게 선을 보인다. '보기 좋은 떡이 먹기도 좋은 법이다' 라는 속담이 잘 표현한다. 하지만 문제가 있다. 별로 우수하지 못한, 권하고 싶지 않은 내용물이 화려한 포장으로 '과장' 되는 경우이다. 이러한 사례는 비단 제품마케팅에 국한되지 않는다. 정보 홍수의 시대에 온라인상에 매일 생산되는 수없이 많은 내용들이 네티즌들의 선택을 받기 위해 '화려하다 못해 자극적이고 심지어 도를 넘어선' 제목을 달고 등장한다. 제목만 보고 내용을 찾아 읽다보면 허탈하고 황당할 때가 한두 번이 아니다. 이를 '낚였다' 고 표현한다. 맛있어 보이는 가짜 미끼를 덥석 물어 삶을 송두리째 빼앗기는 물고기의 신세를 빗댄 표현이다. 지금으로부터 약 2300년 전 한비 역시 이러한 꾸밈의 문제를 지적했다.

어느 날 초나라 왕이 전구(田鳩)라는 신하를 불러 물었다.

"묵자는 매우 이름난 학자인 것 같소. 그의 가름침도 영향력도 모두 대단해 보이는구려. 그런데 이처럼 훌륭한 묵자를 가만히 살펴보면 그의 몸소 실천하는 모습은 옳지만 그의 언변은 단조롭고 유창하지 못하며, 심지어 어눌하여 답답하기 그지없소. 그 이유가 무엇이라 생각하오?"

초왕의 질문 요지는 훌륭한 사람은 그의 가르침의 내용은 물론 그의 언행과 외관, 평가가 모두 인정받을 만해야 하는데, 묵자처럼 행색이 비루하고, 언변이 서툴다면 과연 훌륭하다고 할 수 있느냐는 의문이다. 초왕의 질문에는 그의 명성과 교훈이 혹시 과장된 것이 아닌가 하는 의문이 담겨있다.

임금의 물음에 전구는 두 가지의 예를 들어 답을 올린다.

"옛날에 진나라(秦)의 한 귀족이 자신의 딸을 진나라(晉) 왕족에게 시집을 보내게 되었습니다. 그는 자신의 딸을 진나라의 풍습에 맞추기 위해 그곳에서 꾸미도록 하고, 이를 돕기 위해 화려하게 꾸민 시녀 칠십 명을 같이 보냈습니다. 공주의 행렬이 진나라에 이르자 신랑이 될 왕족이 귀족의 딸은 거들떠보지도 않고 시녀들만 좋아하게 되었습니다. 이는 시녀들을 잘 시집보냈다고 할 수는 있어도 딸을 잘 시집보냈다고는 할 수 없습니다."

그는 또 다른 예를 소개했다.

"초나라에서 생산되는 귀한 진주를 이웃나라인 정나라(鄭)에 팔려는 자가 있었습니다. 그는 진주의 값을 후하게 받기 위해 목란상자를 마련하고, 계피와 산초를 태워 그 향이 상자에 베이도록 했습니다. 그리고 각종 아름다운 구슬로 상자를 장식했으며, 붉은 보석을 상자에 박아 화려하게 꾸몄습니다. 게다가 상자의 안쪽에는 그 귀한 물총새의 아름다운 채색깃털을 모아 장식했습니다. 정나라 사람들은 그 물건을 보고 상자만 사고 진주는 거들떠보지 않고 돌려보냈습니다. 초나라 상인은 상자를 잘 팔았다고는 할 수 있지만 진주를 잘 팔았다고 할 수는 없습니다."

전구는 초나라 왕에게 자신이 예로 든 이야기의 의미를 다시 설명해주었다.

"지금 세상에 넘쳐나는 온갖 담론들은 모두 교묘하게 꾸민 말을 현란한 언변으로 포장한 것들입니다. 따라서 군주들은 화려한 외양만 보고 그것이 담고 있는 참된 가치는 잊어버립니다. 묵자는 선왕의 도를 전하고, 성인들의 가르침을 널리 사람들에게 알리고자 했습니다. 만약 그가 말을 꾸며서 하면 사람들은 그 꾸밈에 현혹되어 진실을 깨닫지 못하게 되었을 것입니다. 묵자가 두려워하는 것이 바로 그것입니다. 화려한 외관 때문에 정작 담아야 할 것을 놓치는 것은 진나라 귀족이 딸을 시집보내는 것과 초나라 상인이 진주를 팔려고 했으나 그 뜻을 이루지 못함과 같은 것입니다. 따라서 묵자는 화려한 말과 현란한 표현을 중시하지 않았던 것입니다."

내용물도 잘 만들고, 그 내용물의 가치를 돋보이게 하기 위해 걸맞은 포장을 하는 것은 중요하다. 하지만 우리가 경계해야 하는 것은 가치 없는 내용물을 과장하기 위해 외양을 화려하게 꾸미는 것이다. 이는 모습을 드러내기 위해 억지로 꾸미고, 명품이나 화려한 장식으로 온 몸을 치장한 사람치고 변변한 사람이 없는 것과 같은 이치이다. 또한 능란한 말재주와 화려한 재치를 자랑하는 사람들의 대부분이 재미는 있을 수 있으나 울림이나 감동이 전혀 없는 이치와 같다.

꾸밈보다 '진정한 가치'를 화려한 외양보다 담고 있는 귀중한 보물을 선택하는 지혜가 필요하다. 진정한 실력자는 겉모습을 화려하게 꾸미지 않는 법이다. 이제 제발 '낚이는' 일이 없었으면 좋겠다.

13
군주가 죽기를 바라는 마음

●   지금은 전해지지 않지만 춘추시대 초나라의 역사서인 『도좌춘추』
에 의하면 당시 수많은 제후국의 군주들 가운데 병으로 죽거나 자연사
한 사람이 거의 절반이나 되었다. 정해진 수명을 다하고 죽는 것을 '천
수를 누린다'고 하며 이는 사람들이라면 누구나 원하는 복(福) 중의 하나
이다. 절대적인 권력과 온갖 부를 소유하는 군주의 자리라고 하더라도
천수를 누리지 못하는 것은 불행이다. 그런데 중국 고대 사회에서는 군
주들의 절반이 천수를 누리지 못했다.

한비는 인간의 본성에 대해 높은 점수를 주지 않는다. 인간은 이익을
추구하는 본성(호리지성, 好利之性)을 가지고 있기에 인간의 대부분 행동
은 자신의 이익을 추구하는 방향으로 움직인다는 것이다. 그리고 이러
한 인간의 행동은 옳고 그름의 문제가 아니라 본성에 의한 것이므로 그
렇게 하는 것이 궁극적으로 이익이 되지 않는다는 법과 원칙을 세우면

어느 정도는 제어를 할 수 있다는 것이 그의 생각이었다. 사람을 어디까지 신뢰할 수 있는가? 한 집에서 같은 밥상에 밥을 먹는 가족들이라면 어떤가? 자신과 피를 나눈 골육들은 어떤가?

『한비자』의 '비내편'에 충격적인 이야기가 나온다. 군주가 천수를 누리는 것을 기다리지 못하고 일찍 죽기를 바라는 자들이 넘쳐난다는 것이다. 춘추시대 군주들이 거의 절반이나 독살이나 교살을 당한 것도 같은 이유이다. 그런데 더 놀라운 것은 자신의 부인이나 자식이 그 중심에 서 있다는 것이다. 한비의 말을 인용해본다.

"대체로 처(부인)라고 하는 것은 골육간의 은애(恩愛)하는 정이 전부인 것이 아니다. 애정이 있는 동안은 가까워지고 애정이 시들해지면 멀어지는 것이다. 속담에 '그 어미가 사랑스러우면 그 자식도 안아준다'는 말이 있다. 그렇다면 이를 거꾸로 생각하면 '그 어미가 미워지면 그 자식도 버리게 된다는 것이다.'
남자는 나이가 오십이 되어도 여전히 미색을 탐하는 것이 줄지 않지만 여자는 나이가 삼십이 되면 미모가 쇠하는 법이다(丈夫年五十而好色未解也, 婦人年三十而美色衰矣). 미모를 잃게 된 부인이 미를 탐하는 남편을 섬기는 상황에서는 자신이 소외되고 내침을 당하거나 천하게 취급받지 않을까 의심하고 특히 자기 배로 낳은 자식이 후계자가 되지 못할까 의심하게 된다. 이것이 부인이나 후비들이 군주가 죽기를 바라는 이유이다."

부인을 여럿 둘 수 있었던 중국 고대에 국한되는 이야기라고 생각할 수도 있으며, 어떤 내용을 설명하기 위해 다소 극단적인 예를 들고 있다고 말할 수도 있다. 하지만 오늘날 우리 주변에서 일어나는 패륜적 사건 들을 일일이 열거하지 않아도 이는 인간의 본성 중 이익을 탐하는 속성 을 한 번쯤 생각하게 하는 내용이다. 최근의 한 설문에서 복권에 당첨되 거나 먹고 살만한 여건이 조성되면 이혼할 것이라는 응답자가 무려 60 퍼센트대에 달하고 여성의 경우에 4퍼센트가 더 높게 답한 것을 무엇으 로 설명할 것인가? 한 가정에서도 이는 심각한 문제이다. 하물며 나라의 지도자에게 이런 일이 발생한다면 이는 곧 나라의 혼란으로 이어진다. 한비는 '군주의 죽음을 이익으로 생각하는 사람들이 많아지면 그 군주 는 위험하게 될 것이다(利君死者衆 則人主危)' 라고 경고한다.

이익을 쫓는 인간의 속성을 설명하기 위해 한비는 가마를 만드는 사 람과 관을 짜는 사람을 예를 든다. 가마를 만드는 사람들은 항상 사람들 이 부귀해지기를 바라고, 관을 짜는 사람들은 언제나 사람들이 빨리 많 이 죽기를 바란다는 것이다. 타인의 부귀를 기원하는 가마 제작자와 사 람들이 요절하기를 늘 바라며 사는 관 짜는 사람이 그 본질적인 속성이 다르기 때문이 아니라는 것이 한비의 주장이다. 사람들이 부귀해져야 가마가 잘 팔릴 것이고, 또 사람들이 많이 죽어야 관이 잘 팔릴 것이기 때문에 타인들에 대해 서로 다른 생각을 한다는 것이다. 결국 돈 많은 남 편이 빨리 죽기를 바라는 부인의 마음이나 남의 성공을 기원하는 사람, 남이 일찍 죽는 불행을 원하는 사람 모두 '자신의 이익' 이 원인이라는 것이다.

글을 쓰면서도 참 암울한 생각이 든다. 그렇다면 무슨 대책이 있을 까? 한비는 이렇게 말한다.

"현명한 군왕은 근거를 확실하게 살필 수 있는 일이 아니면 하지 않고, 평소와 다른 음식을 먹지 않으며, 먼 곳까지 귀를 기울이고 가까운 곳은 자세히 관찰하여 잘못된 것을 밝혀낸다. 자신의 주변에 있는 사람들의 말과 행동이 같은가 다른가를 살펴 일을 꾸미고 작당하는 패거리를 구분해야하며 여러 가지 증거를 대조하여 말과 행동의 진위를 추구하고, 일의 결과와 앞서 목표한 바가 일치하는가 살펴본다. 법령을 건실히 하여 사람들을 단속하고 다양한 사례를 참조하여 진실여부를 판단한다. 선비와 관리들이 우연히 상을 받는 일이 있는가, 분수에 넘치는 행동을 하는가? 잘못한 일이 있으면 반드시 처벌이 이루어지는가? 철저히 살펴야 한다."

목숨을 유지하고 천수를 누리는 길이 참 힘들구나 하는 생각이 든다. 차라리 일찍 죽는게 나을지 모르겠다는 생각도 든다. 피곤해서 어찌 살까? 법과 원칙, 매사에 흐트러짐 없이 관찰하고 의심하고 확인하는 삶이 유일한 대안이라면 절망할 수밖에 없는 것이 인생이다. 하지만 한비는 글의 말미에 이런 말을 덧붙이고 있다.

"부역이 많아지면 민이 고생하고 민이 고생하면 그들의 수고를 착취하여 부와 권세를 쌓는 자들이 생겨나게 될 것이다. 권력자는 자신의 이익을 위해 민에게 가혹함을 더할 것이다. 부와 권력을 가진 신하들이 군주에게 해가 됨은 자명한 일이며, 천하에 장구한 이익이 될 수도 없다. 따라서 민에게 부역을 줄이면 백성들이 편안하고, 백성들이 편안하면 이익을 쌓을 신하가 줄어들고, 군주의 위험도 줄어들게 될 것이다. 이에 덕을 베푸는 것이 군주에게 이롭다고 하는 것이다."

살기가 팍팍하고, 노력해도 희망이 없다고 판단하면 백성들은 군주가 죽었으면 좋겠다고 생각하기 마련이다. 더더욱 자신들의 정당한 노력의 대가가 보장되지 않고, 자신들이 취해야 할 것을 빼앗아 배를 채우는 무리들이 득세할 때 백성들은 분노한다. 한비의 말에 의하면 힘없는 백성들은 그저 '왕이 죽었으면 좋겠다'는 생각뿐이지만, 실제로 백성들의 고혈로 부와 권력을 가진 무리들이 종국에는 임금을 제거할 것이다. 법과 원칙이 철저히 지켜지고, 더 나아가 법과 원칙으로만 해결할 수 없는 백성들의 마음을 편안하게 하는 조치들이 이루어지지 않는 한 군주는 죽음의 문턱에서 언제나 불안한 삶을 살 수밖에 없을 것이다.

14
분열과 혼란한 시대의
이데올로기였던 '한비의 법가사상'

●　　역사적으로 중국은 통일과 분열의 과정을 반복해 왔다. 국가가 분열되고 혼란한 시기에는 강력한 구심력이 발동되어 통일을 위해 달렸으며, 통일이 되어 한 국가를 이루고 나면 각종 분권 세력들의 원심력에 의해 분열이 조장되었다. 민족적 갈등, 지방 세력의 발호, 지역 간의 빈부의 차이 등이 중국의 분열을 가속화시키는 원심력이며, 이러한 힘이 커질 때를 우리는 혼란의 시기, 분열의 시기, 춘추전국시기 라고 부른다. 역사적으로 춘추전국시대, 5호 16국시대, 5대 10국시기, 이민족 지배시기, 그리고 전통 봉건왕조가 문을 닫고, 공화국이 된 이후의 군벌시기가 바로 혼란과 분열의 시기이다. 중앙정부의 강력한 통치력이나 통치이념이 약화될 때, 중국은 분열시기로 접어 든다. 행정력은 이완되고, 부패가 만연하며, 각종 정치세력들이 자신들의 이익을 위해 국가의 안정과 통일, 번영은 생각하지 않는 것이 분열시기의 특징이다.

중국은 개혁개방 이후 오늘날까지 매년 8퍼센트 이상에 육박하는 놀라운 경제성장을 이어오고 있다. 그동안 몇 차례 세계적인 경제 위기의 쓰나미에도 중국은 요동하지 않았다. 중국의 성장을 바라보는 많은 부정적인 예측에도 불구하고 중국은 국제사회에서 미국과 어깨를 겨눌 만큼 놀라운 성장을 기록했으며, 오늘날 전에 없는 심각한 경제 위기를 맞고 있는 미국이나 유럽연합도 중국의 역할에 기대를 걸고 있는 실정이다. 하지만 이러한 중국의 성공 이면엔 크고 작은 성장통(成長痛)이 존재한다. 물질적 풍요를 소화할 만한 정신적 성장이 부족하다는 것이 중국 공산당의 생각이다.

중국지도자들은 언제부터인가 공식석상에서 '경제적 풍요를 담을 만한 도덕의 그릇이 준비되어야 한다. 그렇지 않으면 중국이 바라는 진정한 대동사회(大同社會)로 향하는 길에 장애가 될 것이다'라는 '정신적 성장'의 기대를 표시해 왔다. 어쩌면 이러한 기대는 중국의 정신 혁명에 대한 희망임과 동시에 물질적 풍요에 따른 체제에 대한 불안, 도덕성의 상실, 민족들의 분리 독립, 도시와 지방간의 갈등에 대한 강한 우려일 수도 있다.

그래서 등장한 것이 중국의 전통적인 사상과 지혜를 교육하는 '국학부흥운동'이다. 수천 년의 역사과정에서 위기 때마다 중국을 강하게 붙들어 주었던 선조들의 지혜를 배우자는 주장이다. 중국최고의 기관인 공산당을 비롯하여 정부의 각 기관, 사회단체, 교육기관이 앞을 다투어 중국고전에 대한 학습에 열을 올리고 있다. 중국의 각종 언론 매체와 공중파에서 고전을 강의하는 모습은 이제 보편적인 현상이 되었다. 교육의 현장에서도 수많은 학생들이 '중국 전통의 지혜'를 학습하고 있다.

역사적으로 중국을 혼란으로 빠뜨렸던 분열시기를 종식시키고, 통일과 안정의 시대를 추구하는 사회적 분위기에서 빠짐없이 등장하는 '지혜'가 있었다. 그것은 중국인의 정신과 생활을 지배해 온 것으로 알려진 유교의 사상도, 무위와 자연의 삶으로의 회귀를 추구하는 도교의 사상도 아니고, 바로 법가의 사상이었다. 중국 역사에서 주도적인 지위를 확보해 왔던 유교가 법가의 가르침을 '무자비하고', '폭압적인' 이데올로기로 폄하해 왔지만, 그래서 법가를 추종하는 사람을 몰인정하고, 비인간적인 사람으로 치부해 왔지만 중국통치의 이면에는 법가의 가르침이 '통일', '강력한 지배', '성공적인 통치'의 이데올로기로 면면히 이어져 내려왔다.

한비와 진시황의 만남

누군가를 처음 만나게 될 때는 긴장하기 마련이다. 특히 상대가 나의 목적한 바를 이루게 해 줄 능력을 가진 사람이며, 그 사람의 판단 여부가 나의 삶에 큰 영향을 미칠 경우에는 더욱 신중하게 되는 법이다. 면접을 앞둔 취업 준비생들이나 결혼 승낙을 받기 위해 상대방의 부모님을 만나야 하는 젊은이들이 긴장하는 것도 같은 이유일 것이다. 역시 한비와 진시황의 만남도 긴장된 상황임을 분명히 알 수 있다.

한비는 중국 통일의 대업을 이룬 진시황이 '한 번 만나고 죽었으면 여한이 없겠다'고 말한 장본인이다. 진시황이 그를 간절히 만나고자 한 이유는 그의 '법치이념'이 담겨있는 글 때문이었다. 통일제국의 성공적인 통치를 위해 강력하고도 확실한 통치이념이 필요했는데, 그 핵심을 한비가 명확히 보여주고 있었기 때문이다. 당시 한비가 살고 있던 한나라(韓)는 쇠퇴일로에 있는 미약한 나라였다. 한비의 소재를 파악한 진시황은 지체 없이 군대를 파견하여 한나라 왕을 위협한 후 한비를 진나라로 불러들였다.

진시황을 만나기 위해 진나라로 향한 한비의 심정은 어떠했을까? 머지않아 중국 천하를 통일하고 강력한 제국을 세울 군주의 힘과 권위 앞에 나서는 상황을 상상해 본다. 어쩌면 자신의 생명조차 마음대로 할 수 있는 대상이며, 그가 자신을 찾는 이유조차 명확하지 않은 마당에 한비는 고민하지 않을 수 없었다.

그가 한 가닥 희망을 걸고 있는 것은 제나라의 직하학궁에서 동문수학을 한 이사가 진나라의 재상이라는 점이었다. 같은 스승(순자)의 문하에서 인간의 본성에 대해 동일한 생각을 가졌던 이사가 자신을 보호해 줄 수 있을 것이라는 생각에 불안하지만 안도했을 수 있다. 진나라가 다가오자 한비는 진시황을 처음 만나 하려고 했던 글을 다시 한번 머릿속으로 정리하기 시작한다.

『한비자』의 첫 편인 '초진견(初秦見)'은 이렇게 만들어진 글이다.

"알지 못하면서 말하는 것은 지혜롭지 못한 것이며(不知而言 不智) 알고 있으면서도 말을 하지 않는 것은 불충(知而不言 不忠)이라고 들었습니다. 신하가 되어 불충함을 보인다면 죽어 마땅하며, 의견을 말하여도 지혜롭지 못하여 실제에 맞지 않는다면 역시 죽어야 마땅합니다. 비록 그렇다고 하여도 신은 제가 알고 있는 것을 모두 말씀드리겠습니다. 죄가 있고 없는 것은 오직 임금께서 판단하실 일입니다."

한마디 한마디에 비장함이 드러난다. 진시황제와의 첫 대면에서 그는 자신이 알고 있는 것이 정당하고 옳은 것이며, 이를 말하지 않는 것은 신하된 자의 도리가 아니기에 목숨을 내어놓고 자신의 할 말을 할 것이라고 말한다. 지난 오랜 세월 동안 자신이 연구하고 터득해 온 형명(刑名)과 법술(法術)의 이치가 통일제국의 지도이념이 되어야 한다는 강한 의지와 확신이 보인다. 그리고 자신이 이 이론을 드러내는 것이 진정성을 가지고 있으니 신뢰해달라는 말이다. 한비는 진시황이 자신에게 듣고 싶어 하는 말이 무엇인지 정확히 알고 있었다.

한비가 진시황을 첫 대면했던 상황은 이와 같이 자연스럽고 평온한 가운데 이루어진 만남은 아니었다. 언제든지 서로 적이 될 수 있었고, 한 쪽이 다른 한 쪽을 제거할 수도 있는 긴장된 상황이었다. 특히 한비의 입장에서는 자신의 이론이 관철되지 않고 인정받지 못하면 죽을 수도 있는 형편이었다. 물론 그가 죽음을 두려워했던 것 같지는 않다. 하지만 나라를 부강하고 평안하게 만들 수 있는 자신의 평생의 연구가 인정되지 못한다면 죽어도 여한이 없다는 생각을 했을 것이다. 이미 자신의 고국인 한나라 왕에게서 좌절을 겪은 적이 있지 않은가? 진시황과의 만남은 그에게 있어 생물학적이든 자신의 학문에 대한 평가이든 삶과 죽음의 기로에 서있었던 것이다.

그렇다면 이런 중요한 만남, 중요한 순간에 한비가 처음 진시황에게 꺼낸 첫 마디 말이 무엇이었을까? 아마 한비의 사상을 관통하는 가장 핵심적인 내용이 아니었을까? 오늘날 우리에게 전해지는 『한비자』55편은 물론 모두가 한비의 글은 아니다. 당시 다른 학파들이 그랬던 것처럼 제자들이 스승의 글과 생각을 첨부하여 엮은 것이다. 따라서 『한비자』에는 한비가 직접 쓴 글도 있지만 그렇지 않은 것도 있다. 『한비자』 중에 어떤 것이 한비가 직접 쓴 글인지는 학자들 사이에 의견이 있고 정확히 알려져 있지 않지만 우리가 만나는 한비의 첫 글은 진시황과 만나서 나눈 이야기이다.

"세상에 나라를 망칠 길이 세 가지 있는데 지금 천하가 이런 지경에 이른 것을 가리켜서 하는 말입니다. 제가 듣기로는 어지러운 나라가 잘 다스려진 나라를 공격할 때 멸망하고, 사악한 마음을 가지고 정도(正道)를 칠 때 멸망하며, 자연의 질서를 거스르는 자가 순리를 따르는 자를 칠 때도 멸망한다고 합니다."

한비는 진나라가 천하 통일의 패업을 달성한 후 통일제국으로 영원히 유지되는 것이 진시황의 가장 큰 바람이라는 것을 정확히 알고 있었다. 그래서 진시황과의 첫 만남에서 나라가 패망하지 않는 길은 잘 다스려지고 정도를 걸어야하며 순리를 따라야 한다고 강조하고 있는 것이다. 당연히 그 다음에 길게 이어지는 말은 어떻게 하면 잘 다스리는 것이고, 무엇이 정도이고, 순리를 거스르지 않기 위해 취해야 할 방법이 무엇인지 설명한다.

그러나 불행히도 처음에는 한비의 말을 듣고 따르는듯했지만 마침내 진시황과 그의 진 왕조는 잘 다스리지도, 정도와 순리를 따르지도 않았다. 한비 역시 그가 가장 믿었던 동문 이사와 진시황의 측근에 있던 간신들의 모함으로 생을 마감한다. 비록 한비는 직접 그의 뜻을 펼치지 못하고 어이없는 죽임을 당하게 되지만 그의 지혜와 통찰은 중국의 역사 속에서 수많은 제왕들의 통치철학에 영향을 미쳤고, 현재 중국의 지도자들 역시 그의 가르침을 소중히 여기고 있다. 한비에 대한 다양한 평가가 있지만 '알지 못하면서 말하는 것은 지혜가 없는 것이며, 알면서도 말하

지 않는 것은 충성을 다하지 않는 것' 처럼 이 말에 보이는 그의 지혜와
충성은 오랫동안 사라지지 않고 전해질 것이다.

부지이언 부지, 지이불언 불충
(不知而言 不智, 知而不言 不忠)

"알지 못하면서 말하는 것은 지혜롭지 못한 것이며, 알면서도 말하
지 않는 것은 충성을 다하지 않는 것이다."

15
『한비자』와 중국의 관리 육성

중국인재양성 시스템을 이해해야만 하는 이유

● 　2012년은 우리나라가 중국과 수교를 한 지 20년이 되는 해이다. 수교 당시 한국은 올림픽을 성공적으로 마무리하였고, 대전엑스포, 즉 세계박람회를 눈앞에 두고 있는 시점이었다. 한국은 일련의 국제행사를 통해 드높아진 국제위상을 실감하고 있었고, 민주화를 위한 노력, 문민 정부의 출현, 시장경제체제의 안정 등 미래에 대한 희망적인 분위기가 무르익고 있었다. 이러한 상황에 더하여 그동안 닫혀있었으나 막대한 시장이 되어줄 중국과의 교류는 대륙으로의 진출이라는 더 없이 행복한 고민이었다. 1983년 어린이 날, 납치된 중공(당시에는 중국을 이렇게 불렀다) 민항기가 우리나라에 불시착했을 때, 한국정부는 이미 이를 중국과의 관계 개선을 위한 청신호로 받아들였고, 중국과의 거리를 줄임으로 얻을 수 있는 정치적·경제적, 그리고 한반도의 안보적 계산을 하기 시작했다.

불과 30년 전 서로에게 총을 겨누고 상대방의 생명을 요구했던 적대 국이었지만 미래의 경제강국, 아시아의 부상하는 용으로서의 경제 활로 의 모색, 새로운 정권을 창출하는 과정에서 불거져 나온 국내의 문제들 과 한반도와 동아시아에서 북한의 입지를 제한하려는 복합적인 문제가 중국에 대한 기대로 서서히 고개를 들기 시작했다. 중국민항기와 탑승 하고 있는 중국인들은 최고의 대접을 받았고, 건국 이래 최초로 중국의 고위관리가 한국에 방문하여 직면한 문제 뿐 아니라 향후 양국의 발전 적 관계에 대해 논의하였다. 이후 1986년 서울 아시안게임 때 중국은 역 대 최대의 선수단을 서울에 파견했고, 이후 민간기업 차원의 많은 교류 들이 시작되었으며(1990년 무역대표부설립), 동북3성에 거주하는 조선족들 의 고향 방문이 시작되었다.

이렇게 시작된 한중 양국의 '거리 줄이기'는 드디어 1992년 8월 24일 이상옥 외교부장관과 첸지천(錢基琛) 외교부장이 베이징에서 〈대한민국 과 중화인민공화국간의 외교관계 수립을 위한 공동성명〉을 발표하면서 정식수교의 결실을 맺게 되었다. 한중수교는 한국과 중국 양국에는 혼 란 이후의 경제발전 우선정책추진이라는 공통분모가 존재했고, 한반도 의 비핵화, 동북아의 안보질서 확립을 통한 안정유지라는 공동의 이익 에 부합하는 정치협상의 산물이었다.

한중수교가 체결된 이후 한국의 정부는 물론 민간기업, 개인사업자들 까지 대륙으로의 진출을 향해 거는 기대와 희망은 최고조에 달했다. 마 치 약150년 전 영국의 외교사절들이 중국내의 시장진출에 대한 '모호한 허락'을 받은 즉시 영국 의회는 물론 멘체스터 공업지대의 많은 기업들이 흥분을 감추지 못한 것과 같은 양상이었다. 24시간 3교대로 만들어내는 영국의 제품들이 중국대륙에 도착하는 즉시 날개 돋친 듯이 팔려나갈 것이라는 중국에 대한 무지(無知)가 결국 아편전쟁이라는 비극적인 결과를 만들어냈다는 역사적 교훈을 간과하고 말았다. 당시 중국을 이미 경험한 전문가 및 학자들은 한중의 오랜 역사적 과정에서 1992년 한중수교는 '최초의 대등한 외교관계 수립'이라는 점을 잊지 말고, 다시 '조공의 관계'에 놓이지 않도록 중국에 대한 이해를 위해 힘써야 하고, 중국을 제대로 공부하는 인재들을 양성해야 한다고 목소리를 높였다. 그러나 정부도 기업도 이러한 목소리를 경청하기에는 광활한 중국시장에 대한 기대치가 너무 컸다. 중국에 대한 체계적인 학습과 이해가 결여된 채 진행된 한국의 무분별한 중국러쉬는 수교10년(2002년) 당시 한중관계에 대한 종합적인 성적표에서 처참한 낙제점수를 확인하고 나서야 서서히 '신중론'이 대두되기 시작했다.

당시 한국정부는 중국과 경제교류, 및 인도주의적 차원에서의 상호협조, 양국 간의 화해와 우의개선을 위한 문화교류, 자국민에 대한 최소한의 보호조치 등 일부 영역이외에 정부가 수교당시 목표한 한반도 비핵화, 동북아시아의 안보질서 확립, 국제사회에서의 대한민국정부에 대한 동반자적 관계 등은 논의 자체가 단절되었고, 탈북자 문제, 조선족문제, 역사왜곡문제 등에는 오히려 긴장관계가 형성되는 국면이었다.

경제교류 부문에서도 대외경제정책연구원의 보고서에 의하면 당시 92.4퍼센트의 중국진출 한국기업이 적자 혹은 기업운영이 불가능한 단계에 있었다. 중국정부는 한국을 비롯한 외국기업들의 활동 중에 발생하는 수없이 많은 불공정 거래에 대한 중국기업의 횡포에 대해 어떠한 대책도 개선의지도 보이지 않았을뿐더러 오히려 공정한 경제교류를 방해하는 정책 및 태도를 견지하고 있었다. 최근에 봇물처럼 터져 나오는 중국의 국가 보호주의적 정책들로 인한 세계 각국의 부정적인 영향에 대한 많은 '고발' 들을 일일이 확인하지 않더라도 한국의 기업 및 개인들의 쓰라린 중국경험은 너무 많은 강습료를 지불하고 말았다. 문제는 다소 많은 강의료를 지불하더라도 남는 것이 있으면 다행인데 여전히 비싼 강의료의 효과를 누리고 있지 못하고 있다는 것이다.

한중수교 20주년을 넘어선 오늘의 상황은 어떠한가? 중국을 이해하기 위한 노력 및 그 성과는 진전이 있었는가? 여전히 중국 사람들은 '한국 사람들이 도대체 왜 우리를 무시하는지 그 이유를 모르겠다' 고 고개를 갸우뚱 거리고, 한국의 언론들은 중국의 실상과 중국의 실체를 규명하기 위한 방송보다는 약 2천 년 전 한나라 시대의 농기구를 여전히 사용하고 있는 중국의 농촌 다큐멘터리나, 자유민주주의적 정신에 위배되는 어처구니없는 부패와 권력남용, 선진문화사회에서 거리가 먼 엽기적인 사건들의 보도를 통해 흥미를 유발시키는데 여념이 없는 것 같아 보인다. 또한 중국 사람들의 지적대로 우리는 중국의 낙후된 모습이나 전근대적인 행태들을 보며 상대적으로 자위하고 있는지도 모르겠다. 여전히 강의실에선 "교수님, 정말 중국의 화장실에는 문이 없나요?"라는 질문이 나오고 그런 질문을 받을 때마다 한국의 중국이해가 화장실문화에만 국한될 정도로 보잘것없구나 하는 생각에 중국을 공부하는 한 사람으로 자괴감마저 든다.

다행스러운 것은 중국을 공부하기 위해 많은 유학생들이 중국인과 생활하고 있으며, 한국유학생들의 자질과 유학제도가 조금씩 개선되고 있다는 점, 한국의 대기업들이 체계적인 학습을 통해 중국을 이해하기 위해 노력하고 있다는 점, 세계 질서의 개편으로 중국이 자국만을 위한 정책들을 계속 고수할 수만은 없다는 점 등이 실낱같지만 희망적 요인으로 작용하고 있다. 하지만 여전히 중국은 참 이해하기 힘든 나라이다.

다소 늦은 감이 있지만 중국의 정치제도, 중앙과 지방의 관계, 대외인식, 경제정책, 법률, 세법 등에 대한 연구 및 지역의 특성이 현격하게 드러나는 지역에 대한 연구 등이 시작되어야 한다. 그리고 무엇보다도 이러한 중국의 전 영역을 통제하고, 운용하는 중국공산당과 엘리트 간부군들에 대한 이해가 선행되어야 한다.

마오이즘으로 통칭되는 '중국식 사회주의' 를 표방하는 중국공산당의 혁명적 전사들이 어떻게 배양되고, 어떻게 선발되는가는 하는 문제는 바로 중국을 이해하는 관건이다. 그럼에도 불구하고 우리는 중국인들 역시 우리와 동일한 문화권에서 유사한 사유체계를 가진 '학습없이 이해할 수 있는 대상' 으로 쉽게 판단하는 일이 많다. 중국의 엘리트 관료군들은 이러한 사실 조차 이미 알고 이를 활용하고 있다.

한두 번의 식사자리나 술자리를 거치고 난 후 쉽게 '펑요유(朋友, 친구)' 를 만들어 버리는 우리의 정서와 달리, 김경일 교수의 지적대로 논어의 첫 구절에서 말하는 '먼 곳에서 찾아와 기쁨을 주는 벗' 이 갑골문의 해석에 의하면 '혈족의 재물관리 집사' 였다는 해석(김경일 저, 『나는 동양사상을 믿지 않는다』 바다출판사, 2012), 먼 곳에서 돈 보따리를 들고 오는 사람쯤으로 그들이 남발하며 우리의 귀를 즐겁게 해주는 '펑요우' 라며 야릇한 미소를 띠고 있는 중국 엘리트들에 대한 이해 없이 중국과의 관계에서 좋은 성적표를 받기란 애초에 불가능하지 않을까?

16
중국 엘리트 관료군의 양육
– 단교(團校)와 당교(黨校)

● 　중국공산당의 엘리트 양육은 현재 정치적으로 그 입지를 놓고 첨예하게 대립하고 있는 두 정치집단과 밀접한 관계를 갖고 있다. 그 집단은 바로 후진타오 국가주석을 배출한 공산주의청년단(이하 공청단)과 중국공산당 중앙조직부에서 관리하고 있는 '태자당'이다.

공청단의 모체는 1922년 조직된 중국사회주의청년단으로 중국공산당의 전위세력인 청년당원(14~24세)을 '건강한 사회주의 전위대'로 키우는 목적으로 건립되었다. 이후 공산당과의 구별이 없이 조직만을 유지해오다가 중화인민공화국 설립 후 '혁명의 전위대'를 구성한다는 목적으로 1957년 공산주의청년단이라는 새로운 명칭으로 재조직되었다.

1949년 중화인민공화국이 성립되면서 전면적인 사회주의 혁명과업이 진행되었다. 봉건적 잔재들을 일소하는 첫 번째 사업으로 사회주의 사상교육 및 토지개혁이 진행되었고, 이때 혁명과업을 수행하는데 동원되었던 사람들은 '철저한 무산계급' 들이었다. 최고의 계급성분(무산자, 제국주의의 피해자, 봉건제도의 피해자)을 자랑하던 초기의 간부들은 대부분 글자를 모르는 사람들이었고, 육체노동에 동원되었던 사람들이다. 이들은 마오쩌뚱의 의도대로 자신들의 상처로 인해 혁명사업을 충실히 이행했다. 하지만 어느 정도 사회주의 개혁이 완성된 이후 무지한 이들은 오히려 사회주의 혁명사업의 발전에 부작용을 일으켰다.

이때 중국공산당 중앙이 이러한 폐해를 방지하기 위해 동원한 세력이 바로 '지식청년(知靑)' 들이었다. 초기의 공청단 출신의 지청들은 전국 각지의 공산당 위원회에 파견되어 현지지도와 감독을 통해 초기혁명과정에서 발생하는 불합리한 요소들을 제거하기 시작했다. 이들은 또한 중국인들에게 씻을 수 없는 큰 상처를 주었던 중국 근현대의 일련의 사건들, 대약진운동, 인민공사운동, 문화대혁명이 전개될 때에도 중국식사회주의의 세례를 받은 무조건적 마오의 열렬한 숭배자로 그 역할을 충실히 수행했다.

자본주의를 향해 달려가는 당권파(走資派)들을 공격하라고 하면 그들의 사령부(중국공산당)를 폭파할 준비가 되어있었고, 노동이 필요한 지역에는 마오의 한마디 명령만으로 수천 킬로미터를 달려가 노동을 수행하는 혁명의 전위부대였다. 이들은 당에서 내려오는 각종 학습자료를 통해 노동교화 및 사상학습을 진행하였고, 인민들의 저항이나 불만에 몸으로 저항할 준비가 되어있는 마오의 신봉자들이었다. 이들 중 대다수가 20세 전후의 나이가 되면 중국공산당에 입당하여 전국 각지의 사회주의 혁명과업의 추진자로 기용되었다.

1977년 문화대혁명이 종식되면서 혁명이전에 공청단을 이끌었던 후야오방(胡耀邦)은 제도의 정비를 통해 소년아동(8~13세)를 '소년선봉대'

로 조직하여 공청단의 조직은 명실상부한 사회주의 사상교육의 산실로 재탄생된다. 현재 공청단은 약 7천7백만 명의 단원과 167만 개의 전국 단지부를 운용하고 있고, 간부군으로 양성되는 인원만 16만 7천 명에 달한다. 우리는 공청단의 조직을 공부하면서 이들에게 사상교육 및 중국식 사회주의 역량강화 교육을 실시하고 있는 중국청년정치학원(이하, 단교 團校)을 주목해야 한다.

단교라는 이름의 공청단 간부양성을 위한 학교는 중국공산당 간부학교인 중국중앙당교와 교수진, 운영내용, 교과목, 행정체계 등 전반에 걸쳐 밀접한 관계를 갖고 있다. 공청단 산하의 교육기관인 단교는 현재 43개의 성시급 교육기관을 가지고 있으며, 각 기관 및 학교에 설치되어 있는 공청단 위원회 소속의 교육기관, 그리고 지난 4월 중국공산당의 지도이념에 따라 당의 기초를 공고히 하는 조직 활동의 지침에 따라 현급(區), 향진(街道), 촌(社區) 즉, 지방의 기초 행정단위까지 청년교육기관의 조직에 착수하였다. 일반적으로 '청년정치학원'이나, '청년관리간부학원'이라는 이름을 달고 있는 공청단 소속 교육기관에서는 실무교육도 병행하고 있지만 주된 교육과정(약 70퍼센트)은 마르크스레닌주의, 마오쩌둥의 사회주의 혁명관, 중국공산당의 건립과정, 현 중국공산당의 학습지침 등이 교육된다.

공청단 소속으로 각급 학교에 파견되어 당의 실천목표를 수행하는 교원을 '후다오위엔(輔導員)' 교사라고 하는데, 이들은 대부분 학급 학교의 단위원회를 구성하고 있으며 모두 단교에서 교육을 마친 단원으로 구성된다. 현재 전국에 약 260만 명의 후다오위엔이 활동하고 있다. 후다오위엔은 소속된 조직의 사상지도는 물론 엘리트 군에 대한 직접지도와 추천 등을 통해 상급 기관인 단교와 연결되어 있고, 이들의 추천을 통한 간부후보군들은 조직, 지방단위의 간부학교, 중앙의 단교를 통해 관리 후보군으로 육성된다.

단교(團校)가 사회주의 전위대, 중국공산당의 후비대(後備隊)로 지칭되는 중국청년들의 사상교육 및 공산당 예비군을 양성하기 위한 교육 조직이라고 한다면 당교(黨校)는 명실상부한 중국간부 양성을 위한 교육기관이라고 할 수 있다. 베이징 헤딘구에 위치한 중국중앙당교(이하 중앙당교)는 연구원을 포함한 교수진 약 600명이 학기별(4개월 과정) 단기과정을 통해 약 1600명의 간부학생을 지도하는 공산당 간부양성교육기관이다. 지금은 표면상으로는 간부, 석박사과정, 경제관련 졸업자, 기업간부 등을 입학시켜, 실무교육 및 사상교육을 시키는 교육기구의 하나로 알려져 있고, 조직 및 교육과정, 교수진 등이 비교적 대외에 공개되어있으며, 대외적인 활동들을 하고 있지만 여전히 그 구체적인 운영 및 활동에 대해서는 베일에 가려져 있다.

특히 중국공산당 선전부에서 직접 관리하는 고급간부과정(장관반, 청장급반, 현서기반)이 설치되어 있고, 인민해방군학교와 연계된, 장군반, 공청단 단교와 연결되어 있는 '청년간부반', 그리고 국가혁명원로의 자녀들을 관리하는 '특별영도자' 반 등이 구성되어 있다. 이들 특별반의 교수진 및 교과활동, 대외활동, 평가 등에 대해서는 철저한 보안등급으로 분류되어 관리되고 있다.

당교의 교과역시 마르크스 레닌주의 기본사상, 마오쩌뚱의 사회주의 혁명사상, 중국식사회주의에 대한 기본 사상 교육이 주요교육 내용이고, 일반과목으로는 국내외의 현안을 정치·경제·사회·군사 및 기타(환경·교육·문화) 분야를 국내외의 저명한 전문가들을 객원으로 초빙해 강의하고 있다.

중앙당교가 중국공산당 중앙의 간부군을 육성하고 선발하는 교육기관이라고 한다면 약 2700여 개의 중국공산당 지방위원회의 당교는 지방간부 육성을 위한 산실이라고 할 수 있다. 당교 역시 중국공산당의 통치력 강화를 위해 기층조직 까지 교육과정을 설치하여 운영한다는 방침하에 지속적으로 지방 당교를 건설하고 있다.

중국공산당의 지방당교는 공산당 산하의 선전부와 조직부의 이중적관계를 맺고 있다. 당교의 교수진이나 교안의 작성과 중점학습내용은 선전부에서 관리하고, 당교의 입학생이나 교육과정을 거친 학생들의 의견이나 보고서를 관리하는 곳은 조직부에서 관리하고 있다. 물론 지방당교에서 주목을 받을 만한 당 간부 후보를 중앙 당교에 입학시켜 공부시키는 업무도 당 중앙의 조직부에서 관리하고 있다.

여기서 우리는 중국의 간부들의 육성과 선발에 관한 중요한 사실을 확인할 수 있다. 중국공산당은 당의 주도권을 확보하기 위해 청년관리후보군의 교육을 위한 단교와 당교를 통일된 기구에서 통일된 정책으로 운용하고 있으며, 이 교육기관을 통해 육성, 선발 재교육 될 중국공산당의 간부들을 지속적으로 관리하고 있다는 사실이다. 또한 이들 관리들과 함께 중국공산당을 이끌 특수한 정치그룹 즉 혁명원로의 자제들로 구성된 '태자당'의 관리후보군도 특수 부서를 통해 지속적으로 관리하고 있다는 사실이다.

특히 당 중앙의 조직부에서 관리하고 있는 태자당은 전 성장과정에 직간접적으로 개입하여 모든 교육과정(학교선택과 교학활동 전반)을 관리하며, 당교의 특수 부서를 통해 재교육을 시키고 있다는 사실이다. 단교나당교를 통해 육성된 일반간부와 역시 같은 기관의 한 부서를 통해 관리

되는 특별간부 후보생들은 모두 당교의 교육과정을 통해 자신들의 사상과 활동을 검증받는 절차를 갖는다. 당교의 고급간부 과정은 특별한 시험을 통해 평가되지 않고, 당이 정한 사안에 대해 자신들의 의견을 발표하는 절차를 거치게 된다.

물론 실무교육을 위해 다양한 분야의 지식정도를 역시 같은 방법으로 평가받기도 한다. 법보다 국가의 어떤 기구보다 상위에 위치하여 당의 통제권을 사수하는 역할을 담당하게 될 중국공산당의 간부들은 자신들의 자유로운 지식구축이나 경험이 당의 결정과 방침에 얼마나 부합되는가하는 평가를 통해 배제되거나 선발되는 것이다.

17
공산당에 의해 양육된
관료후보군의 활동

● 　북경의 중앙단교(중국청년정치학원)이나 중앙당교(중국중앙당교)에 입학하는 것은 한 개인이 중국의 당과 정부로부터 인정을 받게 되었다는 증표이다. 특히 당 중앙의 선전부와 조직부에서 관리하는 특수 과정에 편재된다는 것은 그 사람의 정치적 진로(중국당원들은 이렇게 표현한다)가 얼마나 뻗어있는지를 가늠하는 바로미터이다. 이들은 자신들의 정치적 출세를 위해 때로 협력하고 경쟁하며, 당과 당의 최고지도자들이 지향하는 목표에 자신을 접근시키기 위해 노력한다. 물론 중국공산당의 입지를 공고히 하기 위해 '철저한 당기층조직의 건설' 이라는 사상학습과 혁명의 전통을 잇기 위한 정책들, 그리고 중국식사회주의가 표방하는 원리들에 대한 철저한 학습들이 매우 강도있게 교육되고 있음은 두말할 나위도 없다.

　이들의 학습정도는 사회주의 이념교육에만 국한되는 것이 아니고 현재 중국이 당면하고 있는 국내외 문제들에 대한 현안들에 대해서도 매우 철저한 교육이 수행되고 있다.

2008년 대한민국에서 개최된 국제로봇올림피아드(IROC) 대회에 공청단 소년선봉대 소속 학생 및 관계자 약 150명이 참여한 적이 있다. 필자가 고문으로 한중 양국의 청소년 교류 업무를 추진하고 있어 단장으로 참여한 공청단 소선대 부주임을 비롯한 간부들과 함께 대회 전 일정을 함께했다. 대회 당일 일산 킨텍스 대회장으로 들어가 개막식을 준비하는 과정에서 문제가 발생했다. 초등학생들로 구성된 소년선봉대 일부 학생들이 대회운영위원회와 자신들의 단장에게 항의를 하고 나선 것이다. 항의 내용은 두 가지였고, 그 요구가 관철되지 않을 경우 자신들은 대회에 참석할 수 없다는 것이다. 그것은 "우리 중국은 하나의 국가 원칙을 표방하고 있는데 왜 국기게양대에 대만국기가 걸려 있느냐 하는 것이었고, 다른 하나는 국기게양대에 걸려있는 중국국기가 너무 낡고, 색이 바랬다는 것이었다." 이들의 요구에 이곳 대회장은 대회와 관계없이 무역전람관으로 운영되는 곳이고, 상설 국기게양대는 무역대표부를 설치하고 있는 대만 대표부가 상주하고 있기 때문이다. 또 상설 게양대는 국기들을 상시 게양하도록 되어 있어 교체주기가 되면 일률적으로 교체한다고 설명했다. 1억 3천만 명의 중국소년선봉대의 관리와 감독을 책임지고 있는 당시 단장인 부주임은 학생들의 항의에 명확한 답을 못하고 주최 측에게 이 문제에 대해 양보해줄 것을 부탁하였다.

결국 중국대사관에서 제공한 새 국기와 대만 무역대표부의 양해에 의해 대회가 진행될 수 있었다. 이들 학생들은 처음 입장복장과는 달리 어느새 목에 붉은 마후라(소년선봉대의 상징인 붉은 마후라는 '선혈의 붉은 피'를 상징하는 혁명성을 띠고 있다)를 하고 있었다. 대회가 진행되는 동안 중국의 간부교사들로부터 들은 이야기는 참가한 학생들 중에 난통시(南通) 소년선봉대 간부학생들이 있었고, 이들이 개막식 전의 국기사건을 주도했다는 것이다.

2009년 천년고도(古都)인 시안(西安)의 한 사범대학교에서 개교기념일을 기념하는 교내 축제가 한창이었다. 이때 표현예술(연극이나 뮤지컬) 공연을 펼치던 일본인 유학생들은 자신들이 준비한 것을 모두 마치지 못하고 성난 중국동급생들에 의해 무대에서 끌려 내려왔다. 일본학생들의 중국폄하의 대사와 선정적인 옷차림이 문제가 되었다. 사실 중국폄하라는 부분은 분석결과 중국인들의 주관적 해석으로 결정이 되었다. 그래서 결국 이들에게는 선정적인 옷차림이 문제가 되어 '퇴학'이 결정되었다. 당시 일본학생들의 옷차림은 당시 중국사회를 흔들기 시작한 한류 가수들의 옷차림과 비교할 때 크게 다를 바 없는 수준(당시 인터넷에 올린 중국학생들의 표현)이었고, 비보이나 중국학생들의 표현예술과 비교할 때도 '퇴학'까지 결정할 만한 사안은 아니었던 것 같다. 문제는 이와 같은 '교내 정풍운동'을 주도하고 있던 단체가 바로 공청단 서안사범대학교 학생위원회였다는 것이며, 이들을 주도하던 대표 저우(周) 모 군은 이 일을 계기로 학생위원회 제1서기가 되었고, 이듬해 바로 중앙당교에 입학하는 영광을 얻게 되었다.

중국공산당의 당건설을 위한 간부교육기관에서 교육을 받는 학생들은 누구라도 단순 실무교육이 아닌 과목에 대해서 자신들의 의견을 제출해야하며, 이것은 향후 상위의 교육기관에 입학할 수 있는 근거가 된다. 이미 관리로 재직 중인 당 간부들이 교육과정을 이수한 경우에는 정기적으로 자신의 사상과 정책에 대한 평가, 그리고 자신들의 활동에 대한 보고를 해야 한다. 일명 바오션(報身)활동이라 불리는 이러한 자아활동에 대한 보고는 혁명시기 연안정부에서 당 간부들에게 정기적으로 요구했던 '자아비판' 보고와 같은 성격을 지닌다. 대부분 당교의 교육과정을 이수해야 하는 당 간부들은 바로 이 바오션활동을 통해 그들의 사상과 활동에 대한 정기적 점검을 받아야 하는 것이다.

18
당교의 개방이 갖는 의미

● 　중국공산당 창당 89주년을 며칠 앞 둔 2010년 6월 30일 그동안 베일에 싸여있던 중국 중앙당교가 내외신 기자들 앞에 개방되었다. 당시 취재를 위해 참석한 기자들에게 당교의 개방배경 및 향후 발전방향, 시설 등을 소개하던 당교 부교장은 "당교가 그동안 수행해온 업무의 성격, 참여하는 관리와 간부들의 자유로운 학습 분위기 조성 및 편의를 위해' 다소 폐쇄적인 기관으로 인식될 수 있었지만, 사실상 우리 공산당은 숨길 것이 아무것도 없다. 향후 당교의 대외개방은 더욱 확대 추진 될 것이며, 이를 위해 국내외 저명한 학자들과 함께 할 것이다."고 개방의 배경을 설명했다.

　그는 당교의 몇몇 시설들을 안내하였고, 이를 통해 우리는 중국공산당 간부교육의 산실인 당교의 모습을 볼 수 있었다. 하지만 이후 개방된 중국당교의 소식 및 당교의 교수진 및 교안, 당교에서 운영되는 특수학급들에 대한 정보는 개방이전과 크게 달라진 것이 없었다. 그렇다면 어

떤 이유로 당교의 개방이라는 그것도 내외신 기자들을 불러놓고 당교개
방의 배경을 설명했을까.

2007년 당교의 교장으로 취임한 시진핑 역시 이전의 최고지도자가
당교의 교장을 역임했던 것과 같이 후진타오 정부에 의해 이후 중국을
이끌 최고지도자로 지명되었다. 하지만 시진핑의 최고지도자 지명은 후
진타오의 직계인 리커창이 여전히 건재하고 있는 입장에서 확정적이지
않았다는 것이 중론이다. 하지만 상하이방의 영수 장쩌민 전 주석과 그
의 심복인 장쩡훙의 후광을 입은 시진핑은 당교 교장이 된 후 지속적인
당 중앙 조직부 및 선전부와의 공동 노력으로 후계자의 입지를 공고히
했고, 2010년 6월 당교가 대외적인 개방을 실시한 것은 시진핑의 권력
기반에 대한 인적 네트워크가 완성되었던 시점과 거의 일치하고 있다.
중앙서기처와 선전부, 당기율심사위원회의 핵심 부처 인사가 당교 개방
1개월 전에 마무리 되었고, 새로 임명된 중간간부층의 관리들은 시진핑
이 교장으로 있던 당교의 일부 연구원과 특수학급인 청장반의 출신들로
채워졌다.

시진핑은 2007년 당교의 교장으로 취임한 후 당교가 교육목표로 하
는 사회주의 중국의 최고 엘리트 양성을 위한 두 개의 기둥 즉 도(道)와
술(術)의 교육에서 중국식 사회주의와 혁명 전통의 정신을 계승하는 사
상학습, 즉 도의 교육에 치중하면서 자신의 사람들에 대한 검증을 진행
해왔다. 특히 시진핑이 교장을 맡은 직후 당교내의 가장 중요한 변화는
중국의 전통적 지혜를 탐구하는 '국학' 운동을 주요 교과목으로 지정하
고, 논어, 한비자, 노자 등의 고전 강좌를 대폭 늘였다는 점이다.

공식석상에서 진행되는 시진핑의 주요 발언들에는 예외 없이 중국고

전의 문장들이 동원되며 당교의 공식 기관지인 「학습시보(學習時報)」에 게재되는 글들의 거의 대부분이 중국고전의 해석을 적용하는 모습을 볼 수 있다. 사상학습과 도덕적 재무장을 중심으로 하는 교과과정, 당의 학습적 기능의 강화, 개방을 통한 대외교류의 확대 등 당교의 변화와 당교의 개방을 통한 중국공산당의 투명성 제고라는 두 개의 목표가 인적네트워크의 완성, 차세대 중국 주요관리들의 안배가 이루어진 시점에서 자연스럽게 표현된 것이다.

당교의 개방이후 예상했던 바와 같이 중국에서의 안정된 활동을 원하는 세계의 주요 국가 기관 및 기업들이 당교에 대한 적극적인 구애(求愛)의 모습을 보이고 있다. 당교가 중국을 이끌 주요 고위관리들의 양성기구라는 것이 밝혀지면서 이들과의 좋은 관계를 통해 향후 중국내 인적 네트워크를 구축하겠다는 것이 주목적이다. 실제로 한국의 일부 정치지도자들이 당교를 방문하여 학교관계자와의 교류의지를 표명했고, 한국의 대표적인 기업인 삼성은 당교 졸업생들을 한국으로 초청하여 현장학습을 시키고 있다. SK 역시 당교의 우수 학생들에게 조건 없는 장학금을 수여하고 있으며, 동북아를 주요 연구주제로 삼고 있는 몇몇 연구기관들은 당교와의 학술교류 활동을 추진 중이다.

당교의 역할과 나아갈 방향이라는 주제로 여러 차례 발언을 한 중국공산당 중앙정치국 상무위원이자 당교 교장을 역임한 장쩡훙은 "중국에 진출하고자 하는 세계 각국과 기업들은 중국의 관리양성기관인 당교와의 협력을 중시하고, 적극적인 교류의 의지를 보일 것이다. 당교가 이를 잘 활용하면 비용을 거의 들이지 않고, 세계와의 교류 및 그들의 선진 정보 및 기술들을 제공받을 수 있을 것이다."

현재 중앙당교는 1명의 상임부교장과 4명의 부교장이 잠시도 쉴 세 없이 세계 각국으로부터 몰려오는 손님들을 접대하고 그들의 러브콜을 받는 것으로 대부분의 일정을 보내고 있다. 문제는 우리나라를 포함한 세계 각국의 정부기구 및 기업들이 일반학생 및 일반 교육과정, 지방당 교의 학생들 및 관리들과의 일상적인 교류 협력관계를 가질 뿐 실질적 으로 향후 중국의 정책과 기구의 결정권을 보유한 고위간부들의 특수학 급과는 여전히 분리되어 있고, 그들에 대한 어떤 정보도 얻지 못하고 있 다는 점이다.

19
중국공산당 당교와 『한비자』

●   선전부와 조직부에서 주관하는 특수반의 교과목을 정확히 알 수는 없다. 하지만 이들을 위한 교육과정이 진행되는 과정에서 학생들로부터 발표되는 글들을 보면 상당한 부분의 고전강좌가 진행된다는 것을 알 수 있다. 같은 시기에 같은 주제의 글들이 쏟아져 나온다. 중앙당교가 발표하는 이들의 글들은 지방당교로 연결되어(교육커리큘럼이 공유되는 것으로 보인다) 같은 주제에 대한 광범위한 토론이 이루어질 정도로 고전에 대한 교육이 진행되는 것을 알 수 있다.

그렇다면 이들 관리후보자들과 지도자 후보들에게 교육시키는 고전은 무엇일까? 중앙당교의 교육과정과 시기별 발표논문 혹은 문장들을 분석해보면, 정치권의 변동, 대규모 인사이동, 중국공산당의 중요시책이 발표되어 국가의 통제를 강화할 필요가 있을 때는 어김없이 『한비자』와 관련된 글들이 많이 발표된다.

물론 이 시기의 중국중앙방송(CCTV)의 고전 강좌에도 어김없이 한비의 사상이 소개된다. 후진타오 정부가 구성된 2002년 중국공산당 당교와 고전(古典)년을 전후한 시기에 그랬으며, 2011년부터 진행된 제5세대 정부 구성 작업이 시작되면서 역시 한비의 사상과 그의 저작에 대한 공개 혹은 비공개 교육이 광범위하게 진행되고 있다. 중앙당교는 향후 중국의 국정과 실무를 운영해갈 간부들을 교육시키는 과정에서 사회에서 벌어지고 있는 현상을 조사하여 그 근본적인 대책을 강구하는 박난문체(駁難文體)의 문장들을 의무화하고 있다.

박난문체란 『한비자』의 난언(駁言), 난설(難說) 편을 근거로 형성된 시책문으로, 어떤 역사적 사실이나 현재의 상황을 서술하고, 이를 비반하고 논박하는 형태의 글이다. 올림픽과 같이 대규모 행사를 치러야 하는 상황에서 국민의 성숙한 행동과 근검, 절제하는 생활을 요구할 필요가 있을 때에는 논박의 글들을 통해 〈유가〉와 〈도가〉의 경전들을 소개하고, 생활 지침으로 삼는다. 사회의 기초질서를 바로잡기 위해 〈유가〉학설을 정리한 '팔영팔치(국가를 영예롭게 하는 8가지와 치욕스럽게 하는 8가지)를 만들어 낸것도 박난문의 종합에서 유래한 것이다.

최근과 같이 경제적인 압박과 빈부차이로 인한 갈등이 격화되면 조화와 통일의 중요성을 강조하는 화해사회(和諧社會)를 지향하고, 무위(無爲)와 개인의 희생, 자족(自足)을 강조하는 〈도가〉의 내용이 집중 강의된다. 특히 최고의 정치지도자들을 역대 어느 때보다 많이 교체해야 하고, 당과 정부의 대대적인 인사개편으로 인해 분열과 혼란의 조짐이 보이기 시작하면서 중앙당교는 〈북경시고위영도반〉의 학습과정을 통해 솔선수범하여 수도의 면모를 개선하자는 학습과 운동이 전개되고 있다. 이것이 바로 중앙당교의 지침과 지도에 의한 '북경정신' 의 함양이다. 최근 북경의 대로부터 작은 골목까지, 대규모 공공시설에서 민간공장은 물론 모든 학교에 이르기까지 수도 북경에서 거주하는 북경인의 모범적 정신을 함양하자는 '애국, 창신, 포용, 후덕'이라는 팻말과 현수막이 수도 북경을 뒤덮고 있다.

통일된 중국을 지향하여 중화세계의 위상을 만방에 떨치자는 애국운동, 이후 국가의 자강능력을 강화하기 위한 창조적 과학부흥운동, 사회의 분열과 차이를 양보를 통해 받아들이자는 포용, 그리고 지역적, 경제적 차이로 인해 상대적 빈곤감을 갖고 있는 약자들에 대한 배려가 강조된 후덕 등의 덕목은 자칫 정치적, 경제적 격변으로 인해 중국의 정치적 안정이 침해될 것을 우려한 고도의 사회주의 교화운동이다.

물론 이러한 사회적 교화운동은 거의 대부분 중국의 고전교육과 밀접한 관계를 가지고 있으며, 이러한 이론의 발표 역시 각급 공산당 당교를 통해 양산되고 있다.

2007년 '제5세대 지도부를 위한 조직역량 교육강화활동'에서 제기된 역사교육에 관한 정비, 사회정화와 중국인의 품격 양성을 위한 유교교육의 강화 등이 중앙당교의 기관지를 통해 발표되었고, 이 사회개혁운동을 주도한 사람이 시진핑이며, 그 결과 중국은 천안문광장의 인민대회당 맞은편에 자리하고 있던 역사박물관과 혁명박물관을 '국가박물관'으로 통합 재구성하고, 천안문광장에 공자의 상을 세우는 등의 '전통문화교육강화'를 실천하고 있다(현재 천안문 광장의 공자상은 국가박물관으로 옮김).

이 역시 중앙당교가 주도적으로 추진한 것이다. 국가가 역사와 교육을 주도한다는 것은 어떻게 보면 사회주의의가 국가 중심적 정책을 추진하여 개인의 자유와 창의적 사고를 침해할 수 있다고 볼 수 있으나, 다른 한편으로 국가가 주도적으로 '국가의 기본 방침을 세우고, 합의된 정체성 규정, 그리고 국가지도자들의 정신교육'을 추진하는 것은 통일된 지도 방침을 교육시킴으로 안정된 국정운영을 하겠다는 국가운영의 측면에서는 긍정적인 효과를 기대할 수도 있다.

고전과 전통의 사상과 문화를 계승하여 오늘날 자신들의 국가정체성과, 정치지도자들의 통치이념을 훈련받는 중국공산당의 당교시스템을 보면서, 국사교과서의 통일된 정합도 없고, 도무지 정치적 철학이나 통치이념의 실체도 파악할 수 없는 정치인들이 '자유'라는 책임이 전제된 고급한 가치를 빌미로 산만하고, 정리되지 않는 말들을 쏟아내는 우리의 현실을 이제는 한 번쯤 반성해야 하지 않을까 생각해본다.

20
중국공산당 지도이념의 생산

●   개혁개방이후 덩샤오핑에 의해 추진된 일부지역의 경제특구 조성 및 시장경제체제의 도입은 '특정지역이 먼저 부유해 지고, 부유해진 지역이 기타 지역을 선도한다' 는 소위 〈선부론(先富論)〉의 실천전략이었다. 덩의 경제개발정책 중의 하나인 이 정책은 중국의 신속한 경제성장을 선물로 주었지만, 지역 간의 불균형, 빈부격차의 심화, 특정기업 및 분야에 대한 특혜시비, 공산당 고위간부의 부패 등의 부작용을 동시에 발생시켰고, 중국공산당에 대한 신뢰와 기대를 상당부분 상실하는 계기가 되었다. 중국공산당에 대한 신뢰감의 상실은 입당거부, 탈퇴 등으로 나타났고, 중부와 서부의 상대적으로 빈곤감을 느끼는 지역, 소수민족 지역 등에서는 정부기구, 좀 더 정확히 말하면 중국을 이끌고 있는 중국공산당에 대한 저항으로 나타났다. 이에 위기감을 느낀 후진타오 정부는 집권 하반기가 시작되는 2007년 덩샤오핑의 특정지역 개발론을 '조화로운 사회(和諧社會) 건설' 이라는 새로운 정책을 통한 〈균부론(均富論)〉을

제시했다. 특히 당원이나 정부기구의 관리들의 도덕적 타락, 이에 따른 인민들의 저항 및 동요를 잠재우기 위해 '국가를 영화롭게 하는 8가지와 수치스럽게 하는 8가지(八榮八恥)'라는 도덕 재무장 운동을 수행하면서 어떠한 가치를 희생해서라도 국가에 대한 애국적 영광을 잃어서는 안 된다는 국민운동을 전개했다.

또한 자기희생과 타인에 대한 배려, 국가에 대한 충성, 검소하고 절제된 생활을 통해 국민적 영웅으로 만들어진 인민해방국 전사 레이펑(뇌봉)의 정신 함양, 이제는 세계의 초강국으로 부상한 중국의 수도 인민으로서의 자긍심과 품격을 가져야 한다는 '북경정신'(중국공산당 선전부와 당교의 합작품으로, 수도인민의 자질에 대한 네 가지 요구 즉 애국(愛國), 창신(創新), 포용(包容), 후덕(厚德))의 발표는 모두 당교의 연구진과 교육과정을 이수하고 있는 중국 관리들의 종합적인 합작품이다. 중앙과 지방을 아우르며, 여러 차례 토의와 의견수렴을 거쳐 형성된 지침들이 당교의 교장이자 중앙서기처 제1서기인 시진핑을 거쳐 중앙정치국에 상정되고, 이 내용은 다시 중국최고 지도자들의 협의와 승인을 받아 국가최고지도자인 후진타오에 의해 발표되는 과정을 거친 것들이다.

현재 중국이 직면하고 있는 국내외적인 현안들에 대한 중국 관리들의 문제의식과 이를 해결하기 위한 기층으로부터의 의견수렴, 대안제시 등을 수합하여 당 간부 교육기관을 거쳐 국가의 최고 책임자가 발표하는 이러한 시스템은 중국공산당의 통치권을 침해받지 않는 가운데 가장 효율적으로 관리들의 협조와 충성을 얻어낼 수 있는 관리통제 시스템의 하나이기도 하다. 자신들이 스스로 검증하고, 승인한 전략방안에 대해 변화된 입장을 취하는 관리는 자신의 정치생명을 담보하지 않는 한 당의 지도이념에 반대할 수 없도록 규정하고 있기 때문이다.

21
전통 인재 선발 시스템과 당교

● 전통왕조시대에 최고 통치자인 중국황제의 거주지인 자금성(紫禁城)에서 불과 5킬로미터 정도 떨어진 곳에 성현가(成賢街)라는 거리가 있고, 이 거리에는 중국최고의 관리 후보군인 지방시험의 합격자 및 추천된 학생들이 최종 시험을 앞두고 공부를 하던 '국자감(國子監)'이 위치하고 있다. 이들의 학습 내용이 공자의 가르침이었기에 국자감 바로 옆에는 대스승 공자를 모시는 '공묘(孔廟)'가 위치하고 있다. 국자감에는 전국 각지에서 여러 차례 선발과정을 거쳐 실력이 검증된 관료 예비군들이 교육을 받는 교육장이 있다. 특히 가운데 '벽옹(辟雍)'이라는 중심 건물은 황제가 수시로 내왕을 하면서 경전의 내용과 국가 시책에 대해 학생들과 토론을 벌이는 장소이다.

국자감과 연결된 공묘는 공자의 위패를 모시고 그를 제사하는 대성전을 비롯하여 공자의 가르침에 대한 의미를 되새기는 많은 종교적 시설

물들이 있다. 특히 공묘의 입구에는 원나라 이후 진사(과거의 최종시험인 전시에 합격한 자들에게 부여되는 학위)로 선발된 자들을 기념하여 그 이름을 새긴 진사제명비(進士題名碑)가 수십 개 비석 군을 형성하고 있다. 국자감의 학생들은 하루 일과를 시작하기 전, 공묘의 각종 시설들을 청소하고, 공자에게 예를 올린 후 공부를 시작했다고 한다.

국자감을 방문할 때마다 현재 중국 공산당이 채택하고 있는 고급관리 양성 및 선발과정이 전통시대의 시스템을 그대로 답습하고 있음을 강하게 느낀다. 국자감의 '벽옹'을 보면서 중국최고지도자로 지명된 차기 지도자가 중앙당교의 교장을 역임하면서 최고지도자의 자리에 오르기까지 당교를 통해 최고의 관리는 물론 향후 관리예비군으로 이미 검증된 많은 인재들을 자연스럽게 만날 수 있는 당교의 특수반을 떠올려본다.

이곳에서 논의되고 토의된 내용들이 황제의 입을 통해 국가의 시책으로 발표됨은 물론이다. 현 중국의 최고지도자인 후진타오도, 또한 차기 최고지도자로 임명된 시진핑도 모두 당교를 통한 자신의 인적 네트워크 구축이 제도적으로 보장되어 있으며, 당의 주요 핵심기구인 선전부와 조직부의 운용시스템을 익힐 수 있는 곳이 바로 당교이다. '벽옹'의 주변은 해자(垓字)를 통해 외부와의 차단 구조로 조성되어 있다. 그동안 개방조차 되지 않았던 당교, 현재는 일부 개방이 되었다고 해도 핵심기관과 과정에 대해서는 여전히 차단되어 있는 당교의 모습을 생각해본다.

교장에 취임한 후 매년 개설되는 모든 과정의 입학식 및 졸업식에 빠짐없이 참여하고, 수시로 당교를 드나들며 교육과정 중에 있는 관리 및 학생들과 지속적인 관계를 갖고 있는 시진핑은 금년 봄학기 개학식에 참여하여 "사람들은 불안감 때문에 한편으로는 사회(조직)을 만들고, 다른 한편으로는 종교를 만든다"라는 발언을 했다. 향후 10년간 중국이라는 거대한 용을 이끌어야 할 지도자가 현재 중국의 상황을 '불안'하다고 인식하고 있고, 중국공산당이라는 거대한 사회조직을 강화해야 하며, 중국식 사회주의라는 신념화된 '종교'를 공고히 해야 한다는 의미로 분석할 수 있다.

마치 공자의 학문적 전통을 수호하는 전통시대의 관료 예비군들이 매일 공자의 사당을 청소하고 예를 올리며, 국가의 질서와 최고 지도자에 대한 충성을 종교적 가르침으로 내면화시켰 듯이, 그리고 선대의 진사 합격자들의 비석을 바라보며 충성된 신하에게 누려질 무한한 특권과 영광을 그렸듯이 오늘날 당교에서의 선택받은 최고 관료후보군들은 향후 중국의 각급 기관에서 당과 최고지도자에 대한 무한한 충성을 다짐하는 모습을 상상해 본다.

이러한 전통이 여전히 차기 중국지도자와 관료후보군 사이에 존재하기에 당교의 교장은 자신과 함께 중국을 이끌어갈 관리후보들에게 당당하게 중국공산당이라는 조직과 종교화된 중국식 사회주의의 공고화를 다짐하는 선언을 내릴 수 있지 않을까 생각해본다.

글을 마치며

고 전 은 오 늘 을 사 는 우 리 에 게
의 미 를 부 여 하 는 나 침 반 …

한비자를 통해 배우는 역경극복의 리더십

21세기가 인간에 대한 이해를 갈구하고 있는 연장선에서 인문학이니 고전이니 하는 필요성이 부각된 것이지만 사실상 한 인간이 태어나서 시간과 공간의 과정에서 어떻게 한 점에서 공간적으로 확장해 나가는가에 대한 이해의 필요성은 언제나 있었다. 정치가는 이러한 원리들을 파악하여 국가운영에 활용했고, 사회의 각 영역을 책임지는 지도자들은 이러한 원리를 통해 자신들의 생각과 활동의 범위를 규정해왔다. 국가의 운영원리나 기업의 존재이유, 가정이나 기타 다양한 사회의 구성 원리들이 동일한 인간이해의 원칙에서 출발하는 것이 이를 증명한다.

역경을 극복하는 리더십

오늘날 우리사회에서 관심의 대상이 되는 주제 중 하나가 역경극복의 리더십이다. '역경' 이라는 말을 사용하는 것은 우리가 처해있는 환경이 평안하고 물 흐르듯이 마음먹은 대로 잘 흘러가는 '순경'이 있다는 것을 전제로 한다. 평안한 상황이 어느 순간 중단되고 원하지 않는 일들이 발생하거나 재산과 명예에 큰 손실을 입는 불행한 순간이 등장하게 된다. 또 시간이 지나면 그러한 갈등구조는 중단되며 다시 평안한 상태가 오기도 한다. 즉 우리의 삶이 순경과 역경이 사인곡선을 그리면서 반복된다고 인식한다. 그렇다면 우리는 언제 역경이며, 언제가 순경이었을까? 이 역경과 순경의 구분이 가능한가? 만약 가능하다면 그 구분을 가능하게 하는 기준은 무엇인가?

한비는 전국시대에 7웅 중 가장 쇠약한 한나라(韓)의 왕족으로 태어났다. 망해가는 나라를 바라보며 조국의 존속을 누구보다 원했고, 망국의 왕손이라는 불명예에서 벗어나고자 노력했던 사람이다. 그의 학문은 바로 이러한 개인의 위기의식, 역경을 벗어나려는 절실함에서 시작되었다. 그는 역경을 벗어나는 아니, 역경을 순경으로 변화시키는 방법론으로 '법가'를 선택했다. 인간에 대한 이해, 세계의 변화에 대한 대응, 인재양성과 교육과 통제에 대한 시스템화, 법과 원칙에 대한 입장을 정립하였다. 그의 사상은 진나라가 최초의 중국통일 위업을 달성하는 실천적 이데올로기가 되었고, 오늘날까지 중국의 역사에서 양유음법(陽儒陰法)이라는 역사적 사실로 존재해오고 있다.

한비가 제시한 역경의 극복은 인간의 한계에 관한 이해에서 출발한다. 한비는 두 가지의 인간 한계를 말하고 있는데, 그것은 인간은 불완전하며, 그 부정적인 속성을 변화시키지 않으려는 성향이 있다는 것이다. 하지만 그 인간을 둘러싸고 있는 환경은 끊임없이 변화한다. 따라서 변하지 않고 체제에 순응하려는 개인의 속성과 변화하는 세계의 속성사이에 첫 번째 충돌이 벌어지게 된다. 이러한 충돌은 개인과 세계가 자신들의 특성을 유지하려는 의지가 강할수록 뚜렷하게 드러난다. 이것이 바로 역경이다. 두 번째 한계는 한 개인이 시간의 경과에 따라 약해진다는 것이다. 청년기와 장년기 노년기는 모든 면에서 차이가 있기 마련이다. 따라서 청년의 생각을 유지하는 노년의 몸은 한계를 느낄 수밖에 없다. 이러한 개인적 위기를 우리는 역경이라고 한다.

한비는 역경과 순경의 존재는 말하고 있지만, 우리 인간은 언제나 역경 속에서 살아갈 수밖에 없는 존재라고 이야기하고 있다. 따라서 개인의 변화를 위한 노력, 자신의 노쇠함을 극복하기 위한 방법론을 그의 법가 사상을 통해 정리하고 있다. 역경을 소멸시키는 것이 아니라 역경을 순경으로 변화시키는 능력을 우리에게 전해주고자 했던 것이다.

한 국가나 기업을 책임지는 지도자는 역경의 환경을 순경으로 변화시키는 원리와 실제를 잘 활용하는 방법론을 훈련받아야 한다.

고전의 위상학적 이해

고전(古典)의 사전적 정의는 "예전에 쓰인 글과 예술 작품으로 시대를 뛰어넘어 인간의 가치 제고에 영향을 주는 것들의 통칭"이다. '예전'의 기준은 어디이며, 인간의 가치제고에 영향을 주는 것이 어떤 범위와 결과를 말하는 것인지 모호하다. 이처럼 정의와 개념이 너무 많은 영역을 포함하고 있기 때문에 고전의 개념은 매우 추상적이고 비현실적이라고 취급되어 왔다. 변화와 그 변화의 속도가 너무 신속해서 좌표를 잃어버리기 쉬운 현대인에게 최근 인문학의 열풍과 함께, 고전의 중요성이 부각되고 있다. 하지만 여전히 이러한 추상적인 개념들로 인해 고전에 대한 올바른 이해가 부족한 것이 현실이다. 따라서 고전에 대한 보다 정확한 이해와 개념 정리가 필요하다고 생각한다.

고전의 범위와 그 실체를 규명하고, 그 고전이 오늘을 사는 우리에게 어떠한 의미가 있는지를 살펴보는 것이 두 번째 과제이다. 최근 정부나 기업 그리고 다양한 단체들이 고전에 대한 중요성을 인지하고 고전 모임을 만들고 있다. 고전모임이 진행되고 있는 현장에 참여할 기회가 많이 있는데, 그 모임들은 예외 없이 열기와 진지함이 넘쳐난다. 그동안 소외되고 배제되어 왔던 인문학 전공자들이 그동안 자신들이 묵묵히 걸어왔던 외롭고 힘든 가운데 만들어낸 결과물들을 아낌없이 쏟아내고 있다. 왜 이런 현상들이 일어나는 것일까. 우리가 고전이나 인문학의 이해를 필요로 하는 근거가 무엇일까. 이것을 분명하게 할 필요가 있다.

고전의 개념을 명확히 이해하고, 고전의 필요성을 숙지한 이후에 반드시 이를 우리의 삶과 활동에 어떻게 적용할 것인가. 그리고 이를 어떻게 지속적으로 확대발전 시켜야 할 것인가가 다음 과제이다. 인간에 대한 이해가 필요하고, 그것이 오늘날 우리가 선택의 문제가 아니라 필수의 요소로 파악하였다고 한다면 이를 통한 결과와 그 유지에 대한 방법을 이해하는 것은 사실상 핵심요소라고 생각한다.

위상학의 개념을 통한 고전의 이해

우리가 어떤 인물이나 현상을 설명하기 위해 사용하는 것은 수학적으로 '명제'가 아닌 경우가 많다. "사장님은 참 냉정하신 분이야, 그렇지 않니?"라는 문장을 예로 들어보자. 이것은 사회적 관계와 통념에서 인지되는 개념이지 수학적 논리로서는 문장이라고 볼 수 없다. 왜냐하면 '냉정하다'는 표현이 범위를 규정할 명확한 기준과 근거를 가지고 있지 않기 때문이다. 하지만 이러한 대화들이 통용되는 것은 암묵적인 기준과 통념이 있기에 가능한 것이다. 어떠한 사건도 마찬가지다. 정치적 이념이나 기업의 가치와 방향이 대부분 통념 속에서 명확한 기준과 근거를 제시하지 못한 채 운영되는 경우가 많이 있다. 그렇다면 그 통념이라는 것이 무엇으로 확인할 수 있을까. 그것은 바로 비교라는 것이다. 냉정하다면, 그 사회가 통념으로 받아들이는 어떠한 기준을 제시하고 그것에 비해 '냉정하다'라고 평가하는 것이다. 어떤 가정이 모범적이라든지, 어느 기업의 재무구조가 건전하다든지, 한 나라의 발전 가능성, 신용등급이 우량하다든지 하는 모든 것들은 그 비교의 대상을 기준으로 만들어 놓고 비교를 통해 평가를 내리는 법이다. 이러한 기준과 근거를 대상화시키는 학문체계를 '위상학'이라고 한다.

우리가 어떤 결정을 내리거나 사업적 판단을 내릴 때, 고민을 하는 이유들은 자신이 판단을 내려야 하는 상황에 대한 기준들이 모호하기 때문이다. 불확실성이라는 것도, 기준과 근거, 혹은 유사한 사례에 대한 정보의 부족에서 오는 법이다. 그래서 판단의 실수를 최소화해야 하는 '법'의 영역에서는 '판례'를 중시할 수밖에 없는 것이다. 오늘날 기업들이 불확실성에 처해있고, 새로운 정책이나 방향, 투자의 적합성에 대해 두려움을 갖고 있는 것은 사실상 바로 이런 근거와 경험의 부재에 기인하는 것이다. 나의 좌표를 정확히 파악하고, 어떤 기준들에 대한(이러한 기준과 근거는 촘촘할수록 확실성이 높은 법이다.) 다양한 원칙들을 숙지한다면 불확실성에 대한 불안은 대부분 제거될 수 있다.

카를 슈뢰거라는 독일의 역사지리학자는 위상학의 개념을 수학적 정의에서 시작하였다. 그는 한 개인이나 단일 사건, 현상에 대한 단위를 점(點)으로 파악했다. 사회가 발전할수록, 다양한 수단으로 정보와 경험들이 기억될수록 점들은 늘어난다. 마치 맑은 가을 저녁 촘촘히 하늘을 수놓고 있는 별들의 모습과 같다. 이러한 점들이 공통의 시대환경과 비전, 관념을 공유하는 것을 선(線)이라고 한다. 점들이 무작위로 존재하다가 어떤 공통분모에 의해 늘어서는 것이다. 한 역동적이고 천재적인 점이 궤적을 가지며 운동하는 경우에도 선이 만들어진다. 이럴 경우에도 역시 그 선에 동의하는 점들이 그 선상에 존재하면서 더 두텁고 곧은 선을 만들어낸다. 하지만 점과 선은 존재론적으로 파악되는 개념이다.

오늘날 우리사회에서 고전의 중요성을 알고 모임을 만들고, 서로의 존재를 확인하는 것 역시 하나의 선이라고 이해할 수 있다. 이 선들이 어느 날 어떤 공동의 행위에 동의하여 동시에 움직이면, 그것이 면(面)이 된다. 이제부터는 실천과 운동이라는 새로운 패러다임이 작동하게 되는 것 같다. 뜻을 같이하는 개인들이 그 비전에 동의하여 함께 운동하는 것을 면이라고 한다. 이런 활동도 대단히 의미가 있지만, 이러한 표면적 활동들은 곧 '관계'라는 문제에 봉착한다. 타성과 재료의 부족을 느끼게 되는 것이다. 유한한 공간이기에 확대된 관계들이 충돌하거나 그 활동의 한계로 인한 타성에 쉽게 젖어드는 것이다.

또한 표면적 활동들을 하다보면 외부적 환경에 대한 다양한 경우의 수들이 생겨나게 되어 비로소 점과 선의 단계에서 인지하지 못한 시행착오를 만나게 된다. 그래서 많은 면들은 좌절하게 된다. 이처럼 면들이 좌절하고 도태하는 현상이 시간과 공간의 과정을 통해서 재현된 것, 단층을 만들고, 화석을 만들어 낸 것, 그래서 수직으로 쌓여나간 것을 우리는 '공간'이라고 말한다.

카를 쉬뢰거는 이러한 '공간'의 대표적인 예로 고전(古典)과 도시(都市)를 들고 있다. 인류역사에 존재했던 수많은 점들과 선들, 그리고 면들이 어떠한 체계로 시간과 공간의 틀을 채우고 있는가, 그것을 시간적으로 파악한 것을 바로 '고전'이라고 하며, 이를 공간적으로 파악한 것을 '도시(삶의 영역)'라고 규정한 것이다. 따라서 천재적인 영감을 가지고 활동한 현인들에 의해 한 시대와 공간의 체계화가 이루어진 고전은 불변의 원칙을 가지고 시대와 공간을 초월하여 우리에게 명확한 원칙과 기준을 제시하고 있다는 것이다. 그런데 우리는 이러한 명확한 기준들이 존재함에도 불구하고, 그 실체의 추상적이고 광범위함, 혹은 시대적 사조에 의해 작위적으로 무시된 환경에서 그 실체의 존재를 인지하지 못하는 오류를 범해왔던 것이다.

여전히 고전은 그저 현실성이 떨어지는 별개의 영역이며, 최소한의 의미를 부여한다면 고상한 인간과 배움의 흔적을 표시하는 것이고, 어느 모임에서 이야깃거리 정도를 제공하는 대상으로 이해하면 우리는 인간과 시대와 환경이라는 복잡한 구도 속에서 여전히 불확실성에 고민할 수밖에 없다. 이것이 바로 한 가정과 기업과 사회를 책임져야 하는 지도자들이 고전을 선택이 아니라 필수로 파악해야 하는 명확한 근거이다.

고전의 효용

고전이 우리에게 어떤 의미로 작용할 수 있는가?라는 두 번째 문제를 생각할 차례이다. 이를 편의상 고전의 효용이라고 정의하도록 하겠다. 고전이 인간의 총체적인 궤적을 파악하는 기준과 근거라고 한다면, 그 기준과 근거를 파악하였을 때, 어떤 변화가 생기는가에 대한 설명이다.

미국의 한 뉴로사이언스 인지과학 연구소에서 2011년 매우 독특하면서도 주목할 만한 연구결과를 발표하였다. 연구의 결론을 요약하자면 '변형과 확장이 불가능한 전두엽의 표면적이 확장될 수 있다'는 내용이다. 신경과학과 뇌과학 전문가들이 모여, 나노의 과학적 방법론을 인간의 두뇌에 적용한 사례이다. 막대걸레를 연상 해보시면 왜 걸레를 마치 국수의 면발모양으로 잘게 나누었을까 하는 생각이 든다. 이는 표면적을 확장하는 나노테크놀로지의 한 방법이다. 표면적을 확대하여 흡착력과 수용 가능한 먼지의 양을 증가시키는 것이다.

이러한 방법론에 근거해서 사람의 두뇌라는 것이 원형적 체적이 결정되고, 생물학적 성장을 통해 제한된 범위 내에서 확장될 따름이라는 기존의 뇌의 형질특성을 완전히 뒤바꾼 실험 결과를 발표했다. 어떤 요인에 의해 사람의 뇌도 그 표면적을 확대할 수 있다는 것이다.

미국의 학교들을 대상으로 8년에 걸친 매우 포괄적인 실험결과 위상학적 판단 능력을 훈련받은 개체들이 뇌의 표면적이 넓다는 것, 그리고 이들이 사회에서 지도적 역할을 수행한다는 결과이다. 이 실험의 결과들이 '리더십'과 관련하여 사례보고서들이 줄을 잇게 되었을 즈음, 한국의 대기업들과 주요 기관에서 인재경영, 창의경영, 인재중심 기업운영 등의 프로그램들을 채택하기 시작했다. 미국의 공개강연프로그램 중 하나인 TED에서 융합, 고전, 인문학이라는 주제의 강의가 질적으로 양적으로 크게 증가한 시점도 바로 이때였다. 하버드 비즈니스 리뷰(HBR)는 미국 듀크와 시카코 대학을 대상으로 아예, '고전텍스트가 변화가 극을 이루는 시대에 어떻게 적합한 인재를 만들어 내는가'에 대한 특별 시리즈를 게제하기 시작했다. 이제 면(面)의 단계에서 벗어나는 길만이 이 변화의 시대에 생존을 위한 유일한 길이라는 것을 인지하게 된 것이다.

시카고 플랜(CP)에 대한 오해

몇몇 서적과 자기개발서를 통해 속된 '시카고 플랜'이라는 고전학습의 필요성에 대한 소개가 있다. 경쟁력을 기대할 수 없었던 삼류대학이었던 시카고대학을 세계에서 가장 경쟁력 있는 대학으로 만든 '고전을 통한 인재양성론'으로 정의되기도 한다. 1929년 제5대 총장으로 임명된 로버트 허친스가 재학생을 상대로 백여 권의 고전 텍스트를 읽고 요약하게 한 것이 주요 내용이다. 가능성을 기대할 수 없던 대학과 그 대학의 구성원들이 오늘날 전 세계에서 가장 영향력 있는 지도자로 활동할 수 있었던 것에는 바로 '고전'이라는 것이 있었다는 설명이다. 시카고 플랜이 소개되자 출판업에 종사하는 사람들이나 자기개발의 소재를 찾고 있던 사람들은 앞을 다투어 '시카고 플랜'을 소개하기 시작했고, 그것이

고전의 확산이라는 순기능을 가졌던 것도 사실이다. 하지만 우리는 뉴로 사이언스에서 소개하는 분석적 활용의 방법론을 심도 있게 적용하는 오류를 범하고 말았다. 그 결과 고전은 양적으로 확대되었지만 그 고전이 우리의 삶과 능력을 변화시키는 효과에는 큰 도움을 얻지 못하고 있다. 오히려 방향성 없는 표면적 지식과 견강부회로 인해 고전에 대한 거리감을 갖게 하는 부작용을 낳기도 했다.

유태인의 교육정책과 기능을 연구하는 이스라엘 쉐마연구원은 그들의 전통교육 방법론 중 인지과학의 극대화라는 방법론을 체계화하여 그것을 교육현장에서 활용하고 있다. 그들의 인지확장 방법론의 원리는 이렇다. 전 세계의 학습방법론을 비교분석하면서, 동양의 경쟁력 있는 국가들(한국과 중국, 일본이 주요 연구대상이었다.)의 교육방법론이 서구와 자신들의 교육방법론과 어떤 공통점과 차이점이 있는지를 연구했다. 같은 한자문화권 국가 중에서도 한국과 중국은 '암송과 암기'의 방법을 일본은 '발표'의 방식을 취한다고 요약했다. 이에 비해 서구는 토론의 방식을 취했기에 보다 경쟁력이 있다는 주장을 했다.

이스라엘은 자신들을 오늘날 세계에서 가장 경쟁력 있는 민족으로 성장시킨 교육방법은 '요약과 질문'이라고 소개했다. 독서와 학습을 통한 암송과 암기의 단계를 넘어 체계화와 정리로 발표를 하게하고, 이를 경험이 풍부한 교수진의 감독 하에 토론하게 하는 것, 그리고 그것을 질문이라는 극히 핵심적인 요소로 요약하는 것, 이것이 그들의 교육방법이라는 것이다. 이런 과정이 있어야 비로소 뇌의 표면적 증가를 기대할 수 있다는 것이다. 시카고 플랜을 주도했던, 제안자들과 동시에 수혜자인

노벨상 수상자 88명의 60퍼센트가 유태인이라는 사실을 우리는 놓치고 있는 것이다.

동양고전의 발견

한자문화권 혹은 유교문화권의 범주에 속해있는 우리나라는 고전의 영역이 대부분 중국의 텍스트와 공유되고 있다. 그래서 동양의 국가들은 '중국고전'이라는 말 대신에 '동양고전'이라는 말을 사용한다. 이 범주의 사상체계에 지대한 영향을 준 '공자'를 비롯한 동양의 현자들은 분명 중국인들이지만, 그러한 규정은 약 2천 년이 지난 '국민국가'의 시대의 구분에 의한 것이고, 정신세계와 학술 문화영역에서는 '동양인'이다. 이는 한국국적을 가진 우리의 현자들(주로 불교의 종교지도자들)이 '한국인'이 아닌 '동양인'으로 규정되는 것과 동일한 원리이다.

동양의 고전은 춘추전국시대부터 정치적 논리에 의해 수난과 회복을 반복해왔다. 그래서 사상과 학술의 분야에 대한 체계화가 정치권력에 의해 주도되었다는 것을 부인할 수 없다. 현재 동양의 고전 텍스트들이 대부분 수십 가지의 판본들을 가지고 있는 것도 바로 그러한 이유이다. 이들 중 대표적인 것만 골라도(동양의 고전학자들은 이미 우리가 접할 수 있는 동양고전의 비율을 10퍼센트 정도에 불과하다는 것에 동의하고 있다) 시카고 플랜에서 채택한 전체 고전의 약 30퍼센트를 차지하고 있다. 하지만 전제 봉건군주 시스템에 의해 절대 권력에 의해 주도된 사상체계로 인해 그 범위와 의미가 축소되어있고, 연구와 학문적 체계화도 균형을 상실한 것이 사실이다.

지금 우리가 읽고 있는 법가나 유가의 텍스트 중에서 맹자와 순자와 같은 텍스트가 동양의 전통사회에서 '금지된 영역'이었다는 사실을 아는 사람들이 많지 않다. 중국 사신으로 갔던 한국의 관리들이 국경을 넘어오면서 중국 체류 중에 만난 이런 텍스트들을 국경 주변에 버리고 왔던 현실을 아는 사람도 적지 않다. 이런 환경에서 동양고전에 대한 포괄적인 학문적 접근은 극히 제한될 수밖에 없었다. 당연히 체제 유지를 위한 이데올로기만 부각되었던 것이다.

이런 상황에서 우리는 전혀 다른 발전 양태를 보인 '서양'과 만나게 되었다. 침체되고 정체되어 있던 동양의 학문체계에 서양의 방법론들은 가히 혁명적으로 보여질 수밖에 없었다. 서양중심의 제국주의 이론과 함께 동양의 의미를 재발견하기도 전에 동양가치의 '무용론' 내지는 '열등함'을 강요받아야 했다. 근대화가 곧 서구화라는 공식이 자연스럽게 퍼지게 된 것도, 20세기까지(일부 오늘날까지) 우리가 서구에 대한 맹목적 동경을 버리지 못하는 이유도 여기에 있다.

이곳에서 몇 가지 소개하는 동양의 고전텍스트(지금으로부터 약 2500년 전)가 유태인들이 자랑하고, 서구와 세계를 지배하는 방법론이라고 자랑하는 그 방법론에 의해 구성되었다는 사실을 분명히 밝히고 싶다. 동서양을 막론하고 최고의 고전으로 인정받는 '논어'가 스승과 제자의 질문과 답변 형식으로, 극도의 분석적 방법론을 취하고 있다는 사실이 최근 세계의 모든 고전학자들의 분석이다. 서양인들이 '위상학'이니, '프렉탈'이니 '나노 테크놀로지' 등으로 체계화한 내용들이 동양의 고전에 그대로 재현되어 있음을 보여준다. 그런데 우리는 여전히 마치 병이 들었을 때, 서구의 근대적 병원과 한의원을 놓고 고민하지 않듯이 동양의 가치를 관심의 영역에서 밀어놓고 있는 오류를 범하고 있는 것이다.

법가적 문제해결

예의염치

　중국의 옛날 사람들은 사람들이 살고 있는 땅을 네모난 판으로 생각했다. 그래서 나라를 뜻하는 말에도 방(方), 방국(方國)이라는 말을 사용하기도 했다. 그런데 이 네모난 세계가 독립되어 존재하는 것이 아니라 네 모서리에 동아줄이 메어져 하늘과 연결되어 있다고 생각했다. 이 동아줄을 유(維)라고 한다. 세월이 지나 동아줄이 낡고 약해지면 새롭게 해야하는데 이것이 바로 '유신(維新)'이다.

　세상을 하늘과 연결하는 동아줄을 강령(維)이라고 해석하는 것은 이것이야말로 세상을 지탱하는 핵심이기 때문이다.

　『관자』의 목민(牧民)편에 이 네 개의 동아줄에 관한 이야기가 나온다. "세상을 지탱하는 이 동아줄은 하나가 끊어지면 기울게 되고, 두 줄이 끊어지면 위태로워지며, 세 개가 끊어지면 뒤집어진다. 그리고 네 개가 모두 끊어지면 멸망하게 된다. 기울어진 것은 바로잡을 수 있고, 위태로워진 것은 다시 안정을 시킬 수 있으며, 뒤집어 진 것도 다시 일으킬 수 있다. 하지만 네 개의 줄이 모두 끊어져 망하게 된 것은 다시 회복할 수 없다."

　네 개의 줄 중에서 하나만이라도 있으면 나라가 망하지는 않는다고 말한다. 하지만 네 개의 줄이 모두 끊어지게 되면 '망한다'고 말한다. 그런데 여기서 망하다는 표현을 '망(亡)'을 쓰지 않고 '멸(滅)'을 사용하고 있다. '멸'이란 그 흔적조차 모두 소멸되는 것을 의미하는 무시무시한 말이다.

그렇다면 한 국가를 지탱하고, 균형을 잡고 있는 이 네 개의 밧줄은 무엇일까. 그것을 『관자』에서는 예(禮), 의(義), 염(廉), 치(恥)라고 설명하고 있다. 그리고 이것을 통틀어 네 개의 동아줄(강령), 즉 '사유(四維)'라고 한다.

한 개인이나 가정이나 국가에도 동일한 원리가 적용되고 있다. '예의염치'가 각 모서리에 연결되어 하늘(자연의 원리)에 닿아 그 뜻과 내용을 땅에 재현해야 균형과 안정을 유지할 수 있다는 논리이다. 그렇다면 예의염치란 무엇을 말하는 것일까?

관자의 설명에 의하면

예(禮)란 원칙과 기본을 넘어서지 않는 것을 말한다(不踰節). 여기서 '절(節)'이란 규칙이나 제도를 의미한다. 예절은 물론이고, 조화로움을 추구하기 위한 규칙, 원칙을 넘어서지 않는 것을 예라는 것이다. 특히 '절'에는 음악에서 말하는 곡조(화음)라는 의미가 있는데, 노래에서 화음이 맞지 않으면 소음이 된다. 예를 지키지 못하면 혼란과 부자연스러운 환경이 만들어지는 것과 같은 이치이다.

의(義)란 스스로(자신만을 위해) 나아가지 않는 것(不自進)을 의미한다. 흔히 자신만을 내세우기 위해 남들보다 앞서려는 생각이 많아지면 신의를 저버리게 된다. 남을 딛고 나아가려고 주변사람들을 모해하거나 손해를 입히는 행위를 하게 된다. 권력이든 돈이든, 자신을 위해 조금 더 가지려고 먼저 나서는 사람들에게 신의와 정직함을 기대하기 어렵다.

염(廉)이란 나쁜 것을 숨기지 않는 것(不蔽惡)이라고 말한다. '염'의 또 다른 의미가 '결백(潔白)'인데, 결백은 새하얗다는 의미보다 '투명하다'는 뜻에 더 가깝다. 속이 훤히 들여다보이는 상태를 바로 '청렴'하다고 한다. 즉 사사로운 마음이나, 나쁜 마음을 숨기지 않는다는 말은 투명하고, 공정함을 추구하는 것이다.

끝으로 치(恥)는 굽은 것, 나쁜 것을 따르지 않는다는 의미이다(不從枉). '왕(枉)'이란 굽은 것을 말한다. 왜곡되었다고 하는 단어에 '왜(歪)'와 '곡(曲)'은 모두 비뚤어지다, 기울어지다, 굽었다, 휘어졌다라는 의미를 담고 있다. 사실을 사실로 보지 않고, 이성적이고, 합리적인 행동이 아니라 비상식적인 행위를 하는 것을 '왕'이라고 한다. 심지어 '왕'이라는 단어에 미쳤다는 의미도 있다. 미쳤다는 것은 정상적인 사고나 행동을 하지 못하는 경우를 말한다. 다시 말하면 잘못된 행위(굽은)와 이성적이고, 상식적인 행위를 하지 않는 것이 '치'이다.

한 가정이나 국가 더 나아가 인류가 발 디디고 사는 세상에서 그곳이 어떤 곳이던 균형과 안정을 갖기 위해서는 네 개의 끈이 항상 견고하게 자신의 기능을 다하고 있어야 한다는 의미를 생각해 본다. 때에 따라 상할 수도 있고, 한 두 개가 끊어질 수도 있지만, '유신'을 통해서 다시 건강하게 만드는 것이 필요하다. 이것은 또한 어떤 사회에만 적용되는 것이 아니라 한 개인에게 있어서도 마찬가지이다. 언제나 '예의염치'를 훈련하고, 몸에 익힌 사람들이 양육되어야 하고, 이러한 사람들이 모여 예의염치가 작동하는 사회를 만드는 것. 이것이 바로 세상을 균형 있고, 평안하게 만드는 길이라고 강조한다.

『중용』의 '총명예지'

『중용』에서 나오는 지도자의 자질을 의미하는 '총명예지(聰明睿知)'라는 말이 있다. 우리가 흔히 '총명' 하다, '예지' 가 있다 라고 단어로 만들어 사용하지만 사실은 지도자의 자질을 네 가지 단계로 설명하는 한 자 한 자 떼어서 새겨야 하는 말이다.

앞부분부터 최고의 리더 자질을 배열한 것이다. 제일 먼저 총(聰)이라는 글은 자세히 보면 '귀(耳)'라는 글자가 들어있다. 글자를 해석하면 '마음을 집중하여 귀로 듣는다' 는 의미이다. 지도자 중 최고 고수는 '잘 듣는 사람이다. 어느 모임이든지 말을 많이 하는 사람들이 있는데 대체적으로 이런 사람들은 하수다. 진짜 고수는 두 눈을 동그랗게 뜨고 말하는 사람들의 이야기를 조용히 듣는 사람이다. 한비자는 지도자에게 말을 많이 하지 말고 의중을 철저히 감추어야 한다고 말했다.

두 번째는 명(明) 이라는 글은 해와 달의 조합이다. 농업국가에서 자연의 원리와 만물의 이치를 설명해주는 도구가 바로 해와 달이다. 자연을 보며 해와 달의 법칙을 살피듯, 생각하고 관조하는 사람 이것이 두 번째 리더의 자질이다. 『설문해자』라는 고대의 문자를 해설하는 책에 보면, 명자에 있는 해(日)를 창문의 고전적 형태로 해석하기도 한다. 즉 창문을 통해 비취는 달빛을 보면서 관조하는 자세를 말하는 것이다.

세 번째는 예(睿)인데 '눈(目)'이 들어있다. 살피고 관찰하고, 판단하는 능력이 세 번째 자질이다. "눈빛이 예사롭지 않다." "눈이 살아있다."라는 말을 쓰는 것은 관찰과 판단에 뛰어나다는 말이다. 특히 이 '예'자는 임금이나 성인을 뜻하기도 한다. 마지막으로 지(知)에는 입(口)이 들어있다. 듣고, 생각하고, 관찰한 내용을 하나의 지식 체계로 만들어 '떠들' 수' 있는 사람의 자질을 의미한다.

인류의 역사에 큰 족적을 남긴 위인들의 삶을 보면, '총명예지'가 반드시 담겨있음을 알게 된다. 가정에서 교육시켜야 하는 자녀, 기업의 리더들이 회사를 운영하는 원리, 국가의 지도자가 국정을 구성하는 원리에 이와 같은 주변의 이야기를 경청하는 자세, 원리와 법칙을 머리로 생각하는 훈련, 사물을 관찰하고, 적절히 판단할 수 있는 능력, 이러한 결과로 집적된 내용을 하나의 지식체계로 구성하는 능력을 갖추게 하면, 경쟁력을 가지는 것은 당연한 귀결이라는 것이 동양고전의 가르침이다.

논증과 분석의 교본 『한비자』

법가를 집대성한 한비는 그의 생각과 사상을 『한비자』라는 책을 통해 우리에게 전하고 있다. 앞서 소개한 바와 같이 한비자의 글은 매우 사실적이고, 분석적이며, 논리적이다. 암송을 해야 할 부분, 발췌와 토론을 해야 할 내용을 적절히 소개하고 있다. 특히 요약과 질문에 탁월함을 보인다.

한비자가 중국 관리들을 위한 교재로 사용되고, 중국의 공공관리석사

(MPA)의 한 과목을 차지하고 있는 이유이다. 뇌의 표면적을 넓혀 다양한 변화와 복잡한 현상에 대한 문제 해결능력을 위해 고안된 변화와 역경을 대처하기 위한 교본이다. 사람들은 한비의 사상이나 그의 글을 이해하는 것이 쉽지 않다고 이야기 한다. 이러한 주장을 하는 사람들은 한비의 사상과 내용에서 어떠한 '정답'을 찾으려 하기 때문이다. 한비의 글이 어려운 이유는 그가 밝힌 바와 같이 다양한 상황에 대한 다양한 해석이 가능하기 때문이다. 오랜 역사과정에서 수많은 학자와 정치인들이 한비를 적용했고, 한비를 활용했다. 한비에 대한 해석이 계속되어야 하는 이유이다.

한비를 해석하기 위한 미력한 시도가 계속되길 바라면서…

참고문헌

진기유(陳奇猷), 『한비자집석(韓非子集釋)』 (上海: 上海人民出版社, 1974)

진계천(陳啓天), 『한비자교석(韓非子校釋)』 (中華書局, 1940)

왕방웅(王邦雄), 『한비자적철학(韓非子的哲學)』 (臺北: 臺北東大圖書公司, 1977)

馮友蘭, 『中國哲學史』 (北京: 中華書局, 1984)

張純, 王曉波 『韓非思想的歷史研究』 (北京: 中華書局, 1986)

楊寬, 『戰國史』 (上海: 上海人民出版社, 1955)

朱明, 『戰國七雄』, (上海: 上海人民出版社, 1957)

任繼愈, 『韓非』 (上海: 上海人民出版社, 1964)

任繼愈, 『中國哲學史簡編』 (上海: 上海人民出版社, 1973)

陳烈, 『法家政治哲學』 (上海: 上海華通書局, 1929)

이운구 역, 『한비자』 I, II (서울: 한길사, 2010)

王宏斌, 황효순 편역, 『韓非子』 (서울: 베이직북스, 2012)

혜강서당문고 총서 **2**

한비자의
독설 毒舌

지은이 | 황효순
만든이 | 하경숙
만든곳 | 글마당

(등록 제02-1-253호, 1995. 6. 23)
만든날 | 2014년 11월 5일
펴낸날 | 2014년 11월 15일 1쇄

주소 | 서울 강남우체국사서함 1253호

전화 | (02) 451-1227

팩스 | (02) 6280-9003

홈페이지 | www.gulmadang.com / 글마당.com
페이스북 | www.facebook/gulmadang
E- mail | 12him@naver.com

값 15,000원

ISBN 979-11-953852-0-1 (03150)